教育の視座から大学を見る

——序に代えて——

論集『大学教育の可能性』を東信堂から出版させてもらったのが二〇〇二年九月である。四年近くがすぎようとしている。「わずか四年」というのが常識であろう。しかし現在の日本の大学関係者の実感からすれば、「すでに四年」というほうが当たっている。それほどに大学の変化は激しい。この間、大学は関係者にすら全貌がつかみきれないほど次々に積み重なる変化にさらされている。

本書に収める二一編の論考は、「ＦＤと教員そして自校教育」「教育評価・研究評価」「大学院・学位」「文書館」「存在としての私学、歴史としての私学」という章題が示すように多岐にわたっている。発表機会もさまざまであり、論点も多数ある。しかし大学問題を教育学研究者の一人として考え、かつ改革実践に幾らかでも参与したいという願いが、その時々における論考発表のきっかけであった。

縦割りの捉え方から横割りへ

このような要請に応えることは、思えば大学の基本的責務という観点からしても、さらに「高等教育の大衆化」に応えるためにも、実は当然のことであったはずである。

しかし明治以後、世界大学史に参加して一三〇年経ったはずの日本の大学の中に、「教育」を重視するという意識はほとんど育たなかった。どのように育たなかったか、それはなぜかといった問題について、著者は、これまでの著作の中で幾たびもふれてきたので、繰り返さない（『大学教育の創造』東信堂、一九九九年、等）。しかしいま、そもそも「教育」に無関心でいるままでは、志願者を集めることもできないという事態に立ち至っている。教育関心に応えることがすなわちサバイバルの一助になるという事態が生まれている。他方、「カリキュラムの構造化」「授業設計」「成績評価の厳格化」等々を説いた大学審議会答申（一九九八年一〇月）が出たことも、大きな促進要因になった。

こうした中でいま改めて問われるのが、

（一）大学教育の総体を「学部教育」という形で縦割りに捉えるのでなく、学士学位の取得を目指す者への教育の総体として、すなわち「学士課程教育」というカテゴリーのもとに有機的・横断的に捉えることが必要ではないか、その中で、教養教育、専門教育、資格教育、正課外教育などのさまざまな教育をどのように有機的に組み合わせるか、

（二）学士課程教育と大学院教育をどのようにつなげばよいか、さらにその大学院教育の中でも修

士課程段階の教育と博士課程段階の教育との特質をどのように仕分けし、かつその相互の関連をどうつければよいか、

という二つの課題である。

大学院教育については、専門職大学院の登場が、問題をいっそう複雑なものにしている。本書の第Ⅲ部「大学院と学位」には右の(二)の問題について、主として歴史的な視野から論じた二編の論文を収めた。

要するに、高校卒業以後の大学教育の全体の在り方が改めて問題となって浮かんできたのであり、そのさい要求されるのは、学習し成長する学生たち自身を焦点として教育を考えるという視点である。著者が第Ⅰ部に「自校教育」に関する論文を収めたのも、また、その趣旨にほかならない。

早くから始まっていた改革の動き

大学教育が関心の焦点になってきたのは、一九九〇年代以降だった。しかし、大学教育改革は決して九〇年代に始まったのではなかった。

たとえば一般教育の改革にアカデミックな関心が払われ始めたのは、ずっと早く、一九五〇年代後半からである。それ以降、戦後大学教育史の中に通奏低音のように響き続けていたと言ってよい。七〇年代末には全国学会もつくられ(一般教育学会の結成、一九七九年)、それより早く、一九七三年に

は大学教育を研究するセンターもつくられ始めた（広島大学大学教育研究センター・当時）。今日では教養教育の再興、アンダー・グラジュエート段階における教養教育と専門教育との連携・融合という課題は、大学教育改革論議の中心論題の一つと言ってよい。産業界も、その要請を顕在化してきている。

また一九八〇年代には、自己評価活動への着目、ＦＤ概念の導入、入試の多様化、シラバスの不可欠性、単位制度の実質化、授業調査の試行など、しばしば「大学改革の小道具」とも言われる具体的な諸側面が意識されるようになり、二〇〇〇年代に入ってからは、法制上の手直しと並行しながら、それらがいよいよ一般化してきた（参考、大学教育学会編『あたらしい教養教育をめざして』東信堂、二〇〇五年）。

そのほか、著者の知る限りで言うと、早くから「小集団教育」という、いまふうに言えば専門学習への導入教育を開始していた例（立命館大学法学部）があり、また「学生にいかに付加価値を付けるか」という素朴な気付きを起点にして教育改革を開始し、今世紀に入ったころから特色ある大学工業教育改革のモデルとして全国に名を知られるようになった例（金沢工業大学）や、教養教育と結合した英語教育の実践の成果によって短期大学としての教育水準をはるかに超える実績を重ねた例（大阪女学院短期大学）、同じく短期大学でありながら戦後以来の伝統に立つ公開講座を続行し、さらに拡大して地域の成人学習のセンターとしての地歩を固めてきた例（桜の聖母短期大学）、リベラル・アーツ教育の全学的展開に特色を発揮して著名になった例（国際基督教大学、立教大学など）、学生の自学を促すという大学教育目的観の転換の上に、伝統的専門ディシプリン中心の大学教育を克服する努力を払った例（慶應義塾大学湘南キャンパス）など、さまざまな教育革新の動きが起きた。

ここで注目したいのは、第一にこれらの改革実践が主として私立大学で起きたことである。かつて六〇年代の高度経済成長下に急増した大学進学者の大部分を引き受けさせられ、大学大衆化の波に揉まれた私立大学は、八〇年代以後になると、結果的に教育改革の先駆者となった。

第二に、これらの教育改革は、一九九〇年代に大学審議会等が大学教育改革実践提案を本格化する以前から、さまざまな大学で自生的に生まれていた。審議会答申等によって行われた法改正や行政指導によって進行したいわば「時流に乗った改革」だけに注目していたのでは、戦後の大学教育改革の流れをつかむことはできない。

おそらく文科省も、九〇年代末に、これらの流れを受けて前記のプロジェクト型評価を発想することができた。そして他方、プロジェクト型評価の発足によって、以前から続いた改革実践の成果やその後の時流的改革が各大学の共有財産となっていった事実も、否定する必要はない（寺﨑の前掲書および『大学教育の可能性』東信堂、二〇〇二年、参照）。この四年の間に、国立大学は法人化した。それは日本近代大学史上あるいは最大の画期をなすものになったかもしれない。だが、本書の出版時点ではその成果について最終的に記す段階に至っていない。

新自由主義政策動向と大学政策

これら大学の変動の背後にあるのは、ここ数年間強い勢いで進められてきた新自由主義にもとづく政治経済政策である。

財政を通じて「小さな政府」の実現を図り、法整備を通じて民間活力の活性化を目指し、規制に関して大きな構造転換を行って緩和を志向し、政策・行政に関しては事前規制から事後評価の方向を取り、その対価として市場原理の導入と「競争」の優位を強調し、それを怠って危機に瀕した組織に対しては「自己責任」を強調することによって政府の財政負担を回避する、というサイクルが形作られている。これらはそのまま大学への基本政策になってきている。

他方、それはまた「グローバリゼーション」という名の「市場の世界化」の波のもと、「高等教育」も商品化する勢いで進行している。国内では少子化のプレッシャーのもとで定員割れの脅威にさらされた大学の増加が、そのプレッシャーを加速している。「自由な競争」と政府の財政負担軽減とに支えられた高等教育のプライバタイゼーション(私化)の流れは、押しとどめることができない。その端的なあらわれが国立大学の法人化であったことは言うまでもない。

本書の目的は、大学政策の批判的検討ではない。だが、以上のような政策的文脈の中で大学教育を考えるとき、今後の幾つかの焦点的な問題が浮かんでくる。

直接に登場するのは、もちろん大学の管理運営に関する問題である。すでに私立学校法は改正され(二〇〇四年)、理事会の責任体制の強化と財政状況のアカウンタビリティーの保証が求められている。しばしば報じられる私学の経理不正やさらに少子化のもとで激増が予想される私学の経営困難に加速されて、この二つが複合して私学に管理運営体制の改革を求めさせているのであり、それは一面では私学の社会的責任の遂行を求める世論に根拠をおく。しかし他面、大学ガバナンスの必要が無原則的に強調され、「教育と研究の本質にとって最も適切なガバナンスとは何か」という最大の課題が後景に退くという深刻な問題も生まれている。

事情は、法人化によって新しい管理運営体制を敷いたはずの国立大学法人にも共通しており、役員会、経営協議会、教学評議会、そして従来からの教授会等の管理運営機関相互の経営権限の配分と関連はどうあったらいいかという重大な問題は、国立大学法人法という新法まで制定されたにもかかわらず、なお模索の途上にある。ポイントは、「大学とは何か」という本質認識、平たく言えば大学観の在り方にあると言ってよい。著者はこれまでの著作の中で幾たびか大学の「自治」について私見を述べてきた（寺﨑『大学の自己変革とオートノミー』東信堂、一九九八年）が、私学に関してもとくにこの検討が求められると考えられる。なぜなら、今後最も大きな動揺を免れないのが私学だからである。本書の第Ⅳ部に、「存在としての私学、歴史としての私学」と題して幾つかの近代私学論を収めたのは、以上の問題に応えるヒントを提示したいと思ったからである。

大学教職員をめぐる問題

さて、今後の大学問題の中で最も緊急な検討を必要とするのは、教員と職員の問題ではあるまいか。著者の見るところ、それはまず第一に大学教員の専門性と大学職員の責務とに関する問題であり、第二は、それと密接に関連するＦＤ・ＳＤの課題である。そして第三は、大学自体の教育責任をどう果たすかである。この三つの問題の基本にあるのは、大学関係者のモラル（倫理）とモラール（志気）の問題である。そしてこれらのすべては、アカデミック・フリーダムの問題に連なっている。

本書の第Ｉ部の題名をとくに「ＦＤと大学教職員そして自校教育」としたのは、これらの課題に関係する論題を提供したかったからである。大学教職員の職務と在り方、専門性の探求は、大学の経営状況と教育責任との両面に深刻に関係している。大学のサバイバルはこれらのメンバーの能力と志気に決定的に依存するからである。また、大学院生の教育を含めて大学現場でも求められているＦＤや、大学職員の現職教育と専門職大学院教育を含むＳＤ（スタッフ・ディベロップメント）の課題とは、実は大学教員像・大学職員像をどのように考えるかという課題と不可分である。

他方、立法レベルでは教員任期制は早く法制化され（一九九九年）、大学設置基準や学校教育法は、ＦＤ実施を努力義務のレベルにまで押し上げている（一九九九年）。また大学の教員組織に関する大学設置基準改正も行われ、助教・準教授といった新職名も登場しつつあるが（全面施行予定は二〇〇七年）、そこには大学教師職をキャリア・パスの一つとして見なすという新しい観点も取り入れられているものの、どのように実施されるか、問題は何かといったことは、なお今後に残されている。

教員の専門性や職員の責務を考えるという研究蓄積は、これまでの日本にはきわめて弱かった。この数年間にはやっと見るべき業績が発表されつつあるものの、問題を本質的に考えるための基盤はなお弱いと言わなければならない。

こういう弱さはさらに左のような二重のプレッシャーによって加重され、大学構成員、とくに教員の難局を生み出すことが危惧される。

第一は、大学教員に社会的非難が集中するときに、これとどう対峙するかということである。すなわち、サバイバルの危機が進み、さらに「全入」時代の到来のもとで学生たちの学力低下が予想されるにつけても、その最終的な責任は実は教員にあるのではないかという世論がいよいよ強まるであろう。近代日本の学校教師論の系譜はまさにそのことを示している。すべての社会的問題の責任は教育にあり、その教育の在り方は教員によって左右されるという明治以来の「教育責任論」の構図が、今後大学・学校教育問題と大学教員との関係に再現するものと思われる。必要なのは大学教員の側が自らの専門性と教育の自由と権利に関する理論的構築を行っておくことである。

第二のプレッシャーが、このところ絶えずマスコミをにぎわしている大学教員の倫理問題である。セクシャルハラスメントや権力ハラスメントだけでなく、経理・財務をめぐるスキャンダルや研究成果の改ざん等々が頻発している。前述したように、増えても減ることはない科学研究費補助金や科学技術振興調整費などの運営・処理をめぐって、これほど頻繁にスキャンダルが伝えられる時代はなかったと言ってよい。大学側の機構や財務運営問題(予算の単年度主義は研究活動にとって適切か)といった制度問題も、確かに大きな改革課題ではある。しかし、大学教員自身にとってより重要なのは、これらのハラスメントの基本に、評価や言説を通じてつくられた「競争」状態があることである。それはとくに研究業績の空虚な再生産を促す圧力として、大学を取り巻いている。

大学人の責務とは何か。学問研究の「原郷」はどこにあるか。いま、その考察が求められている。第Ⅰ部に収めたスカラーシップに関する拙論がこれを根本的に考えるきっかけになれば有難い。

むすび

大学には改革・改正する必要のある事柄が山積している。努力の不足を自省すべき点も少なくない。しかし改革を促すと称して行われる法整備や財政措置、行政行為の中にも多くの矛盾が含まれ、大学の本質を損なうものがあることも事実である。しかも社会的には、大学はまずは少子化時代に「存続」を図っていかなければならない。

大学改革の作業は、いわば大学の理念と大学の社会的効用・財政的持続とのせめぎ合いの最前線で行われる営みである。その中で大学の知恵を発揮することがいよいよ求められている。

最後になるが、出版事情の厳しい中に本書を送り出して下さった東信堂社長・下田勝司氏の厚意と、編集に力を注がれた地橋江美さんに感謝したい。

二〇〇六年八月

寺﨑　昌男

目次／大学は歴史の思想で変わる——ＦＤ・評価・私学——

II 教育評価・研究評価 115

大学は歴史の思想で変わる

——ＦＤ・評価・私学——

Ⅰ　ＦＤと教職員そして自校教育

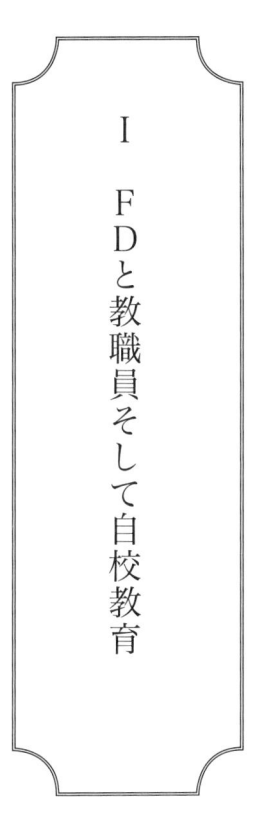

第1章　ＦＤ再考

はじめに

ＦＤ（Faculty Development）は、一九九八年の大学審議会答申（「二一世紀の大学像と今後の改革方策について——競争的環境の中で個性が輝く大学」一九九八年一〇月）で強調され、これを受けて、のちに述べるように省令で法制化され、努力義務の一つとして位置づけられている。この動きのもとで、各地の大学ではとみにＦＤ活動が活発化し、著者も講師等に招かれる機会が増えた。このような近年の動向が、この小論を執筆する動機の一つである。

しかしそれだけにとどまらず、著者の大きな関心は、ＦＤ問題が大学教員専門性論と深いつながりを持つ点にある。

言うまでもなくＦＤは、「能力」と「教員（集団）」という二義を持つfacultyという言葉に、それを発達・開発させる（develop）という語を加えたタームである。のちに紹介するように、少なくともアメリカではそのように慣用されているという。①ＦＤの前提には、そもそも大学の教員（集団）の使命や職務をどう設定するか、すなわち専門職者論が問われるはずであり、他方、②ファカルティーを「能力」と見る場合には、（教員の）能力のどの側面を開発することになるかがただちに問題となる。こうした初歩的な問題から派生して、③大学の中で能力を開発すべきなのは教員（集団）だけなのか、④ＦＤの機会を今後どのように設定してゆけばよいか、その他多数の課題が浮かび上がる。

他面、のちにふれるように、ＦＤ問題に関する日本での紹介や考察は、まだ決して体系的なものと言うことはできず、とくに内容的・質的な検討は、大学教育学会（旧一般教育学会）が長年行ってきた研究活動を除けば、まだ見るべき論考は多くない。

著者は最近、同学会が編さんした『あたらしい教養教育をめざして――大学教育学会25年の歩み――未来への提言』（東信堂、二〇〇五年）の監修と一部執筆に参加し、またアメリカのＦＤ発展史に関する示唆的な文献に出合うことができた。それらの紹介も一つの課題としながら、初歩的な問いに返ることを試み、改めてＦＤ問題を再考してみたいと思う。

1　ＦＤの法的定義

　FDとは何かについて定義があるとは思えない。最近のある啓発書に付された小事典には「大学における教員個人ないし教員団全体の教育力を改善・向上する組織的な取り組み。（中略）授業参観やビデオ収録をもとにして教員同士が行う授業研究や、学生または同僚教員による授業評価、自己点検・評価結果の利用、授業実践の情報や経験などの公開・交換などが事例としてあげられる」（大佐古紀雄、二〇〇三）と記されているだけである。

　この定義は、現行法規を踏まえたものと見られる。

　大学設置基準には次のような条文がある。

「大学は、当該大学の授業の内容および方法の改善を図るための組織的な研修および研究の実施に努めなければならない」（大学設置基準第二十五条の二）

　この文言は、前記の一九九八年大学審議会答申の線に沿って一九九九年に登場したものである。「努めなければならない」と結ばれているところから、行政上は、各大学にとっての努力義務規定だと解釈されている。このことは、よく知られている。

　だが考察のためには、次の諸点を吟味しておく必要がある。

　第一に、この規定が暗黙の前提にしているのは、FDとは「授業」の内容・方法の改善なのだ、という命題である。言い換えれば、FD活動によって発達・開発されるべき「能力」は、もっぱら大学教員の「授業能力」だということである。それだけでいいのか、という問題が生まれる。活動の目標に関する問題である。

第二に、その活動は「組織的」なものでなければならないと規定されている。個人的な工夫やコツの開陳・交流ではなく、「当該大学」自体が公的かつ組織的に行うものでなければならないと読みとることができる。

別の言い方をすれば、教育課程を担う教授会その他の組織あるいは設置者たる法人（私学の場合）や、国立大学法人では役員会や経営協議会・教育研究評議会といった組織が正式に発議・計画・実施し、さらに財政的支援も行うものであって初めて法令のいう活動に当たる、と考えられる。

だが現場的発想からすれば、はたしてそういう活動だけがＦＤなのか、という疑問が残る。ＦＤの形態に関する問題である。

第三に、条文の末段で「研修」と「研究」は区別されている。その趣旨は何か。この二つはどう違うのか。重要な法文であるのに、この点は明確ではない。

法令上研修的活動が最も集中的に規定されているのは、教育公務員特例法である。同法第一九条一項には「教育公務員は、その職責を遂行するために、絶えず研究と修養に努めなければならない」とあり、次いで第二項で、「教育公務員の任命権者は、教育公務員の研修について、それに要する施設、研修を奨励するための方途その他研修に関する計画を樹立し、その実施に努めなければならない」とある。第二項は、研修にかかわる施設整備や方法計画などについて、特段に任命権者の義務を明記している条文である（したがってこの条項は教育公務員の「研修権」を保障した条項として有名であり、ときに裁判上の係争点になることもある）。注目されるのは第一項で「研究」と「修養」が併記されているにもかかわらず、実施義務を定めた第二項では「修養」を受けていない。これから見ると、「修養」は、教育公務員が行う個人的な自己教育のことであって、あくまで自発性を基盤とする個人的営為として位置づけられていると見られる。任命権者の行う「研修」とは質を異にするものである。

これに比べ、大学設置基準の規定では「研修」と並ぶのは「研究」である。「学術の中心」である大学（学校教育法五二条）に勤務する大学教員の位置が考慮されているのであろうか。しかし教育公務員特例法と違うのは、その両者が区別なく渾然と大学の「組織的活動」に委ねられている点である。これは、両者ともそれを行うことが「大学」の責務となる、という意味であろうか。それともここにいう「研究」とは「大学」からの委託研究や学内奨励研究のようなものに限られるというのだろうか。あるいは大学教育改善の研究センターをつくれということなのか。

以上要するに、ＦＤ活動の内容に関する法規定はなお漠然としたものにとどまっていると見られるのである。授業改善以外の事項に関する研修・研究は奨励事項にとどまる、と解釈していいのかといった問題も残っている。

刺激的に言うと、ＦＤは不明確なままに法制化される一方で、大学側の実施活動は拡大しつつある。両者の曖昧な併存そのものが問題だと言うことができる。しかし、裏返して積極的に言えば、今後の実践によって、大学からの自発的・現場的発想によって、いかようにもつくり変えることができる活動でもある。本章の考察では、ここに焦点を置きたい。

2　日本への導入――大学教育学会の役割

大学設置基準にＦＤ規定が入ってきたのは大学審議会答申がきっかけだった、と先に書いた。しかしそこにだけ着目すると、日本におけるＦＤに関する理解の歴史は一九九八年以降せいぜい六年間程度のきわめて浅いものということになる。だが、概念および運動の歴史は実はずっと古い。一九八〇年代半ばには注目され、それより先には研究も開始されていた。その役割を担ったのは、大学教育学会（当時・一般教育学会）である。

同学会でＦＤが主要な課題になった契機は、一九八五年の学会大会における研究発表にあった、と当事者は指摘する（絹川、二〇〇四）。すなわち、絹川正吉（国際基督教大学教授・当時）・原一雄（同）両氏による「大学教員評価の視点」というのがそれである。「現代化されたリベラル・エデュケーションに対応する教員評価と、それを担保する継続的教員開発」を取り上げた発表であり、そのいずれの部分も、当時にあってはきわめて耳新しいテーマであった。また「教員評価」とセットとしてＦＤが位置づけられていることは、注目してよい。二人の発表者が、建学以来アメリカ的なリベラル・アーツ教育を標榜してきた国際基督教大学のスタッフであったことは、リベラル・アーツ・エデュケーション、教員評価、ＦＤの三つを関係づける必然性があったことを物語っている。

両氏の発表が行われた一九八五年度から、当時の一般教育学会は、早速「faculty developmentの研究」というテーマを学会の課題研究として設定した。同学会はその六年前の一九七九年末に創立されていたが、八四年度以前には三つしか課題研究を設定していない。右のＦＤに関する課題研究は、実にそれに続く「第四課題研究」として取り上げられたのであり、学会自体にとっても大変早い取り組みだったわけである(二〇〇四年現在までは通計一三課題)。

この時期、同学会でＦＤ問題に積極的に取り組んだ会員には、それぞれ理事を務めていた原一雄・清水畏三(桜美林学園理事長・当時)・関正夫といった人々があった。清水氏は課題研究の責任者を務め、原氏はさまざまな機会にＦＤ論を展開していわば代表的論者であり、関氏は自身が所属する広島大学大学教育研究センター(当時)を活用しながら、のちにふれるような体系的研究を進めた。

いまこれらの人々の業績を云々する余裕はない。ただ、すでにこの時期にはっきりと「ＦＤ」という用語が正面切って紹介され、アメリカの状況を大いに参照しながら(清水、一九八六)体系的研究も始まっていたことを指摘しておきたかったのである。

しかし、現在から見て注目すべきことを二点あげておこう。

第一は、まず原氏のＦＤ論が同じ一九八五年に臨時教育審議会(臨教審)で取り上げられたことである。この年、臨教審の第四部会にヒアリングのため招かれた原氏は、「授業改善には何よりも授業担当者に向けた大学教育全般に関する研修、すなわち、ＦＤが不可欠なことを強く訴えた」という。その結果、中間報告には「ファカルティー・ディベロプメント」という語が登場したが、最終の「教育改革に関する第四次答申」ではなぜかこの言葉は削除されたと回想している(原、一九九九)。すなわちＦＤという言葉は、高等教育政策に関するこの重要文書にいったん登場しかかりながら、最終的には消えたのだった。ただし臨教審答申中の高等教育関係部分には、少なくともカリキュラム改革、授業改革の必要性と緊急性が色濃く論じられていて、原氏の提供した情報や意見は決して効果皆無ではなかったと見られるのである。

第二に、原氏の論が主としてアメリカの理論や実践を踏まえてのものだったのに対して、関氏のそれは、イギリスも含めた視野でＦＤの理論と実践を展望した点に特色があった。

氏は一九八六年発表の論考で、すでにイギリスとアメリカのＦＤの呼称問題の比較を論じている。今日でも有用だと思われるので、関係部分を引用しておこう。

「イギリスでは Faculty Development (FD) ではなく、一般に Staff Development (SD) または Staff Development in University (SDU) という表現を用いている。Development の対象としての Staff は、academic staff つまり大学教員だけでなく、non-academic staff つまり大学職員も含まれる。ところがアメリカでは、development 活動の力点は academic staff つまり faculty に置かれており、Staff Development ではなく、Faculty Development という語が一般的に用いられている。ＳＤにせよＦＤにせよ、一九七〇年代以降、大学教員の資質の向上に関する諸活動を発展しつつある両国の場合、そこにいかなる背景・要因があったのであろうか」(関、一九八六)

関氏の比較考察の本論はここから始まるのだが、いまは深入りできない。この論考によれば、イギリスにおける大学教授法研究や新任教員訓練(faculty training, FT)研修等の動きは、歴史的理由を伴っており、アメリカより古いという。ちなみに、同じようにイギリスに着目した調査報告は、香取草之助氏(東海大学教授・当時)らによっても一般教育学会機関誌に掲載されていた(香取他、一九八八)。関氏はまた、広島大学大学教育研究センターで一九八七〜八九年に行われたＦＤ関係文献目録(伊藤、一九九〇)の編纂と解題執筆にも協力している。

ちなみにこの目録は、ＦＤにとどまらずおよそ大学の授業・学習に関する文献を網羅的に収めたものだが、総計は和文文献約七二〇点、欧文(英語)文献約六五〇点になる。しかしその中でとくに「ＦＤ(教員集団の能力開発)関係」と分類されているのは、和文四三点、欧文八六点で、それらのうちで図書の形を成しているのは、和文文献ではただ一点にとどまっている(欧文では約三〇点。なお和文文献は片岡徳蔵・喜多村和之編、一九八九)。当時の日本での研究・実践の未開発状況をうかがうことができる。

興味ある読者は、現在でもＦＤ理解に大きな示唆を与える関氏の先駆的論考や右の文献目録を参照していただきたい。著者が強調しておきたいのは、このような調査と分析がすでに日本でも一九八〇年代半ばに、全国学会や大学の研究センターで始まっていたという事実である。一九九八年の大学審議会答申に先立つこと一〇年であった。

さて、大学教育学会は、一般教育学会と称していた時期の最後のころ、それまでの学会機関誌の中から五十編の論文を選び、さらに解題を加えたアンソロジー(論集)を編纂し一九九七年に公刊した(一般教育学会、一九九七)。その第Ⅵ編は「教授団の能力開発(ファカルティー・ディベロップメント)」というテーマになっており、前掲絹川正吉氏・関正夫氏らの論考や当時の大学宛アンケート調査報告等全一四編の論文が収められている。同学会は結成以来臨時教育審議会や大学審議会に多くの提言を行ってきた。たとえばバチェラー・コースの教育を「学部教育」と呼ぶのに代えて「学士課程教育」という語を用いるべきこと、全国の大学に大学教育研究センターを置いて教育の開発にあたること、といった諸審議会の論議に先立つ先駆的かつ実効性ある提言を公表していた。「学士課程教育」というタームは現在多くの審議会答申で使われるようになり、また多くの国立大学法人に大学教育研究センターが設置されている。そしてＦＤに関する導入と研究活動も先駆性の顕著な一例をなすものであった。

なお、ＦＤを日本語にどのように訳すかという点になると、今日でも定訳はないように見える。当時の一般教育学会では前述のように「教授団の能力開発」という訳を与え、現在の大学教育学会もそれを慣用している。著者もそれに従っている。他方、法令上の「研修」という言葉は同学会ではほとんど用いていない。また同学会は、その後も毎年の課題研究集会や大会で、断続的にではあるがたびたびＦＤ問題を取り上げ、今日に至っている(大学教育学会二五年史編纂委員会編、二〇〇四)。

3　アメリカにおけるＦＤ――ガフとシンプソンの論考から

関氏の整理にあったように、イギリスより遅く始まったアメリカでは、いったいどうやってＦＤというタームが生まれ、どのように実践されてきたのだろうか。日本への圧倒的な影響から考えても無視できない問題である。かねて知りたいと思っていた。

先にもふれた広島大学大学教育研究センター（現・高等教育開発研究センター）の文献目録を見ると、一九八〇年代半ばころまでの文献が渉猟されている。一瞥しただけでもすでに相当量の文献が出されていることがわかる。しかしその後の動向も含めて、アメリカの「ＦＤ小史」というべきものはないだろうか。このように考えていたところ、折よく好個の文献を読むことができた。

Ｊ・Ｄ・ガフとＲ・Ｄ・シンプソンによる「アメリカにおけるＦＤ（Faculty Development in the United States）」という論文である。Innovative Higher Education 誌の研究論文欄に一九九四年に掲載された論文である。実に要領よくアメリカのＦＤの歴史と課題をまとめてある。以下、それに沿って紹介しておこう。

アメリカにおけるＦＤへの気付きは一九七〇年代であったとガフらは言う。教授（ティーチング）という役割が大学教員の職務に登場してきたからである。

その背景には、①戦後のベビーブーム世代が学生年齢に到達したこと、②大学やカレッジが量的に増大したこと、③その中でスタッフを入れ替えずにいかにして大学の教授能力を高めるかが問われるようになったこと、④大学紛争後の学生たちが「新しい教育」すなわち学習と教授を統合するような教育を求めるようになったこと、⑤いくつかの大学で教授法開発プログラムが発足したこと、などがあるという。ただしこの時期の特徴は、外部の民間財団が各大学に対して財政援助を行うようになったことだ、とガフらは言う。すなわち、「外部資金援助による教授法研究」の時代がまず来たのだというのである。

この時期に「援助」された活動は、①教授スタッフの教授法学習、②各専門分野の学習支援、③教育目標の設定、④多様なメディアを用いての教育方法の開発、⑤研修指導者の設定、などであった。そしてこの時期のもう一つの特色は、FDプログラムというべきものが、学部学科等の単位をベースに置くものにとどまったことである。すなわち、全学ベースのFDはまだ一般的でなかったということを、彼らは指摘している。

一九八〇年代になると、全学に基礎を置くFDが展開されるようになる。その基盤になったのは、カリキュラム改革に収斂する新しい学問的挑戦が発生したことだ、というのがガフらの見解である。すなわちこの時期、FDの目標は、カリキュラムの変革を目指すものとなった。

七〇年代に支配的だった学科単位などのFDに代わって、グループによるFD活動が広まり、教育技術の開発は個人的作業でなく学部あるいは大学単位の事業の一部となった。また従来、ファカルティーはセミナーやワークショップによって勉強していた。だがこの時期になると、共通に持つべき教育に関する考え方、カリキュラムの基本構造についての学習などに変わった。コンピューターなどによる新しい学習法指導の開発、女性問題・少数民族問題等を含む新カリキュラム、総合的人文科学カリキュラムなど新デザインのカリキュラムへの対応、カリキュラムの成果に関する評価についての学習などに重心を移したというのである。

このような顕著な変化が生まれた背景を、ガフらは次のような諸点に求めている。①教養教育の質が問われ、また内容的一貫性の保障が要請されるようになったこと、②大学教育における主専攻分野の強化が求められ、またその評価が問われるようになったこと、③ジェンダー・人種問題・民族問題などに留意したカリキュラム改革が進行したこと、④グローバルな視野に立つ教育内容の編成が求められるようになったこと、⑤カリキュラムを横断しての「論理的思考」や「作文能力」などの育成が必要になったこと。

このような背景があったと言われれば、前述のＦＤの変化も理解できる気がする。アフリカ系アメリカ人の入学をめぐるアファーマティブ・アクションの動向やリベラル・アーツ教育の革新といった動きが八〇年代のアメリカ大学情報の中にたびたび報じられていたからである。

八〇年代を語るガフらの筆致は明晰である。

「オールラウンドのＦＤは、もはや遺物となりつつあった」、「カリキュラム変革とＦＤとは同じコインの表と裏を成すものとなった」。そして外部資金からの援助でＦＤが支えられるという事態は(はっきりとは書かれていないがおそらく)減っていき、しだいに大学自身による自主的作業に変化していったものと思われる。

さてガフらは、一九九〇年代の新しい動向にも筆を伸ばしている。彼らが指摘するのは、ＦＤを支える施設面の変化である。

多くの大学が、自前の恒久的施設である大学教育開発のためのセンターを持つようになり、そこからの資金を含む大学自体の恒久的資金(permanent institutional funds)が、ＦＤを支えるようになった。その背景には、大学の教授法開発が教学担当首脳部の責任であると見なされるようになり、大学の学長らも、教授法問題に言及するようになったというような変化がある、という。

この間おそらくＦＤは、それらの教授法開発センターの責務になったのであろう。ガフらは指摘する。それらのセンターは、教員たちの需要によってよりはむしろ管理者たちのデザインによって動かされることが少なくないものの、しかしそれだけでなく「草の根」を成すファカルティーの支援に支えられつつ動く、という面をも失っていない、と。

その後の動きの中で、ガフたちが強調しているのは二つのトピックである。

一つは大学院生たちの訓練、二つは全国学会のＦＤ参加である。

大学院生たちは、多くの大学でティーチング・アシスタントとして働く。しかし近年になると、それに対する意識が変わった。ティーチング・アシスタントは安価な労働力ではなく、「成長しつつある専門家」であるという考え方が生まれてきた。彼らへの訓練内容にも、教授と学習に関する基本知識の習得、他人の授業の観察とその応用、自分の授業の公開、専門的助言を惜しまない同僚や先輩の獲得、将来到達する職業に関して十分に意識し、さらに大学やカレッジがいかに多様なものであるかを知ること、等の新しい項目が取り入れられるようになった。

学会がＦＤ事業に乗り出してくるようになったことも、また変化の一つだとガフらは言う。その例として、とくに全米社会学会、全米数学会などの活動をあげている。

以上のような展望を踏まえて、ガフらはとくに、

①ＦＤは大学そのものに基礎を置くべきである。その意味での institutionalization こそ肝要である。

②大学教員の仕事(professoriate)は複雑化し拡大しつつある。その中でのＦＤの役割はますます大きくなる。

という二点をあげて結論とし、また今後の課題としている。

以上紹介したガフらの整理がはたして適切なものであるかどうか、他の整理もあるかと思うが、いまは確かでない。しかし学ぶべきヒントに満ちた論文であることは確かである。

一九七五年刊のガフの著書は、前述の広島大学大学教育研究センターの文献目録でも解説されており、(Jerry G. Gaff 著『教授団の活性化をめざして——*Toward Faculty Renewal*, 1975, Jossey-Bass』)、前述の論文の前提には、確かな蓄積があるものと見られる。掲載誌の著者紹介によれば、ガフは全米カレッジ協会の副会長を務め、シラキュース大学で社会心理学の博士号を取った上で、七〇年代をとおして多くの大学で大学を基盤とするＦＤプログラムの指導者を務め、さらにアンダー・グラジュエート段階の一般教育の改善に貢献した専門家であるという。一方シンプソンは、ジョージア大学の教授開発センター所長であり、高等教育および科学教育の教授であると記されている。

先に紹介した論文は、専門家による実践性に富んだ整理の成果であると思われるのである。

4　何を学ぶべきか

以上、日本へのFD概念の導入過程とアメリカでのFDの紹介ノートを記してきた。それらから、日本で今後FDを進行・拡大するに当たって何が示唆的であるかを述べて結びに代えよう。

(1)後掲する本書I第3章で、著者は、一九五〇年代のはじめから九〇年代後半までのアメリカでprofessoriate ないし scholarship がどのように変容・発展してきたかを素描する。ここで内容を先取りしながら述べておこう。

大まかに言えば、八〇年代後半あたりから、それまでの「発見(=研究)」vs.「教授」という古典的な二元論に対して付加すべき、新しい専門職者性の内容が登場した(ボイヤー、一九九〇)。それらは「統合」「応用」といったタームで表されるようになる。また、大学内部での学科・学部の壁を越える仕事、勤務する大学全体への貢献、地域への参画、そして変動する価値や文化に対応して大学を変化させる、といった大学教員の新しいミッションが意識されるようになった(ケネディー、一九九七)。

(2)先述のガフらのFD発展史叙述からも professoriate の変化とFDの変容との関連は、随所に窺い知ることができる。しかし、その結果、はたしてFDの具体的な展開(つまりFD活動のソフト面)にどういう変化が生まれたのかについては、前述の論考は正面から述べていない。むしろ施設、管理、条件といったハード面に叙述の重点が置かれているように思われる。アメリカにおけるFD活動の具体的形態や内容、つまり実践のソフト面に関する情報を知ることは今後に残された課題である。

(3)大学教員の専門性、その持つべきミッションの再検討や研究は、日本ではまだまだ未熟である。ＦＤの今後の研究には、この作業が不可欠であると思う。

すでにふれたように、日本の当面のＦＤ展開は、もっぱら法令的ないわば「上からの」イニシアティブで行われている。画一性、強制性、テーマの押しつけといったトップダウン方式の弊害がＦＤを支配するという事態も、今後の各大学の経営危機のもとで予想できないことではない。アメリカのスカラーシップ論が当然の前提としている、アカデミック・フリーダムの保障という観点を抜きにすることはできないであろう(寺﨑、一九九九)。

現在、日本におけるＦＤに関する論説の多くは、力点をもっぱら形態や開催の様式といった点に置いているように見うけられる(一例として、井下理、二〇〇三)。

しかし今後望まれるのは、前述のような「質」の面に切り込んだ研究や調査、さらに実践の交流である。

(4)アメリカでも認識されてきたようであるが、大学教員がキャンパス内で責任を持つことを期待される「教育」活動は、もちろん正課教育だけではない。

従来「正課外教育」と呼ばれてきたさまざまな活動、たとえば学習支援、サークル・クラブの指導、講演会やシンポジウムの企画、さらには学生・大学院生らの個人的な研究指導やさらには生活指導等の諸活動である。今後はインターンシップ先の開拓や交渉作業、フィールド・スタディーの準備や指導、導入教育の企画、さらに「高大連携」を行う際の高校授業への協力方法開発といった、正課と正課外の中間に位置する仕事が増えることも充分に予想される。学生の質の変化を考慮すれば、このような側面への配慮が、今後の日本のＦＤの展開にとって不可欠になってくると思われるのである。八〇年代半ばの導入期の理解にとどまらない発展が必要になってくるであろう。

本章１でふれたように、現行大学設置基準の規定では、ＦＤは「授業改善」という狭い範囲に限定されるという形になっており、前述の諸点は、そもそもカテゴリー的に無視されている。一九九一年の同設置基準が大改訂(大綱化)された際、「教育課程」という範疇が登場した。それはそれとして注目すべき進歩ではあったが、しかし戦後教育学界の常識に反して、その「教育課程」とは正規の授業・カリキュラムに限定されていた。その錯誤はＦＤ登場の一九九九年まで引きずられてきた。だがそれでは不充分となる時期が必ず来るであろう。

(5)日本のＦＤは、文字通りファカルティーすなわち教員(集団)の能力開発に限られてきた。それでよいのか、という問題は残っている。

関正夫氏や香取草之助氏が早くから指摘しているように、イギリスの理解はそれとは異なる。職員の能力開発も含むＳＤ、あるいはＳＤＵというタームで「教職員」の能力開発がカバーされている。大学の改革と生き残りが課題となっているいま、職員の識見・能力は大学の運命を左右する。ＦＤ(とされている活動)の対象に職員を加えること、ならびにその成果に期待することは、まさに緊急の課題だと見られるからである。言葉を換えると、アメリカモデルにとどまらないＦＤ理解が今後求められ、さらに日本での創意工夫も待たれているのである。

〔追記〕

近年のＦＤ研究については著者はなお精通するに至っていない。最近刊の著作として山内乾史氏による展望的著作もある(山内、二〇〇四)。参照をお勧めしたい。

また、ガフらの論考については、大学教育学会会員である奈良雅之氏(目白大学教授)の教示を受けた。謝意を表したい。

〈参考文献〉

(1) 大佐古紀雄・白川優治「大学改革がわかるキーワード50」(アエラ・ムック九三、『大学改革がわかる』朝日新聞、二〇〇三年一〇月)
(2) 絹川正吉「一般教育学会におけるＦＤの展開」(大学教育学会二五年史編纂委員会編『新しい教養教育をめざして――大学教育学会二五年の歩み――未来への提言』所収、東信堂)
(3) 清水畏三「ＦＤをめぐる関連諸問題――米国はteaching優先時代へ――」『一般教育学会史』九巻二号、一九八七年
(4) 原一雄「ＦＤ活動のあり方と今後の実践課題」『大学教育学会誌』二一巻二号、一九九九年
(5) 関正夫「Faculty Developmentに関する考察――英・米の場合」『一般教育学会誌』八巻一号、一九八六年
(6) 香取草之助他「欧米におけるFaculty Developmentの調査研究 ――第二報 ――英国の高等教育におけるStaff Developmentの最近の動向と我が国のFaculty Developmentの今後について」『一般教育学会誌』一〇巻一号、一九八八年
(7) 伊藤彰浩編『ファカルティ・デベロップメントに関する文献目録および主要文献紹介』広島大学大学教育研究センター、高等教育叢書四、一九九〇年
(8) 片岡徳蔵・喜多村和之編『大学授業の研究』玉川大学出版部、一九八九年
(9) 一般教育学会編『大学教育研究の課題――改革動向への批判と提言』玉川大学出版部、一九九七年
(10) 大学教育学会二五年史編纂委員会編、前掲本目録『新しい教養教育をめざして――大学教育学会二五年の歩み――

未来への提言』参照
(11)　ボイヤー、有本章訳『大学教授職の使命』玉川大学出版部、一九九六年、原著は一九九〇年
(12)　ケネディー『Academic Duty』（坂本辰朗・立川明他訳として東信堂より近刊予定）
(13)　寺﨑昌男「ＦＤとアカデミック・フリーダム」『大学教育学会誌』二一巻二号（同、『大学教育の創造』東信堂、一九九九年）に収録
(14)　井上理「ファカルティ・ディベロップメント（ＦＤ）の実践（京都大、国際基督教大など）」（前掲『大学改革がわかる』二〇〇三年所収）
(15)　山内乾史『現代大学教育論』東信堂、二〇〇四年

（中部大学大学教育研究センター『中部大学教育研究』第４号、二〇〇五年二月刊）

第2章　三たびＦＤを考える
——日本的理解への批判的提言——

はじめに

ここ二年ほど、ＦＤをテーマにして話をしてほしいという依頼をしきりに受けた。私立大学はもちろんのこと、県立や市立大学、そして最近では旧帝大をはじめとする国立大学法人からも依頼される。依頼の前提には、大学設置基準による「研究および研修に関する組織的活動」の努力義務化にどう応えるかという課題がある。「学内にＦＤ委員会を立ち上げたのだが、どんな活動をしていったらいいのかさっぱりわからず、休眠状態になって困っている。活性化したい」と焦慮を隠さない大学も多い。かと思えば「年次評価や認証機関評価が本格化してきたが、ＦＤや授業評価の有無は重要な評価トピックになる。対応のための活動の一つとして、取り急ぎ講演会を開きたい」と言われる国立大学法人もある。

そして多くの場合、「基調講演のあと学部の授業改善報告やパネルディスカッションにもぜひ陪席してほしい」と頼まれる。

諸大学からのご依頼には余裕ある限りお応えするようにしているのだが、本章では、その間に感じたこと、また大学関係者にぜひ知っておいていただきたいと思った新しいヒントなどを、自由に書かせていただきたい。

以下記すうちのかなりの部分は、前章(「FD再考」)と重複する。しかしその後、とくに強調が必要だと思い返したことや、新しく目についた資料も少なくない。それらについても、改めて注釈的に記しておく。

1　FDの範囲は広い

『FD』を狭く考える必要はない」というのが、著者の最近強調している第一のポイントである。FDの目的は、ほんらい授業改善だけではない。

前章「FD再考」で著者は、日本のFDが、法規定をはじめファカルティー(能力)の担い手の問題に至るまできわめて狭く規定され、大学や教育行政の世界でもそのように理解されている、と指摘した。

基本規定である大学設置基準は、FDに当たる条項で「当該大学の授業の内容および方法の改善」のための「組織的な研修および研究」に努めなければならないと記している（設置基準二五条二）。これを仮に「ＦＤ規定」と呼ぶとすれば、この規定はどう読んでも「授業改善中心主義」の偏りを持っている。事典等の解説もまた同じである。

たとえば大佐古紀雄氏らは、ＦＤとは「大学における教員個人ないし教員団全体の教育を改善・向上する試み」としつつも、その「教育」はもっぱら授業のことであり、ＦＤはそれを行う能力の改善だと捉えているふしがある。なぜなら、氏らが例示しているのは、「授業参観」「ビデオ収録をもとにして教員同士が行う授業研究」「同僚教員による授業評価」などであって、授業以外の諸活動は無視もしくは等閑視されているからである（「ＦＤ再考」参照）。

ＦＤの基本理解におけるこのような偏りは、たとえば欧米の論文にあらわれる次のような解説と比較すると、一目瞭然である。

たとえば、「個々人が自己のキャリアを充実させるために有する関心・要求と、個々人が属する組織体の有する期待・要件との両者を調和させる体系的試み」というのが、ロンドン大学教授法研究部長Ｇ・Ｗ・パイパーの言葉である。

文面だけ見ると、必ずしも大学だけに関する定義ではないように読める。しかし仮に「個々人」を「個々の教職員」と置き換え、「組織体の有する期待」を「建学の精神の発揮」とか「大学の個性の創造」とかに読み替えてみれば、充分日本の大学にも通じるものである。それにしても、先のＦＤ規定や解説といかに違うことだろう。

また左記のようなアメリカの学者の定義もある。

「人として、専門家として、また学会人としての大学人にとってのtotal development」

ＦＤ問題の専門家として知られるＢ・Ｃ・マシスの言葉である。

彼はまた、次のようにも言う。

「個々の大学教員が所属大学における種々の義務（教育・研究・管理・社会奉仕等）を達成するために必要な専門能力を維持し改善するためのあらゆる方策や活動」

大学人として読むと、日常の仕事と関連するところの多い、実にわかりやすい記述である。しかも広い。

このように見ると、私どもはＦＤというものの理解を、そしてまた当然ながらＦＤ活動そのものの範囲と内容とを、目の梁《うつばり》を取って考えておくべき時に来ていると思う。大学自体のミッションについて、最近日本でもよく聞く言葉に「教育、研究、管理運営、地域貢献」というのがある。それに即して考えてみても、その各々に対応した教員の諸業務があり、それに見合ったＦＤがあって然るべきであろう。

2　活動多様化へのヒント

したがって第二に、ＦＤには多様な内容が想定される。法規定を超えて、広くかつ自由に理解し実践すべきだということになる。

そのためのヒントはないか。そう考えていたところ、不明にしてこれまで気付かなかったが、日本人によって早くに書かれた活動例示があった。絹川正吉氏によってすでに一九九九年に示されていたものである。

次のような記述である。

①　大学理念・目標を紹介するワークショップ
②　ベテラン教員による新任教員への指導
③　教員の教育技法(学習理論、授業法、講義法、討論法、学業評価法、教育機器利用法、メディア・リテラシー習熟度)を改善するための支援プログラム
④　カリキュラム改善プロジェクトへの助成
⑤　教育制度の理解(学校教育法、大学設置基準、学則、学習規則、単位制度、学習指導制度)
⑥　アセスメント(学生による授業評価、同僚教員による教授法評価、教員諸活動の定期的評価)
⑦　教育優秀教員の表彰

⑧　教員の研究支援
⑨　大学の管理運営と教授会権限の関係についての理解
⑩　研究と教育の調和を図る学内組織の構築の研究
⑪　大学教員の倫理規定と社会的責任の周知
⑫　自己点検・評価活動とその利用

（財団法人大学セミナーハウス編『大学力を創る』東信堂、一九九九年）

この例示は、八王子大学セミナーで長年行われてきた大学教員懇談会の蓄積を踏まえ、しかも絹川氏が勤務される国際基督教大学等で得られたアメリカのＦＤ情報などを踏まえて記されたのであろう。

それはともかく、これを見てもＦＤが授業改善だけにとどまらないことは明白である。

もちろん前の例示には、たとえばＳＤ（職員の能力開発）に連なるような項目が皆無であること、⑨の管理運営事項で理解されるべきは管理運営にかかわる「教授会権限」の理解だけではなく、むしろ全学規模の管理運営システムにおける教授会の位置権限に広げるべきであろうことなど、いくつかのコメントが考えられる。しかし、①のmonitoring（同僚その他による相互練磨）を意味する項目や⑧の「教育制度理解」などのような重要な部分が指摘されているのは、きわめて貴重である。

ちなみに、著者はこのような広がりを持つ大学に関する学識一般を「大学リテラシー」と呼んでいる。

「大学に関する、諸側面にわたる、実践に直結する学識・理解」とでも言えばいいだろうか、そのような「リテラシー」が教職員に共有されること。それこそFDの重要な役割の一つである。

3　ドイツの大学教員評価基準

今年度の中部大学FD集会でも、ドイツの大学教員評価基準についてふれさせていただいた。ここで改めて詳論しておこう。世界におけるFDの範囲はさらに広範精密なものであることがわかる。以下にその全文を掲げる。原文の著者カール・ノイマン氏は、ブラウンシュバイク工科大学教授で、かつては同大学教授センターの教授であり、現在はニーダーザクセン州の大学教授センター所長である。「大学教員の教授能力」というのが、この報告のテーマだったという。以下の①〜⑩は、大学教員能力評価のための、一種の「教授職機能類別表」と言ってもいいだろう。

① 講義を計画する力——各時間の講義や講義全体、専門領域のカリキュラム全体を、目標、内容、方法、教授者、学生、講義の条件を考慮して計画する能力。

② 講義の方法上の能力——学生の必要や教材に応じて、教育の方法を柔軟に変化させる能力。たとえば教材をわかりやすく紹介する能力やグループ討論を司会する能力。

③ 助言を与えることのできる能力——大学での学修や履修科目の選択、研究の方法を支援する

ことのできる能力。

④　厳密な意味における教授者としての能力――専門的な能力を身につけるためには、単に知識の集積だけでは不充分であり、職業上の必要性を考慮しなければならない。理論と実践の連関のために、具体例と結びついた問題解決型でしかも複数の専門分野を架橋するような講義が求められる。そのためには、学問の構造と学習の構造を結びつけ、教授学として構成する力や、学習の段階にあわせて目標を設定する力が必要である。

⑤　メディアを使用する能力――さまざまな情報メディアを使いこなして教授する能力。ハードウェア、ソフトウェアを活用して学習プログラムを開発する能力、インターネットによってｅラーニングを組織する能力も必要である。

⑥　適正な試験をする能力――口述試験や筆記試験を適正に行い、評価する能力。

⑦　評価能力――教授=学習過程にあらわれるさまざまな要素を分析し評価する能力。評価の結果にもとづいて、スタッフや教育課程、組織を改善する能力。

⑧　状況を総合的に判断する能力――研究と教育や職業上の必要性、さらには大学と社会との関係にまで目を向け、その関係を分析し考察する能力。

（坂越正樹「ドイツの大学改革と大学教員の能力開発」、日本私立大学協会刊「教育学術新聞」二〇〇五年八月二四日号）

八項目を熟読すれば、いろいろなことがわかってくる。

第一に、想定されている大学教授の「能力」の幅自体、いかにも広い。筆頭の①は、日本で言えばカリキュラム編成能力を指す。ただし、よくあるように各教員が専門分野の都合だけをやみくもに主張していくような方法によってではなく、「目標、内容、方法、教授者、学生、講義の条件を考慮して」計画していくことが求められている。すなわち技術を超えた高次の編成作業能力を指しているのである。

②は私たちにもなじみの「講義方法の改善」に当たるが、「グループ討論を司会する能力」までが視野に入り、さらに④のような学習支援能力も加えられている。

第二に、講義に関してはその「質」への注文にまで踏み込んでいる。

④は、いかにも厳しい。とくに講義の要件として、「理論と実践の連関のために、具体例と結びついた問題解決型で、しかも複数の専門分野を架橋するような講義」までが期待されている。

このポイントに加えて、さらに続く「学問の構造と学習の構造を結びつけ、教授学として構成する力」といった文言を重ね合わせると、④のカテゴリーの基本には、一九世紀以来とくにドイツの初等・中等教育で展開されてきた学校教授学(シュール・ペダゴギーク)の蓄積が大いに反映されていると思われる。

また、複数専門分野への「架橋」という注文は、アメリカのＥ・Ｌ・ボイヤーのスカラーシップ四機能論の第二番目、すなわち「インテグレーション(統合)の機能」にも相当する。つまり〈大学教員の教授力が真に発揮されるためには、狭い専門の学識だけでは足りず、近接領域や関連領域、さらには境界領域まで及ぶ広範な学識が要求される〉という論点である。それがなければ、そもそも「教授（ティーチング）の学識」は発揮されない、というのがボイヤーの主張である（第3章五五頁参照）。

第三に、大学改革参加能力も周到に記されている。⑥⑦の評価能力、⑤のメディア使用能力などはアメリカの議論にも共通しているところである。だがそれにとどまらず、⑦の段階では、評価結果にもとづいてスタッフや教育課程、組織を「改善」する能力、すなわち大学教育の質・システムの改革にまで及びうる能力が求められている。

その点は、⑧にも遺憾なくあらわれている。⑧が示しているのは、大学状況洞察力であり、紛れもなく大学改革企画能力である。この能力が強調されていることも、スタンフォード大学元総長ドナルド・ケネディーの著書 *Academic Duty*（一九九七年、ハーバード大学出版部）の最終章が "To Change" と題され、大学改革への参与が大学人の究極の「責務」として示されていたこととまったく符合する（以上のボイヤーとケネディの論については、第3章を参照されたい）。

第四に、前述の八項目が語るのは、最近改めて注目されつつあるヨーロッパのＦＤ理論およびその実践の豊かさにある。

アメリカ・モデルにだけ注目するのでは足りない、むしろイギリス、ドイツ等のＦＤに多くの示唆があるのではないか、という議論も最近改めて出されている（二〇〇六年度大学教育学会課題研究集会要旨集、津田純子会員のレジュメ参照）。同じ指摘はすでに早く、一九八〇年代から、大学教育学会を舞台に行われていた（同学会二五年史編集委員会編『あたらしい教養教育をめざして』東信堂、二〇〇四年、参照）。今後、綿密にヨーロッパの情報が提供されることを期待したい。

さて、ノイマンの紹介する大学教員評価基準論は、裏を返してみると多様なＦＤの可能性を示唆する。

(1) 教育課程を計画する能力はいかにして養成できるか。

(2) それに必要な状況判断と知識はどのような機会に獲得され、どのような相互批判を通じて培われるか。

(3) 他の専門分野に関する学識を養うためには、大学はどのような形態と方法のもとに、どのようなチャンスを、いかに設けていけばいいか。また教員たちは、それをどのように活用すればいいか。

(4) 教育評価の適正かつ厳正な遂行を励ますためには、どういう手立てを講じればいいか。

(5) 教職員に大学改革への参加のモラール（志気）をかきたて、それを維持していくためには、何を行えばいいか。

真剣に検討すれば、こういったいくつかの問いが導き出され、多様なＦＤ形態が創造されるに違いない。そこで浮かぶ着想や構想は、現行法令や事典解説などが示すような「授業改善」といった限定的目的に応じた狭いＦＤ活動ではなくなるはずである。

4　スカラーシップ論の根底にあるもの

ＦＤ論の根底にあるべきものは、大学教員の専門性論である。さらにその延長上には大学職員の専門性論も考えられるべきである。これが著者のこのところの課題である。

仮に教員に限定して言えば、「プロの大学教師とは何か。それに至る道は何か」という問いに帰着する。第3章でも紹介するアメリカの高等教育研究者Ｅ・Ｌ・ボイヤーのスカラーシップ論は、きわめて貴重な示唆に富んでいる。彼の著作を訳本で改めて読むと、彼は「スカラーシップ」という語を、強い思い入れを持って使っていることに気付く。

『アメリカの大学・カレッジ』と訳された文献の中に出てくるパラグラフを、紹介しておこう。

「すべての大学教授が、業績の多い研究者ではないし、そうあるべきでもないとはいえ、少なくとも彼らは一流の学者(scholar)でなくてはならない。学者であることとは、十分に自分の専門分野の文献に通じているとともに、学生にその情報をうまく伝達することができる専門家の水準に達している、という意味である。大学の教授が、今われわれが定義した意味での学識《スカラーシップ》へうちこむ姿勢を弱めていけば、どういうタイプの大学かに関わりなく、学部課程の経験の価値は根底からくつがえされてしまうことになろう」

「(著書を出版し論文を書くこと以外にも)学者は教科書を執筆するとか、研究会に参加するとか、新しい授業法を開発するとか、さらに最も重要なことではあるが、教室でより効果的な授業を工夫するとかいったことが、いくらでもできるのである。そして、そうした方法やそのうちの幾つかの方法を併せた活動の全体が、同僚によって評価されるべきである。大学教授が専門家としてふさわしい活動をしているかどうかの判断には、これ以外の方法があるだろうか」

「学識《スカラーシップ》とは、秘儀的な添え物ではなく、大学教授職というものの中核を占めるものである。すべての教授は、その職にある限り、常に自分が学び続ける学生でなければならない。学者として、彼らは絶えず学び続けなければならず、真剣にかつ持続的に、知的世界の拡大に専念しなければならない」

（喜多村和之ほか訳『アメリカの大学・カレッジ』一九八七年、リクルート刊）

第一引用文の末尾にある「学部課程の経験の価値」という文章はやや意味不明ではあるが、ボイヤーは、自著の中で、アメリカの現在の大学は「アンダー・グラジュエートの時代」、すなわち学士課程教育の重要性が何よりも重視される時代に入っている、と記している（第3章参照）。これからすると、前述の文言はおそらく「スカラーシップ開発の努力を大学教員が怠れば、アンダー・グラジュエート段階における学生の学習経験の価値は、根底からくつがえされる」（傍点著者）という意味ではあるまいか。

さらにそのスカラーシップこそが大学教授職の「中核を占める」とさえ彼は言う。何より注目されるのは、「研究者」と「大学教授」の概念を、第一引用文に見られるように、それぞれの特性を見事に理解しつつ明確に区別していることである。その上で、「プロの大学教員」の役割を明示し、のちの「大学教授職再考」(Boyer, E.L., *Scholarship Reconsidered*, 1990, 有本章ほか訳『大学教授職の使命』の原著)へとつないでいったのである。

結　び

ＦＤについて私どもは、今後も絶えざる理論的考察と方法の開発に努めることが求められている。さらに創造的な活動体験を交流することも不可欠である。

経験交流について一例をあげると、ＦＤに関して学生はどのように参与できるかという課題がある。それについてはこれまで、「授業評価とその生かし方」といったことだけが注目されてきた。いや、場合によっては「ＦＤをやっています。授業評価を行っているのですから……」というように、ＦＤと授業評価を同一視するような傾向さえ見られる。しかし最近は、ＦＤ活動自体に学生の積極的かつ正式の参加を求め、それを十二分に生かしている岡山大学の試みなども生まれている。このような活動例の意義が広く共有されることが必要である(橋本進「ＦＤと学生力――岡山大学学生・教員ＦＤ検討会の一年――」(『京都大学高等教育研究』第8号、二〇〇二年参照)。

現代日本のＦＤが抱えている問題は、たびたび繰り返してきたように、「概念規定の狭さ・貧困さと、不明確な活動の非活性的な拡大との結合」という事態そのものにあらわれている。大学は、「知性の府」としての名誉にかけても、このような事態を克服していく必要がある。

ところで、著者は先にＦＤが形式化を脱し、自発性に支えられ、かつアカデミック・フリーダムの原則に反するものにならないためには、次の三つの要件が必要ではないかと提言した。

(1)　実践性と共同性
その研究活動が、実践的必要に即した共同のものであること

(2)　テーマ設定の自由
テーマが実践的必要に即しているか否かの判断は、実践主体たる教員自身の評価に依拠していること

(3)　参加の自発性
参加に関して教職員の自発性が保障されていること

（寺﨑「アカデミック・フリーダム・ＦＤ・大学審議会答申」『大学教育の可能性』東信堂、二〇〇二年所収）

以上の中で著者がとくに重視したいのは、(1)の「実践性と共同性」である。これが保たれるためには、ＦＤ活動を通じていかなる課題を解決したいのか、という共同の課題認識がなくてはならない。著者はこのところＦＤ講演の機会に必ず付け加えることにしている。「課題なくしてＦＤなし」と。

課題発見の営みそのものが、実はすでに当該大学のFD活動そのものである。そのために自己点検活動や外部評価活動、授業評価が行われたはずである。これらの活動を単に「研究時間を削り疲労を増やす雑務」とするか、価値あるFDに収斂させて自己変革につなぐかは、文字通りファカルティーやスタッフの見識にかかっている。

右の三項目に戻ると、FDの努力義務化ないし義務化は、前述のような要件を失わせる危険性が大いにある。もし一斉開催、出席義務化などが進めば、小・中学校などの講習会や研修会がしばしば陥るように、形式化・形骸化する恐れなしとしない。

アカデミック・フリーダムに支えられた自主的かつ高度のFDを継続すること——これも大学の本質に不可欠のFD運営原則ではあるまいか。

（中部大学大学教育研究センター『中部大学教育研究』第5号、二〇〇六年三月刊）

第3章　アメリカの大学教員論を読む
――FDへのヒントを求めて――

はじめに

大学教員とは何か。この素朴な論題が、近年とみに著者の関心にのぼってきた。きっかけは、言うまでもなく日本の大学状況そのものである。

FDの努力義務化、新段階に入ってプレッシャーを強める大学評価、大学教育改革における「教員－学生関係」の比重と意義の増大、大学自身のサバイバル競争の激化、さらに生き残りのためにも必要不可欠となってきた教職員のモラールと能力の向上――対応する暇もないほど変化する高等教育政策や社会的潮流が押し寄せている。対応のための理論的拠点の一つは大学教員の専門性如何というテーマである。

著者もこれまで幾度かの機会にこのテーマにふれてきた。すでに日本でもこのテーマを扱う著書が刊行され、共同研究が行われている。著者も纏った論究をおおやけにしたいと考えている。

しかしその前段階として、諸外国の大学教員論を調査しておく必要がある。大学教員論研究が、国内の文献研究で済むはずはない。大学は世界的な歴史と広がりを持つ制度であり、教員はその枢要の構成員であるからである。

本章では第一歩として、アメリカで刊行された大学教員論文献のうち四点を選んで紹介しコメントを加えてみよう。言うまでもなく文献の選択はまったく恣意的であり、中には、著者自身がすでに他の機会に紹介した文献もある。しかし重複を気にかけず書いてみよう。

著者の関心ないし疑問を列挙すると、次のようになる。

(1)　今日大いに体系化されていると見られるアメリカの大学教員論といえども、その変遷や発展はこの半世紀くらいの間になされたものではあるまいか。

(2)　〈「研究・学習の自由」と「教授の自由」の一体性(Einheit)〉というフンボルト的命題がある。しかしその反面には、「教育と研究の葛藤」という古典的な、しかし現在とくに頻出する問題指摘がある。アメリカの大学人たちはこれをどのように受け止め、どのように調和させてきたか、また教授活動と研究活動とのイメージは、それぞれどのように変化してきたのか。

(3)　最近になって大学教員の専門性論にどのような新しい論点が加わったか。新論点があるとすれば、それは背後の大学状況・研究状況と関連しているのではないか。言葉を換えると、大学の歴史環境と大学教員論とはどのように関連しているか。

本章における文献選択の唯一の基準は、第二次世界大戦後それぞれ違う時期に書かれたということだけである。具体的には一九四〇年代末、一九七〇年代はじめ、一九八〇年代末、一九九〇年代後半のそれぞれの時期に執筆された四種の文献を取り上げる。文字通りの濫読報告としてお読みいただきたい。

《文献1》戦後初(?)の大学教員志望者向けハンドブック

クロンカイト、B・B(編) *A Handbook for College Teachers*, Harvard U. P.,1950.

大学教員になるであろう大学院生たちのために一九四九年に開設された連続講座をもとに、大学教授たちが書いた論文集である。教授たちはすべてハーバード大学および、その「シスター校」とも言うべきラドクリフ大学の教員または管理職者たちである。編者クロンカイト教授(Bernice Brown Cronkhite)自身がラドクリフ大学大学院長の肩書きを持っている。

七部構成になっていて、それぞれ一編ないし四編から成り、全一八編の論文が収められている。連続講義を纏めた論文だからであろう、一編が二〇～三五ページ程度で比較的短い。それだけに論者たちの主張はくっきりとしていてつかみやすい。全体を展望すれば、第二次世界大戦後数年を経ない時点で、アメリカの伝統的大学の教員たちが大学教員の将来の職責をどのように考え、どのように次世代に伝えようとしていたかを窺うことができる。

　ところで右の連続講義は、まずラドクリフ大学大学院において（おそらく編者クロンカイトの提唱で）、将来大学教育を志すラドクリフとハーバードの大学院生のために企画されたという。それは夜間の「課外科目」（extra-curricular course）の一部として開講された。

〈この種の学習を用意するには「負担の多いPh.D.の課程に『教授法』という必修科目を付け加える」というやり方を取るかそれとも「『よき授業の精神と方法』の発見をただ将来の偶然に任せる」というやり方を取るか、両極端をなすやり方がある。けれども、自分たちはその中道（a middle way）を行きたかった〉と序文で編者は記している。《文献４》で紹介する、この四六年後に出た一九九六年のケネディーの著書が、博士課程学生向けに開設したセミナー記録であることをおおっぴらにうたっているのに比べると、この序文には、ある種のためらいというか遠慮といったものが漂っている。本書が出る以前にはこの種の試みはまだほとんどなかったのであろう。一九四〇年代末というのは、二つの名門大学が共同でこういう試みをするには、細かな配慮を働かせなければならなかった時代だったのではあるまいか。

　加えて気付くのは、本書には "an *informal* handbook" という副題がつけられていることである。「ハーバード大学出版部から刊行されているけれども、決して大学の公式の見解などではありません。課外のテキストですよ」とでも言いたげな様子が見える。要するに、講義プログラムの設定と副題の付け方とに窺われるのは、どことなく遠慮がちな姿勢である。アメリカでもこの時期まで、大学教員が「大学教員の在り方」について語るということなど、やはり例外的かつマイナーな行動だったのかもしれないと思わせるものがある。少なくとものちの時代の大学教員論とは大いに異なる出版背景が感じられる。

七つの中項目とその中に収められている論文名を訳しておこう（中項目の番号は仮につけた）。

1　教員と学生の関係
　教授課程／学習における諸葛藤――教授活動に対する学生の反応――／教授活動をどのように評価したらよいか／教授活動の価値、方法、そして基準

2　さまざまな教授方法
　人文科学の教育／自然科学の教育／社会科学の教育

3　教授のための補助教具
　学習に対する科学的補助教具

4　大学教員のスピーチ技法
　教える者と効率的なスピーチ

5　大学教員が持つ多面的な関係
　大学教員と学部組織／大学教員と専門学会／大学教員と海外留学／研究および出版と大学教員

6　教員ポストへの求職
　人事担当部局の活用／教員身分を求める大学院生

7　合衆国における高等教育の考察

合衆国における高等教育の役割／民主主義のための教育――学生たちの指導性開発のために――／高等教育史の重要な諸局面

読んでみて第一に思うのは、やはり「古典的」だな、ということである。

目次からわかるように、現代の同種の本に見られる教授技術的な論題は取り上げられているものの、いずれかと言えば不器用に、別の言葉で言うとあくまで教育内容や大学の理念と不可分の形で出されている。

「ハンドブック」という副題からはもっとマニュアル的な講義が多いかと想像しがちだが、それに当たるはずの2や3や4には論文数が少ない。2の人文・自然・社会科学の教育についても、それぞれの分野の教育について熱心に説かれている様子はわかるが、各分野に通じる教授法が意識的には説かれていない。3の「学習に対する科学的補助教具」(Scientific Aids to Learning, Venon D.Tate執筆)などはわずか六頁にすぎない。もっとも、当時の最新の学習ツールが列挙されてはいる。たとえばマイクロフィルムの進展、視聴覚的諸方法の開発、映画フィルムやスライドの利用、パンチカードの活用等々、いわば「教育工学」の走りのような情報が、次々に列挙されている。

もちろんこれを仮に当時日本人が読んだならば、きっとため息の出るような最先端技術であったろう。一九五〇年と言えば敗戦から間もない時期で、新制大学が出発したばかりのころである。日本の大学の研究条件や学生たちの学習生活は極端に貧弱で貧しかった。他方、アメリカにおいても、科学的補助教具(scientific aids)というのは、これから教育者の道を歩む大学院生たちにとってさぞかし有用な知識であったろうし、同時にこのテキストの先進性を語る論題でもあったろう。だが問題は分量と比重の軽さであり、わずか六頁が割かれているにすぎないことである。全体として副次的な扱いしか受けていない。

他面、このテキストのもう一つの特徴は、この時期、アメリカでは大学教育の問題について鋭い関心が生まれたことを端的に示していることである。多くの講演表題はそれを暗示している。だが、それらにおいて「教育」について語られるアプローチはいかにも初々しさというか、強く言えば根源性ともいうべきものに満ちている。

端的な例として、1に収められている「教授活動をどのように評価したらよいか(How to evaluate teaching?, Gordon W. Allport 執筆)を見よう。

のちに著名な人格心理学者として知られるようになるG・W・オールポートは、この講義で自分たちが行った試験的実験について詳細に述べている。

彼らは、社会科学の入門的科目の授業のいくつかを「評価」するため、教室の後ろ壁に観察用の鏡をしつらえ、これをとおして異なった五人の教師による同一科目の授業を観察し、自分たち専門家が教師に対して下した評価と学生による教育評価とを突き合わせ、両者を比較検討している。その結果、専門家たちが授業に対して加えた評価と学生たちが下した評価との間には、無視できない違いがあることを発見したというのである。

詳しくは原典に当たってもらうほかはないのだが、要するに大学教員や授業批評の「専門家」たちは、体系立った、何事かをドリルし詰め込むようなタイプの授業を「よい授業」だと認める傾向がある。これに対して学生たちは、「自分があたかも新入生であるかのような」若い男性教員の飾らない風貌、親しみやすい態度、相互交流を重んじる授業展開などに対して、きわめて高い評価を与えているというのである。

またオールポートは別の観点も付け加える。それは質問の仕方に関するものである。

学生たちから大いに歓迎された教師Aと最も不人気だった教師Dとは、いずれも学生たちによく名指しでダイレクトな質問を発した。D教師の場合、その質問は確かに言葉の上では非指示的で決して押しつけがましいものではなかったものの、その授業のスタイル全体は「学生たちの授業への貢献を拒否するかのような空気に覆われていた。それは学生たちがせっかく心の中に蝋燭をともしても、その炎を消してしまうような不幸なスタイルに貫かれていた」。察するに、教えたいテーマや知識の方向に絶えず誘導するような質問を重ねたのであろう。これに対して人気の高いA教師の場合は、「指名して直裁な質問をするものの、その雰囲気はきわめて許容的(permissive)であり、学生たちは彼の質問を自分たちの自由討論のためのたたき台、起点として考えるだけでよかった」。

よき教師とは、結局「学生たちの前に自信ある個人として現れる人物のことである」。そして「教えること」とは「学生たちが自分自身で考えることができるように導く技法(アート)である」というのが、オールポートの結論である。

「大学の教師たちは効果的に教える技法をあらかじめ教わっていなければならない。われわれは『よき授業』を構成する諸条件は何かに関する知識を進歩させることを求められている」

「だが教育改善を求める流れは強まっている。進歩は必ず起きるだろう」

これが、彼の結びの言葉である。

観点の素朴さ、授業評価がケース・スタディーにとどまっている点など、いま読めば物足りなさを感じる向きもあるに違いない。おそらく統計的手法による授業評価やその質問項目作成などは、アメリカの大学でもまだ始まっていなかったか、あるいはせいぜい普及途上の時代だったのであろう。調査方法における授業者たちへの配慮など、現代のアメリカの状況とはかなり違った雰囲気が感じられる。だが一九四〇年代末には、大学授業研究の曙光がすでに射していたことを窺わせる陰影の濃い内容である。決して時代遅れのテキストとして無視できる文献ではない。

《文献2》良識的・古典的な大学共同体論と教員論

ミレット、J・D(著) *The Academic Community; An Essay on Organization*, McGraw-Hill, 1962.

著者のミレットはマイアミ大学学長、州立大学協会会長。その他アメリカ公共政策学会会長、アメリカ政治学会教育基準委員会委員長などの要職を務めた人物であるという。

この文献の基本目的は大学(ユニヴァーシティおよびカレッジ)の管理運営の特質を、財務管理、公共管理等の諸管理制度との対比によって考察し、大学の管理にはどのような特質があり、それは他の社会的諸組織の管理とどこが異なるかを論じることにあったもののようである。*Academic community* という題名自身が示唆するように、ミレットの発想は、もちろん両者が基本的に異なるものであるという主張にある(以下、academic communityを「大学コミュニティー」と訳しておく)。

ミレットによれば、アメリカの社会的諸組織を特徴づける共通原理は、組織内部の階層的構成(ハイアラーキー)にある。だがその原理を大学に当てはめることはできない。

「大学コミュニティーという組織は、権限の分散の上に成り立っている。また、大学が機能を発揮しうるか否かは、四つのパワーグループ、すなわち、教員集団、学生、同窓会、管理者の間に合意が形成されるかどうかにかかっている」

著者(寺﨑)などは、〈アメリカの大学組織論や管理運営論は、早い時期から企業管理や公共的管理の理論だけで成り立ってきたのではないか〉という先入観を持ってきた。だがミレットの主張を読むと、その先入観は大いに修正しなければならないことに気付く。彼の主張は、それらの管理論と大学コミュニティー管理論との本質的な差異を明らかにするところにあるのである。

他方、この本の背後には「大学コミュニティー論」という大学観のあることが想像できる。その系譜について、R・ホフスタッターらの名著 *The Development of the Academic Freedom in the United States*, 1955(井門富二夫氏他による邦訳が『学問の自由の歴史』上・下巻、東京大学出版会刊として出ている)などによっても見ることができるので、ここでは立ち入らずにおこう。それの系譜の上に、大学固有の内部構造を命令・権限の上下関係や秩序構造といった側面から考えるのではなく、あくまで「合意形成」というキー概念をもとに考え組み立てていこうとするのが、ミレットの発想である。

ここでは教員論に絞って紹介してみよう。大学コミュニティーの中で教員あるいは教員集団(faculty、以下ファカルティーと記す)は、どのような特質を持つ集団だとこの著者は考えているか。

大学の教員であること(scholarship)は、「大学コミュニティーの中では明らかに一つのプロフェッションである」とミレットは言う。

教授たちはいくつかの倫理規範を持っている。第一に、彼らは真理を探究し、新しい概念が今後、試行的実験や事実探究あるいは洞察力を通じて発展していくと見極められる限り、眼前のいかなる新概念もあえて受け入れる。第二に、自分たちと対立する見解が提出されることに対しては、たとえそれによって自説が覆されるとしても、基本的に寛容である。第三に、彼らは基本的に清廉であり完全を求める。個人の責任において自分の仕事を誠実かつ真剣に行おうと努力する。自分が他者から知的負債を負っていることを知っているからである。第四に、自分の研究の限界を知っている。自分の研究が限られた対象に関する特殊研究であること、他の専門領域や日常の具体的問題の解決には及ばないことを知っている。第五に、彼らはお互いに一人ひとりの威信と価値を尊重することを知っている。たとえ相手が大学の同僚であろうと、特殊テーマの研究会の仲間であろうと、学生だろうと、大学人以外の誰かであろうと、この尊重の念は変わらない。

これだけを読むと、きれいごとが並べられているだけのように見えるが、少なくとも著者の立論の基底には、大学教授職ないしは研究者職に対するきわめて正確で内在的な、印象的に言えば親身な認識があることが注目されるのである。

その上で彼は、大学コミュニティーの一部としてのファカルティーの持つ役割と位置、さらに大学の組織者・経営者がファカルティーに対して持つべき配慮、ファカルティーの役割などを詳述している。個人としての教授はどのような位置に置かれ、何に気をつかって生きているか、また個人としてだけでなく集団としてのモラルは何か、さらに大学全体の方針に対するファカルティーの態度や忠誠をどう考えるか。

さらにファカルティーが属する学科(department)、学部(college)、全学(university)との関係、それら各組織がファカルティーに対して持つ機能とその役割等々、論述は詳細をきわめており、またわかりやすい行文の中に多くの実践的・実際的な提言が随所に光っている。とても全貌を紹介する余裕はないが、この本がアメリカ大学管理運営論の良書の一つであることは疑う余地がないと思われる。

読んでみての感想一つ。出版年は一九六二年となっている。日本の大学にとって、一九六二年は、どのような時期だったろうか。

当時の中央教育審議会が、戦後初めて大学問題を審議して「大学教育の改善について」という答申を纏めていた年だった。その中で最も論議を呼んだのが管理運営制度の改革方針であり、大学の管理運営に関する法律の作成を促す中教審の審議方向に対して、国立大学を中心とする広範な反対論が起き、政府・文部省と国立大学協会の動向をめぐって、大学やマスコミ、学生運動団体の中で論議が渦巻いていた。だが、この「大学管理法問題」の論点は、「教授会の自治」を守るかその割拠性と独善性を批判するか、という点にだけ集中していた。大学それ自体の管理運営はどうあるべきか、そもそもその前提として大学という組織の本質と構造特性は何か、大学管理運営における学生の位置は何かといったことは、政治的争点の背後に隠れたままだった。

こうした状況と重ね合わせて読むと、理論的実践的水準の日米間格差を否応なく意識させられる。ミレットは、「この本を高等教育という胸躍らせる事業のただ中にいる私の同僚たちに捧げる」と記し、大学のすべての構成員への敬意を隠していない。さらに論考の重要な視点として、大学コミュニティーにおける学生の位置についても行き届いた考察を加えている。

ちなみに、この文献の脚注には、当時までに出た大学教員論の文献が丁寧に記されている。一九六〇年代初頭までのアメリカ大学教員論史の有用な索引でもあることを今回確認した。

《文献3》専門的・体系的大学教員論の到達点を示す

ボイヤー、E・L（著）*Scholarship Reconsidered*, The Carnegie Foundation for the Advancement of Teaching, Jossy-Bass, 1990.（有本章訳『大学教授職の使命』玉川大学出版部、一九九六）

有本章氏が責任を持った邦訳が出ており、本書に接した大学人も多いと思われる。たとえば前大学教育学会会長・絹川正吉国際基督教大学学長（当時）も著書『大学教育の本質』（一九九四）の中で本書の言う「スカラーシップ」の意義について早くから指摘している。詳しく全体を紹介する必要はないであろう。ここでは著者（寺﨑）がとくに印象を受けた、そして日本の大学教授論を考えるさいのヒントと考える点だけを、訳書によって、わがままに紹介しておこう。

本書の中心をなすのは、第二章（展望の拡大）でボイヤーが論じている「教授団の仕事の定義」の部分である。

ボイヤーは、「おなじみの、尊重すべき『学識』という用語により広範な、より包容力のある意味、すなわち全範囲の学事（アカデミック・ワーク）に正当性をもたらすような意味を付与すべき時が来ていると、われわれは信じる」という。その「時」とは、ボイヤーが序論で興味深くも記している、一九九〇年代は「アメリカ高等教育における学士課程の時代（the decade of undergraduate）だ」という判断である。各地の大学を訪問してみて、学士課程教育に再び注意が払われており、とくに学生自身が「キャンパスにおける教育」という優先事項に対してますます関心を示し、各地でコアカリキュラムと大学生活の質に焦点付けられた討論が起こっていることに驚かせられた、とボイヤーは記している。

有本氏が「学識」と訳しているscholarshipという言葉は、字義的には〈学者（scholar）であること〉という意味である。professoriateという語に近い。あえて言えば、学識を持つはずの大学教授（団）に必要な専門性、というふうに両義性を持つ言葉だと理解しておいてよいかもしれない。これ以前の大学教員論ではあまり頻用されなかった言葉なのではないだろうか。前掲のミレットの著書にはちょっと出てくるが、副次的にしか使われていない。それはそれとして興味ある事実だと思われる。そのスカラーシップをボイヤーは次のように列挙する。

発見の学識(scholarship of discovery)
統合の学識(scholarship of integration)
応用の学識(scholarship of application)
教育の学識(scholarship of teaching)

それぞれがどのような意味内容を持つのかは、著者自身が懇切に説明しているからここで詳述する必要はない。「発見」は馴染み深い学問研究のことであり、「教育」は教授活動のことである。ただし、これについては次のような興味ある記述が見られる。

「教育は、教授たちが幅広く研究し、知的に仕事をしている時のみ十分だとみなされうる。立法者たちや理事たち、それに一般大衆が、毎週一〇—一二時間の教室での授業がなぜ重い負担でありうるのかを理解するのによく失敗する理由の一つは、優れた教育を支えるのは、たゆまぬ勤勉と困難な研究だということに対して、彼らが認識を欠いているからである」

「統合の学識」と「応用の学識」についてだけは少し注釈が要る。

前者についてボイヤーが強調するのは、教授自身が「多様な事実を関連付けうる能力」を持っているべきことである。これは紳士的学者やディレッタントの復活を意味するものではない、と彼は言う。

「われわれが意図するのは、解釈し、一緒にひとまとめにし、独創的な研究を結実する新しい洞察をもたらそうとする、真摯な、統制のとれた仕事である」

言葉を換えると、大学教員は常に自分の視野を広げる教養を持っていなければならない、ということである。

後者、つまり「応用の学識」についてボイヤーの言うところは簡明である。重要な社会的問題に関して学識はいかに責任を持って応用されるかということであり、大学の地域への貢献、企業への貢献と言われる事柄に関係し、それは大学教授の「責任」というよりは「義務」に属するとまで強調している。

ただし、次の二つがこの「学識」（スカラーシップ）の条件であるという。

第一に、このスカラーシップは、知識はまず発見されてしかるのちに応用される、ということを意味しない。医療診断においてであろうと、公共政策の立案や公立学校への貢献においてであろうと、「新しい知的理解は応用という行為自体から生じうる」。すなわち知識とその応用は前後関係に立つのではなく、あくまで相互関係に立つ。実践と研究のダイナミックな循環をこそ、彼は大学教員に要求している。

第二に、応用は厳密に自分の特定の知識分野に直結しなければならないし、そこから直接に出てくるものでなければならないというのである。ボイヤーの大学教員論におけるキリスト教的な倫理観とも言うべきものが窺われる気がする。単なる「地域サービス活動」や、ましてやマスコミでの「タレント活動」といった現代日本の大学教員の一部が陥りそうな社会活動を、ボイヤーは「応用」として認めているわけではないのである。

今回改めて読み返してみて、本書でもう一つ注目すべき個所は、第一章「スカラーシップの変遷」の記述だと気付いた。

大学教員が学者というより聖職者としての献身によって評価された植民時代、教授者としての役割を担うようになった次の時代、並行してドイツの影響下に学問研究を主眼とするようになり、また応用研究を使命の一部とするようになった一九世紀までの歩みを、ボイヤーは概観している。この整理は、著者のアメリカ高等教育史理解(不充分なものだが)から見て決して独創的なものではなく、先行研究の要領を得た概説という感じがする。しかし、アメリカのスカラーシップの現代状況を簡明に語る有益なテキストであり、ヨーロッパ各国のスカラーシップ論との比較のためにも有効であろう。これを受けて、前述したスカラーシップの四条件が語られているのである。

われわれにとって他人事でない個所は、訳者有本氏による巻末文の「日本の大学改革への含意——訳者解説にかえて」が指摘する日本の大学教員の意識調査の結果である(「カーネギー財団大学教授職国際調査第一次報告」)。

「あなたの関心は主に研究と教育のどちらにありますか」、という一四カ国対象のアンケートへの答えが紹介されている。「教育」と答えた教員の率は、日本は最低から二番目、二七・六%である。ロシア(六七・九%)、チリ(六六・七%)に比べると段違いに低い。アメリカは五位だが、それでも四九・二%ある。日本の二七・六%とは大きな違いである。

これに対して、「研究」と答えた教員の率は、オランダに次ぐ第二位で、七二・五%にのぼっている。

アメリカやオーストラリアが、教育と研究の両者をそれぞれ五〇％前後の近接した率でいわばバランスよく意識しているのに比べて、日本の大学教員の研究重視の傾向はまことに著しい。

有本氏は、この現象を日本では「戦前のドイツ型の研究志向の大学モデルが帝国大学に移植され、戦後の大学改革によって構築されたはずのアメリカ型の大衆高等教育機関としての大学にも、そのまま浸透している現象」だとコメントしている。大学のモデル選択が生んだ影響とその残滓、という解釈だが、はたしてそれだけだろうか。近代科学移入国としての「移入」業務への国家的・社会的期待、「学問」とくに儒学の習得方法に関する近世以前からの伝統、大学入試を最後の関門とする入試進学システムの特質などが考えられなければなるまい。それらのテーマは、将来大学教員専門性論の一部とすべきものであると考えられる。

《文献4》大学教員の現代的ミッション案内

ケネディー、D(著) ***Academic Duty*****, Harvard U. P., 1997.**

邦訳が近々に刊行されることになっている。テーマと内容を知るには、目次を一覧するのが最も手っ取り早い(次頁表)。

原理論に始まり、大学教員が生まれるまで、生まれてから、そして社会変動期の大学変動にどう対応するかに至るまで、目配りの行き届いた内容である。読むにつれ、現代アメリカの大学教員がどのような職能とミッションを抱き、他方彼らの職場がどのような変貌を遂げつつあるかを知るには随一といってよい参考書ではないかと思うに至った。刊行直後、偶然書店でハードカバーの初版に出合い、知り合いの出版社（東信堂）に邦訳版権を取ることを勧めた。刊行二年後の一九九九年にはペーパーバックも出ている。アメリカでも相当広く普及したテキストであろうと思われる。

特徴はまずその成り立ちにある。すなわち元スタンフォード大学学長で環境科学専攻のケネディー(Donald Kennedy)が、一九九三年から二年間以上にわたってドクターコースの大学院生たちに行ったセミナーが成立の機縁だったというのである。セミナーでは、今後大学に職を得るであろう青年男女たちに対して、君たちの働くべきアメリカの高等教育現場はどのような問題を抱えているのか、それにしてもそこへ到達するルートはどのように設定されていて、君たちは何を準備すればよいか、大学の中でいかに生きるか、大学の未来は何かなどを語った、とケネディーは記している。「二年以上にわたるセミナーの間、学生諸君は、アメリカの高等教育およびその中での彼らの位置にかかわる論点についてさまざまな反応を示し、論議し、時には対論を重ねた」とも言う。

このような大学院生向けセミナーがはたしてアメリカでは普遍的に行われているのか、それともケネディーのような誠実な大学経営経験のある大学人によって例外的に行われたものなのか、著者には定かでない。

1	Academic Freedom, Academic Duty
2	Preparing
3	To Teach
4	To Mentor
5	To Serve the University
6	To Discover
7	To Publish
8	To Tell the Truth
9	To Reach beyond the Walls
10	To Change

もし《文献1》の時代と違ってある程度普遍的なものになっているとすれば、アメリカの「大学教員養成」(日本で言えば研究者養成)のシステムは、日本に比べてはるかに進んでいる。例外とすれば、かえってこの著述の希少価値は高まる。

それはともかく、この本が(つまりケネディーが)大学院生たちの未来の職場として想定しているのは、いわゆるカーネギー区分で言う「研究大学」である。またそのアンダー・グラジュエート段階の教育部分である。ということは、この本が想定する大学教師の専門性は、コミュニティー・カレッジや専門カレッジや大学院段階の教師のそれでは必ずしもないことを語っている。すなわち、伝統的大学における学部段階の大学教員の在り方と正統的プロフェッショナリティー論とが語られていると見てよい。

さてケネディーは、どのような「大学教員へのなり方」を語っているのか。目次構成で言えば第一章(preparing＝準備)から第四章(mentor＝同僚との切磋)までがほぼそれに当たるだろう。そのあとに「discover＝研究」(第六章)、「publish＝出版」(第七章)というように、ボイヤー言うところの研究作業が来て、「研究と教育」という二大デューティーにかかわる章が終わる。換言すれば、教授と研究という大学教員の古典的二大責務が優先的に据えられている点では、従来の専門性論とさして違いはない。

本書が語る、まさに現代的大学教員論としての特徴は、その他の諸章にある。

ごく一部だけ紹介すると、“To Serve the University”の章は、「大学に奉仕するということはすべての総合大学・カレッジにおいてアカデミック・デューティーの重要な一部分である」という文章に始まり、大規模な州立大学の教員、中西部の小規模な大学の獣医学の教員、小規模私立研究大学の教員その他の例をあげながら、地域や産業、州民生活などにとって社会奉仕という課題が実に大学の使命を制する重要さを持つこと、その課題を果たすのはまさに大学のファカルティーであること、しかもその課題は教員にとっては深刻な葛藤ないし多義的問題を含むことが詳述される。

また、"To Reach beyond the Walls"で"wall"というのは物理的な塀のことではない。大学内部の学部や学制の利害対立、大学と外部企業との間の隔たりや対立(たとえば知的財産権をめぐる問題、コンサルタントとしての雇用をめぐる問題など)、利益企業に対する教員の参加における大学経営体と教員の間の勤務形態をめぐる問題などが、リアルかつ具体的に紹介され、大学への奉仕と教員の利害問題が鋭く論議される。

"To Change"の章では「定年制」の現在と未来、大学におけるコンピュータ世代とそうでない世代の懸隔、経営体とファカルティーの間のギャップ、その他大学内外で起きているあらゆる問題が取り上げられ、縦横かつ具体的に紹介され論じられる。

ケネディーの基本姿勢は、「大学は社会との間において(一面では時代遅れの保守的組織だが、他面では新しい知的領域の開拓主体であるという)弾力的・力動的な関係をなす」という認識に立っている。その上で、大学そのものの使命と、その中にいる大学人の責務とのバランスあるしかも本質的な関係について、Ph.D.コースの学生たちに将来への自覚を促すことを目指している。大学自体の内部に起きている課題を認識すると同時に、歴史の中で進行する社会自体の変革に対する認識と意識を持ち、両者の間をダイナミックにつなぐ英知と行動力を持て、というのがこの章の中身である。

先にふれたように、現代、とくに一九九〇年代半ばから後半にかけてのアメリカの大学事情を万華鏡で見るような内容の本である。覗き穴は「大学院生の将来」という一見狭いものである。だが本書から見えるのは、十分な社会的見識を持ったアメリカ大学論そのものだと言うことができる。

終わりに

以上四点のアメリカ大学教員論を駆け足で紹介してきた。

《文献1》は四〇年代末のハンドブック、《文献2》は六〇年代の大学管理運営論、《文献3》は九〇年代初期の評論的理論研究書、《文献4》は九〇年代後半の入門講義記録というように、実にさまざまであって、選書のわがままさについて重ねてお断りしなければならない。

しかしこれだけの文献を覗いてみただけでも、アメリカにおける大学教員論についていくつかの印象を記すことができるように思う。

第一は、明治初期以降一三〇年の近代大学建設の歴史を持ちながらほとんど見るべき大学教員論を持たない日本に比べ、やはりアメリカにおけるその探求は相当に進んだものがある、という素朴な感想である。なぜそうした差が生まれたかについては、それこそ大学史研究の助けを借りなければなるまい。

アメリカは、一九世紀のドイツの大学の影響を受ける以前、中等教育にも紛らわしい「教育」中心のカレッジの歴史を持っていた。しかもその歴史は、現在までもアンダー・グラジュエート・レベルでのリベラル・アーツ教育や、拡大を遂げるコミュニティ・カレッジに流れ込み、高等教育のさまざまな場で教授職は定着・拡大を遂げている。そうした環境の中で、少なくとも教育活動を重視することが遺産として受け継がれているのではあるまいか。他方、復員兵士の大学復帰をきっかけとして起きた戦後第一次の高等教育マス化のプレッシャーも、大学教員の職務への反省を促したかもしれない。それが正しいなら、《文献1》のハーバードおよびラドクリフのハンドブックは、以上の事情を部分的にかつ正直に反映しているといえよう。

他方、一九六〇年代に入ると、研究の大規模化や研究費の合衆国規模での拡大とその評価の厳しさ、また大学の地域への貢献の要請などが重なって、否応なく「大学教員の役割」が問い直され続けてきたことがあげられよう。大学教員が理事会の被雇用者であるという管理制度も、上の問いを厳しいものにしたことであろう。このような歩みは、先に見たように、ボイヤーによる《文献3》に鮮明に纏められてはいるのだが、改めて日本の場合との違いを意識させてくれる。

第二に、日本の場合、以上の条件はほとんどなかった。もともと大学は、近世の藩校や漢学塾・洋学塾や幕府の漢学・洋学教育機関とほとんど連絡なくつくられた。その大学の教官(教員)ははじめから大学教員であって、それがのちに大学の威信向上とともに「教授」になった。そして(乱暴な言い方をすると）教授はじめから教授であった。戦後の大学改革は、高校以上をすべて大学とするという抜本的な改革であったが、したがってそれだけに高等教育大衆化の方向を含むものであったが、その意味は大学教員の間に理解されず、旧制時代の「大学教授」の歴史的イメージが手つかずのまま残存した。

ようやく大学が教育機関であるという意識が共有されはじめたのは、一九六〇年代から七〇年代はじめにかけて大学が志望者急増の時期を経てからであり、かなりの範囲で共有されるようになったのは一九八〇年代に入ってからではないだろうか。大学の地域貢献の重要性が広く論じられるようになったのは、少子化のプレッシャーが本格化してきた一九九〇年代半ば以降であり、産学連携が模索されるようになったのはさらに遅い。

要するに、大学教員の専門性が問題化する土壌そのものが希薄だったのであり、本格的な検討作業は今後に委ねられていると見るべきであろう。

第三の感想は、ここでふれなかったアカデミック・フリーダムに関する論点の移動という論題である。

著者は一九六〇年に、先にふれたホフスタッターらの著書 *Development of the Academic Freedom in the United States*, 1955. を書評紹介したことがあり（『思想』一九六〇年一月号）、その後に完成した学位論文でも近代日本大学自治制度史を研究した（『日本における大学自治制度の成立』増補版、評論社、二〇〇一年）。その後も関心を失ってはいない。

本章で紹介した一連の教員論の傍らには、アメリカのアカデミック・フリーダム論の流れがあるはずであり、著者の手許にも先駆的業績の一つであるＰ・Ｆ・ラザースフェルトとＷ・シーレンスJr.による *The Academic Mind*, 1971.（初版は一九五八年）のような優れた業績がある。現代ではどのようになっているか。

今後本格的に大学教員論史を検証するときには、ぜひ据えておくべきもう一つの視点であると思う。今後の課題としたい。

（中部大学大学教育研究センター『中部大学教育研究』第３号、二〇〇四年一二月刊）

第4章　大学職員の役割、教員との関係、そしてプロフェッショナリゼーション

はじめに――桜美林大学大学院新専攻のこと

桜美林大学大学院で大学職員対象の修士課程サテライト教室が四月から始まりました。二〇人の定員だったのですが、実際には二七人お迎えをして、その中で二二人がいま勉強しておられます。あと五人は秋から入学される予定ということです。

開設に当たっては、非常に大きな反響がありました。新聞がめずらしく取り上げてくれたこともあったんですけれども、全体として一五〇通ぐらいレスポンスがありました。その内容も、ただ単に科目内容を教えてほしいとか、インフォメーションを求めるだけではありません。「これは非常に重要な事業だと思っている」というような反響、つまり、激励的な反響があったのです。

東京近郊の公私立大学と団体および学会等を中心に案内を配ったようですけれども、反響の大きさは驚くべきものがありました。この分野をもっと勉強してみたいと思っておられる方が非常に多いということを、改めて感じたわけです。

発足後三カ月になりますけれども、お互い一生懸命いろんなことを試しているところだと言ってよろしいと思います。私はその中で、いわば教養科目に当たるような「大学教育の歴史」とか、「比較高等教育制度論」などを持っておりまして、学生の皆さん方の日常的な要求にすぐ合うかどうかわかりませんけれども、なんとか努めているところです。

私の高校時代の友人たちは、企業に勤めた者、銀行に勤めた者、これがみんな定年退職をして、それぞれいま閑職にあります。ときどき会って一杯やります。大抵は、相当偉くなったあとで辞めて、いまは悠々自適しているとか、弁護士をまだやっているとかという連中なんですけど、このコースが発足する前に、その席で私がパンフレットを配って、こういうコースをやっているんだということを話しました。

彼らの反応はさすがに鋭かったです。ピシ、ピシ、と、二つすぐ質問しました。「修士を取ったあとで職場に帰って位が上がるのか」、これが第一の質問。それから二番目は、「学費はどのくらいか」。この二つです。

学費は一年間約一〇〇万円だと言いましたら、やっぱりそれはかなり高いというのが彼らの判断でした。二番目に、ここで修士をもらったからといって、職場に帰ってよいことがあるのか、待遇がよくなるのかと言いますから、いや、それはいまのところほとんどないと思うと言いましたら、「うん、これは厳しいな、大変だな」というのが経営の第一線で働いてきた連中の判断です。しかし、それはよいことだから、寺﨑がんばれ、がんばれなどと、飲んだ勢いもあってか、やっぱり励ましてくれました。

私も、これからが非常に大変だと思います。なぜかと言いますと、このプロフェッショナルコース創設は、私の目から見ますと一〇〇年間の長い間の日本の学校づくりの歴史を、いわば反復しているようなところがあるからです。

プロフェッションへの社会的要求が現実にはなくても、ある学校をつくって、そこからどんどん人材を出していくうちに、そのうちに人材需要はできてくる。こういうプロセスを一〇〇年間の日本の大学は辿ってきました。たとえば工部大学校というのが昔ありました。いまの東大工学部の前身ですが、その前身である工学校ができたのは明治六年のことでした。四、五年後の明治一〇年には工部大学校となったのですが、そこを出た人たちを迎える大企業や工場があったか。ありませんでした。みんな役人になるほかはなかったんです。しかし、やがてその人材が官庁でもほとんど余るぐらいになったのち、実は産業のほうがそういう高度の技術者を要求するようになり、やがてのちに日本の新しい技術プロフェッションの中枢になっていったのです。

一橋大学また然りです。皮切りの東京商法講習所ができたとき、卒業生需要があったのか。ぜんぜんありませんでした。世の中には丁稚と番頭しかいなかった。会社もありませんでした。ところが、のちにできるようになった。やや乱暴な言い方ですが、そういう流れを今度のアドミニストレーション専攻というのも辿ることになるのかなと思っております。

ただし、お出でになっている皆さん方の熱意は非常なものでありまして、遅刻も休講もできない。大学教員生活の最後に非常に厳しい修練を積まされているところであります。

1　教員として接したさまざまな職員の人たち

きょうの話の背景をわかっていただくため、私自身がどういうキャリアを経てきて、どこでどういう形で職員の人と接してきたか、これをまずお話ししてみたいと思います。

初めて私が就職したのは私学である立教大学でした。一九七四年に就職したのです。それから五年間教えました。これが私の大学教員としての最初の職場であったわけであります。この間に文学部教務委員長というのを早速させられて苦労したこと、もう一つはフレッシュマン・セミナーというのに教職員の人たちと一緒について行ったこと、これらがいま思ってみれば一番大きい職員の人との接触でありました。

教務委員長時代はあまり印象に残っておりません。教員として普通の大学に入った者が職員の人と深く接触するというのは、皆さん方がお考えになっているのと逆に、はるかに少ないことなのです。文学部教務委員長として働いていたころに私が接した職員の人というのは、文学部教務課の方たち二人ぐらいでした。加えて、たとえば総務課に判子をもらいに行ったり、就職課に行って学生の就職のことをちょっと相談したり、それぐらいのことはありますけれども、意外に少ないものです。私も教務委員長のときは、職員の人の印象はほとんど残っておりません。二番目の立教大学フレッシュマン・セミナー、これは一週間、山梨県の清里というところに、入ったばかりの一年生を連れて合宿で泊まり込み、きわめて濃密な共同生活を送るんですけど、このときは立教の職員の人たちから強い印象を受けました。行かれたのはみんな学生部の人たちですけれども、きわめて熱心に学生たちをケアする姿には、驚き入りました。

その人たちは、たとえば学生と一緒に生活をする。学生が私が参加した年には割に少なくて一年生五〇人ぐらい、それに対して職員の人が六人ぐらい、ほんとうに走り回って準備をされる。教員の中には、「どうも立教の学生部は親切すぎるんじゃないか、あれだけケアしたら学生がかえって甘えてしまう、もうちょっと放っておいたほうがいい」と言う人もあったぐらいの、世話のやきぶりでありました。

最後はその人たちと肩を組んで校歌を歌いながら合宿の打ち上げをやるといった感動的な場面もありまして、いまでも私の非常に大きな思い出になって残っております。あの大学紛争のときにも、いつでも学生が襲撃できるような、校舎の玄関のすぐ脇にある学生部でしたけれども、ついに学生部を襲う学生は一人もいなかったという伝説を聞いておりました。セミナーでの様子を見て「ははあ」と思いました。一九七八年でしたから、紛争の余塵が収まっていない時期です。なるほど、これだけ学生と一体になれる活動をしてきたのなら、さすが伝説の生まれるだけのことはあったんだということをつくづく感じました。以上が、私の最初の五年間の職員の人の印象であります。

普通の教室で普通のことをやっている、普通の、たとえば助教授から教授になったくらいの年輩の教員たちと事務局の人との間には、あの当時私が立教の職員の人たちを見ていたような一種の「疎遠感」があるのだと思うのです。多くの場合、その教員のたとえば二五年間ぐらいの大学生活の間にも疎遠感はそれほど大きく変わることはない。もちろん管理職になれば別です。ならない場合はまず変わりません。国立大学ではとくにそうだと思います。

次に、国立に移りまして、東京大学に一九七九年から九二年まで勤めました。最初やらされたのは教育学部の教務委員長でありました。最初の立教経験から見ますと驚きでした。何という職員の忠実な大学であるか。

あれは独特の校風なんでしょうか、教官の言うことには絶対に職員は服従するという伝統があるんです。教官の意向を十二分に受けて、自分のやるべきことをやるんだというような気風がどこかにあると思います。立教にいたころは、たとえば学年末の授業が学生運動で粉砕されたりしたこともありましたので、学生たち全員に手紙を出すなどという作業に迫られたことがあったのです。そういうときには教員も全部動員されて、職員の方たちと一緒に何百枚という封筒の上書きをするとか、そういうこともやったんです。ところが、東大ではそんなことは考えられもしないことでした。ただただ教官たる私は威張っていればいいということに改めて気が付きました。はじめ全学奨学金委員というのをさせられたんですが、全学の会議に、いまから出ていかなければいけない、西も東もわからない助教授が、これから出ていくというときにサッと渡された書類は、立教のころなら自分が走り回ってつくっていた書類です。「先生、これを持ってお出でになればいい」と言うんですね。「申し訳ないな」「ほんとに済まないな」と思ったのが第一印象です。

その後、一三年半いたんですが、その間、九年間ぐらい、東京大学百年史の編集委員会委員長をさせられました。これははっきりと職員の人と直接の連絡のある仕事であります。次いで東京大学教育学部附属中・高等学校の校長をいたしました。これも非常に深く職員と連絡せざるを得ない仕事です。最後に同大学教育学部長。こうなったらもう、職員と一緒にやっていくほかはない。だんだんそうなっていったんですね。

そういうふうになりますと、たとえば東大の百年史の委員長としては、これまで知らなかった本部職員の人たちと知り合いになります。しょっちゅう交渉することになります。職員のグループの存在がわかってきました。このとき、きょうのこの会を主催されている筑波大学大学研究センター長の山本眞一先生が、広報企画課長として文部省からお見えになっていたこともありました。こういうキャリア組の人たちが本部にひとグループおられる。しかし、それと並んでノンキャリの人たち、東大の中で職員になられた人たちがおられる。そのまったく違う二種類の職員の人たちがいて、しかもそれは教官系列とは別の一つの柱をなしている。それに対して教官のほうは教授から助手まで、これまた一つの違う柱をなしている。この二つが非常に違うものとして一つの大学の中に併存している。これがだんだんにわかってまいりました。

　私ども主に上のほうのキャリアの人たちと接することが多いんですが、でも、それだけで済まないこともいっぱいあります。ノンキャリの人たち、あるいは東大の中の職員の人たち（多くは東大で採用したよそに異動されない人たち）とも接することになる。

　その中でだんだんわかったのは、職員の人たちの心底深く持っている、卑下の感情とでも言うべきものであります。普段話しているときはわかりませんが、一緒に飲んだりなんかしておりますと、ポロッと出るんですね。歌になって出たりする。「先生、東大というところは一に教官、二に学生、三、四がなくて五が職員ですからね」といったことを言われる。

　別のジョークでは、一に教官、二に学生、三、四がなくて五が備品というのもありました。職員が出てこないんですよ。昔、備品費で雇う職員というのがあったらしいのです。そういう思いがポロッと出てくるんです。これは立教ではほとんど感じなかったことです。非常に大きな差であります。

　教育学部附属中・高校の校長になりました。そこにはまた何人かの職員の人がおられます。行ってみたらまた違う側面に出合いました。

　全体として、非常に元気がない。どうやら、同じ大学の中でも大きな予算を持つ大きな学部に行くのはやっぱり大変よいことで、したがって教育学部あたりに来るのはだいぶ悪いことで、その附属学校に行くというのは、離れ小島に配流されたというような印象を、どうも持っているらしいんです。

　これはいろんな勤務態度に出てまいります。呆れるような話もいろいろあり、改善の努力もしたのですが、カットしましょう。あのときに思ったのは、ああ、同じ大学の職員の中でも場所によってこれだけの「不遇さ」というのを感じる人たちがいるんだ、ということでした。立教のころにはほとんど感じなかった「東大問題」であります。

その後、立教に戻りました。すなわち再び私学に来たんですが、今度は職員の人を見る目が違ってまいりました。というより、最初いたときにはわけがわからなかったことが、ある程度見えるようになってきたと言っていいと思います。

まず教職課程の主任を務め、ちょっとあとになりまして全学共通カリキュラムというものをつくる運営センター部長（略称：全カリ部長）として、カリキュラムづくりに二年半以上を捧げたわけであります。もっぱら職員の人たちとご一緒の仕事が続きました。

その中でわかってきたのは、「ここには国立大学にほとんどない、ある部分が残っている」ということでした。それは何かというと、大学が学生と接する一番デリケートな部分、その部分の柔らかさが、ここにはまだあるということです。残っているということです。それを支えているのが職員の力です。これは大きい差でありました。「出戻り」をしてみて、初めてわかりました。

教職課程の場合ですと、全学約一二〇〇人ぐらいの学生が登録しますから、その学生全員を相手とするマネジメントがあります。その仕事はほとんど三人の職員の人たちがもっぱら行っておりました。その人たちの手助け、支援なくしては――教職課程の部門というのは、教員が五人いたんですけれども――その教員だけではまったく動かないものでありました。課程担当職員の彼ら彼女らの肩に、教職課程の運営はかかっていたと言っても言いすぎではありませんでした。

全カリ運営センターについては、言わずもがなであります。職員の人が、最初は一人、のちに三人になりましたけれども、私は立教に行けば全カリの部屋で勤務するというのが日常生活みたいになったのですが、この方たちの手助けなくしては何にもできなかったと思います。

非常な違いでありました。要するに国立大学で干からびている部分、それからほとんどケアされてない部分、これがまだここにはあるというのが私の直感的印象で、それによって私の最後の立教生活は支えられたと言っていいと思います。

定年後桜美林大学に移って今年（二〇〇三年）で四年目になります。そこでは私は大学院の教授、それから大学教育研究所の所長をやっております。けれども、研究所はたった一人か二人しかいない、小規模のものですから、実際の事務的な仕事は、頼んでおけばよろしいということになっています。もう一つの大学院教授というのはただの教授でございますから、職員の人たちとはどちらかといえば比較的淡いお付き合いでいまのところ済んでおります。これからはわかりません。自己点検・評価委員長を致すことになりますので、もっと深い付き合いが生まれるかもしれません。

2　職員の「国立」と「私立」

さて、以上のようなことを振り返ってみると、まず国立と私立ではものすごく違うということです。

国立の場合は学内にいわば二つのピラミッドがある。ほとんど溶け合わない二つのピラミッドがあり、それぞれ違うロジックで動いているというのが第一点だと思います。

もちろん、協業したり協力しなければいけない働きは日常あるわけですけれども、非常に大きな二つの異質の集団が大学の中にあるという印象を拭えません。身分で言えば、教育公務員特例法上の、教育公務員と事務職員の二つの差ということになるでしょうが、そういう行政法上の違いを超えるほどの精神的・心理的な違いがあるのです(注：二〇〇五年の法人化以後、両者とも公務員身分ではなくなった)。

私学の場合はどうかというと、これは大なり小なり、スフィンクスにたとえることができるような気がします。二つの面に向いた顔があるけれども、その下には一つの台がある。教員と職員は呉越同舟というか、常に同じ船に乗っているという思いがベースにあるという印象があります。このことはのちに申しますけど、プラスにもマイナスにも働くことになると思います。

二番目は、はっきり言うと職員の人のレベルの差です。一つは学歴が違うということです。私学の場合はほとんどの人が学士です。それに対して国立の場合は非常にたくさんの非学士の人がいるわけです。私がおりました教育学部の事務局の中でも、夜学に通って大学の勉強をしておりますという若い職員の人が、たった二〇人しかいない事務室の中にもおりました。もう一人は高卒者でしたけれども、これから経理の専門家になってやっていきたいと言っていました。なぜか私のことをお父さん、お父さんと言って大変慕ってくれたんですけど、その彼は、高校を出てからすぐここに入ったと言っておりました。

ところが立教の場合、そういう人はほとんどいない。みな学士です。ということは、どなたも学生としての大学生活の経験があるということになる。ですから、われわれから見ると、非常に付き合いやすい。あることを言えばパンとわかるというところがあります。これは明らかなレベルの違いだと思います。

国立の場合、もう一つは学生との関係が、言うなれば特別権力関係的です。まず教官と学生の関係は、放っておけば私立大学における教員・学生の関係よりははるかに、遠くなります。つまり、教官は偉くしていられるわけです。それが反射するのか、あるいはもっと違う要因もあるのか、長い歴史のせいもあるでしょう、ある程度の冷たさと言いますか、学生とは雑談もあまりしないし、駄目だったらパンパン切っていく、「処理」していくというような、それが普通であるというようなことが、たびたび起きてくるわけです。他方で、若い助手とか、あるいは上級の学生たちなどは、時には職員の人に対して信じられないぐらい倣慢な態度をとることがあります。ほんとに見ていて、驚くべきです。大学院生たちだってそうです。職員の人に飲む席などで聞きますと、「あいつらはそのうち、『おれたちは教官になる、どこかの国立大学の教官になるんだ』と思っているから、われわれをすでに見下しているんですよ」というようなことを言います。

そういうような関係が、学生との接点で起きることがあります。このあたり、ずいぶん私学の場合は違うと思います。私学の場合は、別の要因が出てまいりまして、職員が大学の先輩であるというような関係が多く見られます。これが運動部などを介しますと先輩と後輩がたまたま学生と職員という形で学内で出会ったということになります。これは国立にはほとんどない関係だと思います。ですから、私学の場合は複雑なんですが、ただし見ていますと、両者の接触する場面でのつながりは、相当温かいというのが私の印象であります。

対外的な面で言うと、たとえば国立大学の場合、業者と職員の人たちの交渉等々は教官はほとんど関係のないことであります。ところが、私学では案外そうではない。私のように全カリ部長をやっているときに、そういう機会に接することがある。たとえば野球場のグラウンドの金網が駄目になっているから、何とかしなくちゃいけないというようなときに、私は車で連れていってもらって、実際に見て、写真を撮ってもらって、そして前日にその企画書を出してもらって、部長会で議論するなんていうことがあるわけです。国立では考えられもしないことでした。ずいぶん教員・職員相互の「乗り入れ」が多いということがわかります。乗り入れが多いということは共通の課題が多いということです。これはまた大きな違いだと思います。

有馬朗人先生が総長だった時代でしょうか、私どもの学部に訪ねてこられて、つくづく洩らしておられたことを思い出します。当時、大学の中は非常に汚かった。ゴミがいっぱい散らかっていた。草が生えても誰も取る人はいない。有馬先生の前の総長は、森亘先生という医学者だったのですが、とうとうたまりかねて事務局に相談をされたんでしょうね。ある日の午前中、大学へ行ってみたら、職員の人たちが大勢で草取りをしているんです。「きょうはどうしたの?」と言うと、草取りの日ということで、総長に頼まれましたので、みんなやっています、そういうことだったのです。

有馬先生はそういう状態になっていることを非常に嘆いておられました。当時定員削減が次々に起きていました。その定削の着手はどこに来るかというと、用務員と言われた人たちのところへ来るわけです。ところが、この人たちが実は、学内の雑草を取り、そして中で植木の好きな人は自分でお金を出して、たとえば植木鉢をたくさん置いてみたりしておられた人たちです。これが次々にいなくなって委託事業に回される。そうすると駄目になる。

つまり、有馬先生の嘆きは、大学のキャンパスを美しくしておくという、何でもないことのようだけれどもきわめて大事な作業をやるパワーが、先に消えていく、という点にありました。そうなったら大学は学園らしさをまったく失う。そういう事実です。私もそうだと思います。すなわち、国立の人事構造の中に定員削減というようなことが入ってまいりますと、行き着く先は学園の物理的荒廃ということころまで行く。よく地方の国立大学に行って夏休みのころなど荒れ果てた校内、雑草生い茂る前庭などを見ると、つくづくそう思います。

さて、私学の場合、職員の人たちの在り方には、やはりよい面と悪い面があるように思います。

一つはとくに伝統的な私学の場合、人間関係は国立よりははるかに濃密なように見えます。先に申しましたように、お互いが先輩、後輩、あるいはほとんどが同窓生であるというところからもきているように思います。ところが、他面それが生む屈折もあるような気がするのです。教員と職員の間ですら、もと同級生だったとか、先輩後輩だったという関係がたくさんある。そういう場合、同窓生同士の派閥の違いとか、仲の良さ悪さというのが、関係が濃密なだけに大変よく出てくるような気がいたします。いくつかの人脈があるとか、何々課はラグビー部の系列だとかというような話をよく聞きます。そういうことは国立ではあまりない屈折の一つです。時には、教員の人と職員の人がもと同級生だったなどということがある。教員のほうが何々学部の助教授か教授になっていて、職員のほうが働いておられる。こういう時などは、あいつが教員をやってるぐらいですからね、うちの大学も先が見えてますよ、などといった陰口を聞くことさえあります。すなわち、関係が濃密なだけに職員・教員間に醸されやすい独特の屈折がある。

しかし、それとは別に、国立大学出身者であるわれわれが見ますと、非常に羨ましいつながりもある。これを生かさない手はないというのが私の感想です。

3　職業発見の肝心な方法

さて、サテライトの大学院をつくった話に戻ります。大学職員のプロフェッションをつくっていくことは非常に難しいということを申しましたけれども、そのほかにも、改めていろいろ感じさせられることがあります。

一つは、職員の人たちの勉強したいというエネルギー、これは掛け値なしに高い。こちらがたじたじするほどであります。言い換えると、全力をもってぶつかっていけば、それがわかる人たちであるという発見に出合っております。実は、昼の学部の授業では、私語を制圧するバージョンを私は四つぐらい持っていますけれども、夜のコースではそんなことを考える必要はまったくありません。

ただし、先ほど申しましたようにインスティテューションが先にできたのに、プロフェッションの形成がこれからだという問題は、やっぱり基礎にあります。つい数日前ですけれども、新宿キャンパスで「研究指導」というゼミをいたしました。私の指導下で修士論文や特別研究報告を完成したいという方たちを指導するゼミであります。八人ぐらいおられまして、そこでお互いに討議し合ってもらって、私もアドバイスをしていくんですけれども、そこで職員の活動を高度専門職業化し高度な専門職業家を養成するための教育はどうあったらよいか、それを考えていく手がかりはどこにあるだろうかという話が出ました。私もこれは非常に大事なテーマだと思います。

立教の例をあげますと、先ほど申しました教職課程という課程があります。教員は五人、職員が三人おられます。三人のうちの一人は研究室にいて学生諸君にいろいろとガイダンスしたりアドバイスしたりしてくれる人です。あと二人は窓口にいて、そこで履修関係の事務をしている。文科省に課程認定をするようなときは、窓口のその二人が働きます。それから、学生の教育実習の世話とか、事前・事後のガイダンス等をやるときには、もう一人の研究室職員の人が全責任をもって働きます。

他方で教員が五人います。そもそも「プロフェッショナル」と言ったら、この人でなくてはできない仕事があって、それが錬磨されていくことですね。その見地から見て、教員にしかできない仕事は、何があるか。答えは比較的簡単なように見えます。たとえば講義をすること、それから研究を続けること。最低この二つですね。これは他の人ではできないことです。しかし、たとえばその教員は学生のガイダンスをしなくていいか。とんでもない、しょっちゅうしなくてはならず、もたもた、おたおたしながらやっている。

一方で、職員の人たちのやっている仕事の中で、われわれ教員がとうてい手が出せないと思うようなこともいっぱいあるのです。去年の単位はこういう配分でこういう流れでやっていた。今年はそれがこうなったとか、東京都の教育委員会と実習校の交渉をするときに、去年まではこうだったけれども、今年からはこういうようになりそうだ。どう対応すればいいか。これは私どもがそこまで考えていたらとても他の仕事ができなくなりますので、お任せしお願いするほかはないんです。免許状の申請書類をどうつくるか。これもわれわれ教員に任されたら落ちるに決まっているものしかできない。お任せするほかはない。お互いにどこからどこまでがカバーできる分野で、どこから先はカバーできないプロパーな分野で、さらにそれをどう高度化していくか。この見通しがないと、プロフェッションの養成にならないわけです。そこは何なのか。これを探求していく必要があると思います。

日本の大学の中でいまそれがはっきり言えるという職種は、たぶん図書館業務ではないでしょうか。それから実験室職員と言われる人たちの仕事、これもそうかもしれません。その一つひとつは全部プロパーの仕事です。どこがプロパーで、どこが共同でできて、どこはそれぞれがそれほど高度化しなくてもやっていけるか。この判断をしていかなくてはいけない。そのことを綿密にやっていく中で、ここここそ専門化していく、というところを見つける。それをやっていくことこそ実は、職員教育をやっていくわれわれのこれからの仕事になっていくと思われるのです。

　さて、研究指導ゼミでの話はさらに進みました。もし、大学職員の仕事がプロ化するとすれば、A大学の人がB大学に引き抜かれる。B大学の人がC大学に引き抜かれる、つまり、職場異動というのが自由にできることでなくてはならないわけです。すなわち開かれた労働市場の存在が求められます。これが可能か。必ずしも可能でないという条件があるとすれば、そのもとで、プロフェッショナリゼーションをどう進めていくかということになってまいります。

　言葉を換えますと、アドミニストレーションとか、ガバナンスとかマネジメントとか言っていますけれども、日本の大学の職員の固有の仕事の探求というのは、その具体的な姿を調べ発見していくところからしか始まらないような気がいたします。

　二番目に、専門職化する部分を確認したとして、次に起きるのは何か。職種分化、これが起きなくてはいけないと思うのです。

　教員の世界でも実はこれは他人事ではありません。立教におりましたころに、われわれが言語の先生にプロパーでお願いしたものとして、嘱託講師という新しい職種がありました。嘱託講師という新しい職種をつくらなければ、現在の大衆化した大学の中での外国語教育はほんとうには行えない。これがわかったので、私どもはその職種を発足させることに熱中いたしました。現実にそれは動いて、いま非常に成功している。もう四〇人近くおられると聞いております。

　最初、学内には大変抵抗がありました。専任の先生がいて、非常勤講師がいて、それに嘱託講師をつくるとは何事かとか、教員任期制の先取りではないかとか、いろんな議論もありましたけれども、

「教える」という仕事の中に実はいくつもの領域があって、ある種の領域に必要な職種というのは、教員の間でもこれから必要になってくる。そう思っておりましたので、私も迷わずに当時プランニングを進めていった者の一人であります。

職員の中で同じことはないのか。いま、職員の中にあるのは、いわゆる職制の上での違いだけです。専任職員と嘱託職員、あるいは、アルバイト職員とパート職員とか、こういう区分だけです。それでいいのかということになると思います。その準備がないところでミッションだけを説かれても、必ずしもそうは進めない、という問題がほんとうはあるのではないでしょうか。

これからは、大学職員にとってプロフェッションとは何かという問題をお互いに協力してつくりあげる必要があると思います。ただ、「プロフェッショナリゼーション」というような言葉は、大変難しい術語なんです。多くの学者たちの意見では、ある職業がプロフェッションであるというためには、五つぐらいの条件があることになっております。

第一は、固有な共通の知識・技術の体系があるということです。これはベーシックに大事な点であります。固有な知識・技術の体系があり、それが共有されうることが前提だということです。

二番目は、他の職業に比べて長期の教育期間がある。これも大事な条件でありまして、職員のための修士課程ができたなどというのは、この条件に当たるわけです。多くの専門職がいまやプロフェッション教育の期間を延ばしつつあります。最近のロースクールへの動きなどもその典型的な例です。獣医学も六年間になりました。医学部は戦後一番先に六年間になりました。今後、他の分野も六年間とかあるいは八年間というふうな教育期間が必要になってくるでしょう。いずれにしても、長期の教育期間を必要とするというのは、プロフェッションの第二の条件であります。

第三番目は資格制度と結合しているか否か。その資格の証明が免許状というものであります。免許状と結びつくか。これが三番目だろうと思います。

四番目はメンバーシップを自主的に選定することができるというのがあります。しばしば団体を結成して、そのメンバーシップを自主的自発的に設定する。医師会とか弁護士会とか、さまざまなプロフェッション集団を見ることができます。

五番目は、ある事柄に関する自己決定権を持つということです。私たちは医者の決定に対して素人の立場から決定そのものに関与することはできません。決定を批判することはできますけれども、介入することはできないということになっている。大学職員の仕事はそこまでのことになっているか、ということです。

4　教員とのかかわりで大事なこと

プロフェッショナリゼーションの条件というのを頭に置きながら、これからプロフェッショナライズしていかなくてはいけないわけですが、最後に、教員との関係で、とくに私が期待していることをまとめて申し上げたいと思います。

その一つは、何と言っても危機感の共有です。これが大事だと思います。職員有志の人たちが集まっておられるこの席で、私は実は釈迦に説法をしているわけで、むしろ教員のほうにこの課題は大きいかもしれない。とくに、何はともあれサバイバルをどう迎えるかということでありまして、お互い大学に関係するものは、二一世紀の、今後数年間にわたるサバイバルの危機というものをどう迎えるか、大変な時期になっている。その危機感を共有しうるか。これが一つであります。

二番目は、具体的な仕事の過程で情報を共有することが大事だと思います。情報の共有ということは、あればあるほど有難いことなんです。私がつくづく思いましたのは、立教全カリ編成のときの教員・職員協同の経験です。立教大学の全カリをプランニングしていく事務室は、いつの間にか教員が最も頻繁に出入りする部屋になりました。しょっちゅう、いつ行っても誰か教員がいるのです。そして、相談している。事務の人たちもさまざまな計画をつくって、データを揃え、数字を用意し、そして教員が来たらいつでも相談に乗れる体制になっている。お互いに相談をし、お互いがお互いを求め合っているときに、必然的に起きていたのは何かというと、いつの間にか情報が共有されていたということでした。

情報を共有しないで、教員のほうは事務屋に何がわかるかと言っており、職員のほうはほうで、どうせあの人たちはあちこち動き回って、学会だなんだと言って大学にはいないんだからなどと言って、お互いに大事なことを言わないというのが一番まずいことです。

情報の中でもとくに大事なのは、大学も学生も変わりつつあるということ、この情報です。これは大きいことです。われわれ教員は教室で日々変わりつつある学生の姿を見て、驚いたり、悲しんだり、嘆いたり、憤慨したり、時にはうれしがったりしています。その一方で、ほんとうに学生たちは変わりつつあります。この変わりつつある学生に、われわれはどう対峙しているか。同じ学生は、たとえば職員の人たちとの間ではどういう変貌を見せるか。こういうこともお互いに共有したい情報ですね。そういう、共有しておかなければ危機を乗り越えられないというような情報が、いまや大学の内外に実は急増しています。

三番目は、目的意識。これが共有されているかどうかということだと思います。何の目的か。当然、大学改革の目的です。大学はいま、否応なく変わっていかなくてはいけないようになっている。どういう方向に変わっていくか、これを共有するというのは、難しいことなんですが、決定的に大事なことだと存じます。

私は二つだけ大学を実際に見た上で感じたことがあります。一つは昔の立命館大学です。一九七九年ごろにお邪魔をして授業を見学し、それからいろいろな部局を訪問しました。そのときにびっくりしたのですが、たとえば毎週、当時は水曜の午後三時～四時まででしたか、この間はいっさい事務は休みになるんです。その時間帯だけは、大学の運営のこと、あるいは教学に関すること等々に関して、それぞれの部課でディスカッションをする時間と決まっていたようです。われわれから見ると小さな教授会です。それが各職場の部屋の中で行われておりました。当時は「民主立命」と掲げておられた時代ですから、そういう影響もあったのかもしれません。しかし、いまでも、あそこの大学の職員の人たちの目的意識の共有、情報の共有、これはやっぱりすばらしいものだと思います。それが現在も、あの大学の突進力を支えていると私は思います。

二番目は大阪女学院短期大学の印象であります。ここは教員と職員という言い方をそもそも学内から追放しておられます。教員のほうはティーチング・スタッフと呼ばれ、職員のほうはマネジメント・スタッフと呼んで、その言葉しか学内にない。あの人はマネジメントの人、あの人はティーチングの人、こうなっています。もちろん、小規模な大学であり、普通の大学の学部よりもっと小さいぐらいの職員規模で、それから教員のほうもそう多くはないですが、しかし行ってみて感心します。

たとえば座談会に招待されて私は二度、三度と行きました。近年のことです。私という人間が東京からそこに行きますね、カウンターに座っている女の人、あるいはちょっとその奥にいる男の人に、私は声をかけるわけです。「東京からまいりました寺﨑と申します」。その途端に話がバーッと通じているんです。その人が誰かに聞きに行くとか、ちょっとお待ちくださいというのは一度もありません。これはすごいことだと思いました。

もちろん、たとえば教授会が決定する事柄というのはそれはそれとしてあって、そこにはマネジメント・スタッフの人は出席はしないという場合もちゃんとあるそうです。学位授与審査とか、あるいは教員の人事の決定というところにはおられないそうです。しかしそれ以外のほとんどすべての会議はティーチング・スタッフとマネジメント・スタッフが共同で行っている。ですから、どの人も私が来るということも、また用向きの内容も、全部よく知っておられました。私は三度ぐらい行きましたけれども、三度目にはどなたとお会いしても、親しく迎えられるんです。

職員という呼び名をそもそも廃止したというのは非常に示唆的だと思います。かつて東大の中で感じたあの屈折感、非常に非生産的なあの屈折感というのも努力次第で追放できると、私は思うのです。そういう中で初めて、大学のコミュニティ化が進み、そこで職員と教員とが協同できるペースが生まれてくるんじゃないか。いまはやっとその方向を手探りしながらお互いに歩み出したところではないかというふうに思います。

ご静聴有難うございました。

（筑波大学大学研究センター『大学研究』第25号、二〇〇三年三月刊）

第5章　自校教育という新しい実践
――その試みと意義を考える――

「自校教育」というテーマで話をしてもらえないかと言われたときに、私は「伺います」と即答しました。なぜかと申しますと、このテーマは、この数年間、大学改革、とくに教育の中身部分の改革の中の非常に大事なポイントだと思っているからであります。

私はこれまで大学の歴史を専攻してまいりました。かつてならば、一〇〇年前の大学のことを知っていれば食べていけました。しかし、いまはむしろ、現在および将来の大学の在り方を、否応なく当事者の一人として考えざるをえないという立場にあります。そういう目から何が一番大事かということを考えていく場合に、「自校教育」という試みが非常に大事ではないかと、体験的にも、また研究の上からも痛感している次第であります。

きょうの私の話は、ここにお見えになっている四〇〇人あまりの教務関係の職員の人々よりも、四〇人ほどお見えになっている、現実に大学のカリキュラムの責任主体であるファカルティの先生方に聞いていただくほうがいいのかもしれません。しかし桜美林大学で二年間、大学院のアドミニストレーション専攻修士課程の教員をさせてもらい、その間に接しました一〇〇人弱の職員の人々を見ておりまして、これからの大学を支えるエネルギーは職員の肩にかかっていると思うようになりました。こういう気持ちからも、本日は職員の人々に聞いていただくほうがうれしいのです。思うさまお話をさせていただきたいと思います。

1 立教での私の経験

自校教育というのは、耳慣れない言葉だと思われるかもしれませんが、すでに一昨年の朝日新聞はこれを記事として取り上げております。私も、もうちょっといい言葉がないかなと思っていますが、とりあえず世間や大学では、「自校教育」とか、「自校史教育」と言っていますから、それに従っておきましょう。

いつこれを大事だと思うようになったか。一九九七年、当時現職の教授だったころ、立教大学で「全学共通カリキュラム」が発足した年でした。

全学共通カリキュラムというのは、言語教育、スポーツ実習、総合科目、そして情報系科目の四つから成り立っております。私はカリキュラムづくりの責任者だったものですから、総合科目の中の小さい科目を「一科目ぐらい持ってみるよ」と言って開講したのです。そのときがきっかけでした。総合科目は、一年次生から四年次生まで学年を問わず自由に履修してよいということになっておりました。私はその中の一つである「現代の思想状況」という枠の中の五コマのうちの一コマについて、「内容は自由に決めて下さい、先生に任せます」と言われたので、では一番得意なことをやろうと思って、「大学論を読む」という題で出講したのです。

「何人ぐらい来るかな、こんな題で出しても学生はとらないだろうな、七〜八人ぐらい来たら講読ゼミにしよう」と思いながら行ってみましたところ、五五人来ておりました。五五人に半年間ではゼミにならない。あきらめて、対話型の授業をやろうと思って始めたわけです。

はじめ、頭の中では非常に違うことを考えていました。大学論なのだから「カントの大学論」なんてやってみたらどうだろうかとか、「ベルリン大学の理念」などというのも大学論史としては非常に大事だろうとか、あるいは日本の戦後だったら、南原繁研究かなぐらいに思っていたのですが、ちょっと話しているうちに、そんなことは全然「お呼びでない」ということがよくわかりました。南原繁と言っても、学生たちは「誰？　それは」という顔をしている。カントやシュライエルマッヘルに至っては、何のことだかわからない様子でした。

私はあきらめまして、「どうやっていまの大学ができたか」、つまり日本の戦後の、いまの大学制度の成り立ちのことを話しました。これは、三週間ぐらい話すことがちゃんとありまして、反応も大変よかったのです。五五人のうちの約三〇人が一年次生、残りの二五人が二・三・四年次生と分かれていたのですけれども、「君たちがこれまで受けてきた一般教育、あるいはいま始まろうとしている全学共通カリキュラム、こういう教養教育をなぜ戦後日本はやるようになったか」といった話をいたしました。

それが終わったところで、ふと思いついたんです。「自分はいま、立教大学教授ということでこの学生たちの前にいる。一方この五五人も、そのつもりで入ってきた。お互いに一番よく知っているのはこの大学のことではないか」と。それにしても、この五五人は立教大学は何であるか知っているだろうか。二、三質問してみたのですが、まったくあやふやであることがわかりました。そこでまったく独断で、シラバスも何もかも無視しまして、「この次から二時間、ちょっと違うことをやってみる。これは講義の散歩道だ」と言いまして、「立教大学を考える」というテーマを立ててみたんです。

ちょうどそのころ立教大学では、私も参加しておりましたが、『立教学院百二十五年史 資料集』の第一巻が出たところでした。タイミングが非常によかった。一番頼りになる資料群の、正確な翻刻が出ていたのです。ですから、教材には事欠きませんでした。私は二週間分二コマの授業をつくって、「立教大学とは何かを考える」という講義をやってみました。

第一時間目は、立教学校ができて、そして大正時代に旧制大学になり、戦争に突入し、戦時下の戦争協力に至るまで、つまり立教学院が大学になっていく過程を話しました。第二時間目は、敗戦直後、いかにマッカーサーから立教は懲罰的指令を受けたか。しかしその後、大衆化の波の中でそれなりの発展をしてきて現在に至ったか。そして最後に、どうしてあなたたちのためにわれわれは、全学共通カリキュラムなどというのをつくったのか。こういう順序で組み立ててみたのです。二時限やってみて驚きました。当時私は、小さな出席票を配っていたのですが、学生たちはその裏にびっしり感想を書いてくるのです。その反響は大きかった。書けと言ったわけでも何でもありません。自発的に書いてきたのです。

「明治学院と立教大学と青山学院、どこが違うか、先生の話を聞いて初めてわかりました。教室に帰って、私は友達に自慢してやりたいぐらいです」とか、「某学科の四年生の私は、この四年間、立教大学が嫌い嫌いでたまりませんでした。就職も内定し、卒業しますが、卒業直前に先生のお話を聞いて、この大学が好きでたまらなくなりました。卒業直前にこういう経験を与えてくださったことに感謝いたします」とか。こういう反響は、それまでに全然ないことでした。

私はそれに力を得まして、もう一回後期に、今度は文学部の総合講義(文学部の中でやっている共通教育的な科目)を担当した中で、今度は三時間かけて話してみました。相手は文学部の学生ばかり約六〇名でしたが、そこでもまったく同じ反響でありました。

立教についての「自校(史)教育」をやる過程で、私は、何に気が付いたでしょうか。

第一に、最初に開講したときの反応が印象的でした。私は、「皆さんの中には一年生が三〇人いる。それから三年生以上の人もいる。今年入った人たちの中には、あるいは不本意入学者もいるかもしれないけれど、これから立教のことを考えてみよう」というふうに切り出したのですが、「不本意入学者もいるかもしれないけれど」と言ったときに学生たちの表情に走ったある種の動揺は、見逃せませんでした。

聞いてみると、だいたい女子の大半は、立教もいいけど本当だったら慶應義塾大学に行きたいと思っているのですね。男の子はたいていてい、早稲田大学か慶應義塾大学に行きたかったと思っています。それから、埼玉大学に行こうかな、千葉大学に行こうかなと思っていた学生も少なくない。また理学部の学生でしたら、本当は東大や東京理科大学に行きたかったけれどもここに決まった。こういう学生たちなのです。つまり、ほとんど全員が不本意入学者なんです。本意ならずもここに座っている。これは、彼らの顔にさっと走ったあの動揺と一致いたします。

ひるがえって考えると、不本意入学者というのを日本の大学がたくさん抱えているということは、もともと否定できない事実なのですね。いまいる大学が、本当に自分の入りたかった大学であるかどうかということについて、彼らに自信はないと思って間違いはないのです。

いろいろな調査があります。大学をなぜ選んだかという調査の大多数を占めるのは、「専門の勉強ができるから」「自分の好きな学部、学科があったから」「交通の便利がよかったから」、だいたいこの三つぐらいが最上位を占めます。「学校の伝統に魅かれたから」などというのは、七、八パーセントあればいいほうです。

東大は違うだろう、と思われる向きもあるでしょう。確かに、東大が合格発表のときに決める補欠の数は、どのぐらいだと思いますか。三五〇〇人ぐらい入学するとして、大論議の末に決める補いの数は三〇人ほどです。安全弁のためにとっておく人数です。補欠とは言いません。定員いっぱいになるように、逃げ出すかもしれない数を合格者に加えて入れているだけです。この前、慶應義塾大学の方に聞いたら、「慶應だってやはり各学部学科、二倍は補欠を出しますね」と言っておられました。これと比べても大変な差です。

では、その東大生は、全員が本意入学者か。そんなことはありません。私は卒業生ですし教官もしていましたのでよく知っておりますが、少なからぬ数が、ある意味では不本意入学者なのです。文科にはⅠ類・Ⅱ類・Ⅲ類とあるのですが、文科Ⅱ類という経済学部進学課程に入った学生たちは「もうちょっとよかったら、文Ⅰに入って法学部に行けたけど」と思っている者が少なくありません。その文科Ⅰ類に行った学生は、「もうちょっと数学ができたら、医学部進学課程の理Ⅲに行ったのに」、理科Ⅰ類の学生は「できれば理科Ⅲ類に行きたかったけれど、あの一〇〇人にはとても入れない」と、こんなふうに思っているのです。そういう学生がたくさんいるんですよ。私は教育学部の教官でしたが、かつては東大に入って教育学部に行くというと、親からしていい顔をしない時代がありました。人気学部である工学部に来た学生たちの中にも、学科によっては少なからざる不本意進学者がいます。

そう見ますと、日本の大学は不本意進学者で満ちあふれていると言っていいのです。どうしたらよいか。学力低下論議の中で大学生たちの「やる気」が問われていますが、まさにやる気の根幹にかかわる問題であります。私は立教大学で講義してみて、実によくわかりました。

第二にわかったのは、自分のいる大学のことについて、圧倒的多数の学生は初耳にひとしいということでした。

「立教はいつできたか知っていますか？」と聞くと、「戦後ですか」と言います。「そんなことはない。明治七年だよ」と言うと、「はあ」という顔をする。明治七年に築地で、わずか七人（五人という説もありますが）の生徒たちを集めた立教学校というのが最初でした。つまりは英語塾ですね。そこから始まったと言うと、「へえ」という顔をします。ちなみに、歴史を中心にした自校教育をやってみて、学長の先生方というのは本当に気の毒だと思いました。入学式の祝辞はさぞや苦心して用意されると思うのです。立教でしたら立教学院の歴史をチャプレンの方も必死で調べて話されますが、学生たちは何にも覚えていません。「ほら、ついこの間入学式のときに、総長が話されたでしょう」と言っても何も覚えていない。しかし私は、学園の歩みを「講義」で話したのです。これがよかった。彼らの心に届いたと思いました。

第三に、学生たちに届いたのは、何でも話そうと心がけたからではないかと思います。恥も外聞もなく全部話すということでした。たとえば、立教大学が一九二二（大正一一）年に私立大学に昇格したとき、お金はどこから来たかという話もいたしました。それから、戦時下に立教学院がいかに戦争に協力させられたか、あるいはしてしまったか。この話も、わかっている限りのことを話しました。戦後マッカーサーから、一一人の学長その他の管理職が、教育界で一番先に名指しで追放指令を受けています。そんな私学はほかにありません。立教は、当時の全国大学のトップを切って、いわば教職追放を受けてしまったのです。それはなぜだったかという話もしました。

そして最後に、これも言っておかなくてはいけないと思ったのは、一九七三年の夏、立教で恐るべきセクハラ事件があったことです。その事件のことも詳しく話しました。学生たちはそれを知ったらいやになるかと思ったのですが、そんなことは全然ありませんでした。一方で、一九七〇年代以後、必死で行われた改革の一つに、たとえば「社会人入試」というものがありました。それは、立教大学法学部が一番最初に戦後つくり出した言葉で、以後、日本の大学の中ではいまや当たり前のこととして広がっているとか、また文学部は文B入試という長考型の論述作文入試を創始したこと(これは画期的な入試制度の改革であったと思われますが)、これらの取り組みもみんな七〇年代の半ばから後半にかけてこの大学で実現した、というような話もいたしました。

つまり、私は講義であるということの利点を全部生かしたのです。講義の利点とは、このような影と光の両面を、真理の名のもとに組み立てて語ることができる点です。講義では可能です。それがよかったのです。

第四に気付いたのは、学生たちが「自校」の特質や性格をまったく知らない、ということでした。感想文でたとえばある社会学部の学生は、「立教が『英語の立教』と言われた時代があったなどということは、先生の話を聞いても信じられません」と書いてきました。当時の英語教育のひどさというのを、三年生の彼は知っているわけですね。それから別の学生は、たとえば「私はジャルパックの一つと思ってここに来ました」というのです。受験界の一部では上智大学・青山学院大学・立教大学をセットで受験することを「ジャルパック」と言うらしいのです。「みんなミッションスクールで同じだと思ったのですが、全部違うのですね」。

こういう学生は、たとえば上智大学がカトリック系であるという認識すら怪しい。ましてや青山と立教、これが同じプロテスタント、非カトリックの中でも全然違う教派だということ、さらに明治学院を加えた場合、同じメソジスト系でも明治学院大学と青山学院大学は系列が違い、一方、立教学院は日本聖公会系である、そんなことはほとんど知らないのです。あくまで「ジャルパックの一つ」に決まればいいと思って入ってきております。

別の言葉で言いますと、日本の学生たちの大学イメージというのは、いかなる意味でも固有名詞的でないのです。何が彼らの進学選択を規定しているか。数値です。その中の一番リアルなものは、入試難易度です。あるいは、偏差値です。それらを頼りにたまたま選んできているにすぎないということがわかりました。もちろん私学だけ、あるいは立教だけに限った話ではありません。たとえば獣医学系の大学に行こうと思った学生が、同じ獣医学系の中のどの大学・学部を選んできたのかも同じように曖昧なのでしょう。薬学系でも工学系でも、どうしてこの大学を選んだのかと聞いてもほとんど答えがないのではないかと思われます。

これは実に重大な日本の大学問題だと私は思いました。一年間、前期・後期と違う対象を相手にして、「自校史」の講義をやってみてわかりました。

そして第五に反響の中からわかったことは、学生たちは知識欲を満足させられたのではないという事実です。立教がどんな歴史を持っていたかなど、彼らは知りたいとは思っていなかった。飢えていたわけでも何でもない。けれども、聴講していくうちに何を得たか。知的欲求の満足感ではなく、自己発見、あるいは自分の「居場所」を発見したのです。自分はどういうところに座っているのか、なぜここに座っているのか、そのことがわかったのですね。そして、目の前にいるこの先生との間には、どういう関係があるのかもわかった。それは満足感、いやむしろ安堵感です。これで、彼らのその後の張り切りぶりの背景もよくわかります。最後に寄せてくれた学期末の感想では、「先生のあの『立教大学を考える』というのを聞いて、私は非常に貴重な機会を得たことがわかりました。大学にいる間にうんと勉強して、人生の中に生かしていきたいと思います」といった反響がいくつもきました。安堵したのだ、本当は自信がなかったのだ、ということがよくわかりました。

私の最後の感想は、第一に、自校のことを話すという授業は二時間や三時間ではもったいないということです。ほとんど話しきれません。多少とも演説的にならざるをえないのです。やはり半期ぐらいかける必要がある。第二に、一人でやるのは重すぎる。私は大学史をやっていたおかげで、二週だろうが三週だろうが大丈夫だったのです。ネタはいくらでもありますから「もった」のですが、普通はそうはいかない。複数の教員で持つべきなんですね。いろいろな大学での実践を見ておりますと、この科目は実に多様な方々の参加が可能なのです。たとえば職員の人も一時間持って話してくださればいい。「わが職場としての何々大学」というのをお話しになればいい。もしその人が卒業生なら、もっといい。校友だっていい。「私にとって立教は何であったか」。いくらだって先輩はいます。外部の人もいい。各界で活躍している有縁無縁の人たちから、「外から見た立教大学」について話してもらったら、学生たちは大変喜びます。いろいろな授業展開が可能であります。

2 その後の試みと成果

さて、九州大学はその後、この自校教育を始められました。二本立てで始められたのでした。一つは「大学の歴史」という大規模な総合教育科目を立てられました。これは全学部から一人ずつスター教授のような人たちが出て、大学一般の歴史についていろいろと話をされた。それと並行して「九州大学を考える」という科目をがんばってつくられました。そのときには、たとえば総長が一時間持って話をしておられる。その回だけは西日本新聞が写真入りで大きく報道しております。大学にとってみれば、大変なPRになったはずです。つまり、学内の総スタッフ、総ファカルティの協力をうまくやれば仰ぐことができる。それだけではなく、学外の声も授業の中に無理なく入れることのできる科目だと思われます。

その後、自校(史)教育をやる大学が少しずつ増えてまいりました。私は一九九七年に思いつきでやったのですけれども、その同じ年に、明治大学でも始められていました。『明治大学百年史』の編纂が佳境に入っていたころで、いろいろな史実がわかってきた。それで、先生方が始められたのが、「近代日本と明治大学」という大変力のこもった講義でありました。いまもこれは続けられております。

いったいどのくらいの大学がこうした講義をやっているか。今回の講演のご依頼があってから、自分で調べたいと思ったのですが余裕がなく、人さまの調査をちょっと貸していただいたのが【資料1】であります。実に多々ありますが、次頁からの表の六番目がいま言った明治大学で、「日本近代史と明治大学」1・2という学部間共通総合講座で開かれている。1・2となっておりますので、前・後期で分離履修も可能なのでしょう。その他、たとえばレクチャーを必ず行っている関西大学とか、関西学院大学のように、履修基準年度を一年生として、一九九五年度から毎年秋学期に週二時間、自校教育をやっているとおっしゃるところ、それからリストの一九番目は先ほどの九州大学ですが、「九州大学とは何か――ともに考える」「九州大学の歴史」、こういうものを出しておられます。

二〇番目に載せておきましたけれども、立教は、私が辞めましたあと、「立教大学の歴史」という科目を新設し、全学共通科目の一つに入れております。当初、履修者はどのくらいかなと心配しておりましたが、今年の前期は時間割の都合で、七〇人だったけれども、後期になったら不思議に四〇〇人登録があると言っていました。やはり、知りたいんですね。どこかで自分のいる大学のことを知りたい。楽勝科目だからというのではないと思います(注：「立教大学の歴史」「戦争と立教学院」等を含む全学共通カリキュラム科目群はいまでは「立教科目」と名付けられ、二〇〇五年度から文科省「特色GP」に採択された)。

【資料1】「自校教育」実施大学一覧　二〇〇三年七月

神奈川大学	「神奈川県の歴史」	基本科目	
慶應義塾大学湘南キャンパス	「慶應義塾入門」	講義	
創価大学	「創価大学について」「二一世紀文明論」		文書館が協力

東海大学	「現代文明論」		文書館が協力
東洋大学	〔文学部で〕文学部新入生教育時		『井上円了の教育理念』を一年生全員に、『ショートヒストリー東洋大学』を三年生全員に配布
明治大学	「日本近代史と明治大学」1・2	学部間共通総合講座	
早稲田大学	「早稲田大学史」	オープン教育	
名古屋大学	「明大の歴史をたどる」「情報公開と文書資料」		
関西大学	〔レクチャー〕		新採用職員教員、新入生へ
関西学院大学	〔題不詳〕	総合コース	履修基準年度一年、九五年度より毎年秋学期二時間二単位
甲南大学	「甲南大学と平生釟三郎」		二単位
神戸女学院大学	「大学論――神戸女学院女子高等教育の世界史的意義」「初期神戸女学院」		一九九四―一九九七年
同志社大学	「日本の近代化と同志社」		
同志社女子大学	(年一回歴史展展示)		新入生オリエンテーション時の見学を呼びかけ
南山大学	〔授業の一環として〕		展示室見学
広島大学	「広島大学の歴史」	教養的教育科目	二〇〇一年度より
桃山学院大学	「桃山学院・大学の歴史」	総合講座	

立命館大学	「日本近現代史と立命館の一〇〇年」		二〇〇二年度より
九州大学	「九州大学とは何か――ともに考える」「九州大学の歴史」		
立教大学	「立教大学の歴史」	全学共通科目	立教学院資料センターが出講
京都大学	〔科目名不詳〕		文書館教官出講

＊この調査は仮の集計による暫定稿である――全国大学史資料協議会調査（二〇〇三年七月）による回答の一部。
＊京都大学文書館助教授・西山伸氏の教示による。

　さて、先にもふれましたが、二〇〇二年一〇月二七日に朝日新聞が日本初の自校史について取り上げた記事があります。自校史を開講している大学として、明治大学、京都大学、立教大学、名古屋大学、広島大学といったところがこの時点では明示されていたので、右の表を見ると、それ以降もっと増えていることがわかります。朝日の記事には、「受講生からは『九大の歴史は自分たちがつくっていると自覚した』などの声が寄せられた」と書いています。

　九州大学は、感心なことに学生全員の感想文を一冊の報告書にして出しておられますが、それを読むと、本当におもしろい。私は、福岡県久留米市の生まれですから、かつて九州大学がいかに九州地区の高校生たちにとって憧れの大学であったか、よく知っております。でも、いまそこに入った学生たちの反応は、読んでいてかなり意外なものでした。

　たとえば、一番多い答えは「私は九大に来たかったわけではありません。しかし、なまけ者でないことを証明するために、一年浪人してここに入りました」というものです。これは農学部の学生の話です。「九州大学がどういう大学であるか、ほとんどわからなかった。やはり憧れは東京大学である。しかし、ここに来た」。こういった答えもたくさんあります。

九州大学に併合された旧制高校の一つに福岡高等学校というのがありますが、その旧制福岡高等学校の生徒たちの姿の出る映画が「ダウンタウン・ヒーローズ」というものです。それを教材として見せられたある学生は、「父や祖父は、私が小さいころから『旧制高校はよかった、よかった』と何べんも話してくれました。長いこと私は旧制高校の『セイ』という字は旧姓佐藤とか、旧姓中野とかいうときの、あの『姓』だと思っていました。けれども違った。制度の『制』だというのがよくわかりました。いまの高校とはまったく違う学校だったんですね」というのもあります。

そういう反響がたくさん載っております。それを見ても、やはり先ほど申しました立教の学生を前に置いたときに受けた感じと変わりません。学生たちは、それほど強い動機、それほど立派な覚悟があって九州大学に来ているのではないし、ましてや、必然性を持ち、正確な予備知識を持ってここに来ていると思ってはならないのです。これから全入時代が始まります。どの大学もますますそうなるでしょう。たまたま来ている。仕方なく来ている。しょうがないから、ここに座っている。これではやはり駄目なのです。そこに鍬を入れることが必要だと思います。

明治大学のように、「うちの大学は日本の近代化にどう働いたか」、あるいは「うちの大学によって地域にはどう変化があり、どういう貢献をしているか」といったことを話すという組み立て方ももちろんあります。しかし、私が学生たちの反響を見ていてはっきりとわかったのは、彼らはいまここにいることを賛美してほしいと思っているのではないということです。むしろ、褒めたり自慢したりしたら、かえって彼らはむなしくなるかもしれないというのが私の感想です。何もかも全部話すという構えこそ大切なのです。

先の自校教育をやった直後に、絹川正吉先生(国際基督教大学学長・当時)がこの間まで会長をしておられた大学教育学会で、ちょっとこの話をしたのです。休憩時間になりましたところ、一人の会員が、「先生、私はさっきのお話はとってもおもしろかった。ただし、私のいます大学は私学で、もともとは二〇年前に土建屋がつくった私大です。立教のように輝かしい歴史なんて何にもない。どうしたらいいですか。話しても、一時間ぐらいしかもたないのではないでしょうか」と、真剣に尋ねに来られました。

私は申し上げました。「先生、それでいいんです。土建屋がつくったということを、はっきり学生におっしゃるといい。アメリカだって、スタンフォード大学は鉄道会社の社主が大儲けしてつくった大学ですが、いまや超名門大学です。そういう大学は、世界には古今東西山のようにある。そういう大学の一つだとお話しになればいい」。

それからもう一つ、「自慢すべきことは何もない、そうかもしれない。ならばそうおっしゃったらいい。しかし、先生が絶対忘れてはいけないのは、そういう大学に、自分はなぜ勤めているか、これをおっしゃるべきです。なぜ教えているか。それから、二〇年間やってきた中で、学生諸君のどこに感動し、どこに失望しているか、はっきりおっしゃったらいいと私は思います」。その先生も納得されたようですが、以上申したことは、どんな大学でも実践されてしかるべきことであります。

学生たちは、さっき申したように居場所の確認を望んでおります。それから、自分はどういうかかわりの中でいまここに存在しているか、そのことは実は彼らが聞きたくて聞きたくてたまらないことです。ところがどこにも聞きようがないということなのですね。来てみたら、スキルの教育だけ、聞かなくてはいけない講義だけというのでは、彼らは安堵できないと思います。

最後にまた、私のことに帰りましょう。桜美林大学は、清水安三という偉大な創設者がおられて、この方が始めた崇貞学園という北京にあった女学校が発祥校なのですけれども、話をする材料がたくさんある学校であります。そこでの「自校教育」を試みた中で、私は清水安三と面識もある、古くから勤めておられる先生に二回だけ応援を仰ぎ、話をしていただいたんです。真剣な講義をしてくださいました。ところが、だんだんやっていくうちにわかってきました。先ほど、司会の先生のお話の中に「建学の理念あるいは建学の精神というものを学生と共有しておく必要がある」という言葉がありました。それはそのとおりなのですが、建学の理念とか理想ということだけを改めて話していますと、〝危険〟なんですね。「そんなにいいことを考えてつくられたはずの大学が、どうしてこんなに駄目なのか」。どの大学でも、ちょっと冷静な学生ならそう思います。どの大学にだって問題はあるし、不備な条件はあるし、学生たちから見れば、たとえばスクールバスの時間一つからして、意に沿わないことが山のようにある。

どうしたらいいか。私はやはり最後は自校教育の授業を建設的なほうに向けるべきだと思います。桜美林のときは、学生たちに最後の時間、『学長への手紙』というのを書いてほしい」と注文しました。約二〇〇人おりましたけれども、全員きわめて熱心に書きました。「必ず学長に取り次ぐ」と言って書いてもらいました。いろいろなことを書きます。食堂への注文やスクールバスへの注文などいろいろなことを。また、よくわかるのは、その彼らがどうせこの大学は仮初めの宿なんだからどうなってもいいと思っているのかと言うと、そうではないということです。とくに桜美林のような中規模の、そして大学の難易度で言えば真ん中より少し上ぐらいという大学の学生たちは、やはりそれなりに危機感を持っています。私が「あなたたちが卒業して二〇年経って、『母校はどちら？』と言われたときに、『いえ、もうありませんけど、桜美林という大学でした』という言い方をしたくはないでしょう」と言えば、みんな、「そうです、母校が消えるなんていやだ」と答えます。そこで「そこのところを一緒に考えていくために、桜美林のことをしっかり知っておこう」というふうに言えば、幸いなことに学生たちは相当乗ってきてくれました。

自校教育のベースにあるのは、大学のコミュニティとしての力です。実は大学がすでに持っているにもかかわらず、われわれがよく気付いていない、しかし、そこを探りあてれば非常に大きいエネルギーになっていく、コミュニティとしての、共同体としての力であります。

3　なぜ「自校教育」は意義があるのか

どうして自校教育は意義があるか。その点についてはこれまでふれましたが、別の角度から言いますと、まず、いわゆる「導入教育」の一環としてきわめて有効です。私の感じで言うと、入ったばかりよりは九月ごろ、一年生の後期で受けさせるぐらいがいいかなと思います。キャンパス・ライフを少しは体験したころが印象が深いと思われます。

ところで、この「導入教育」という言葉の範囲や内容はまだ定まっていないのです。「初習教育」と言う人もいます。一方で、「初年次教育」と言う人もいます。また九州大学では「低年次教育」と位置づけておられます。このように、初修、初年次、低年次、導入とか、言い方からして決まっていないということは、理論的には問題ですが、当面は、内容は実は多様であっていいということなのです。ですから、どこでもいい、どこかに明確に位置づけて、それぞれの大学で独自に自校教育を試みられたらいいであろうというのが、私の言いたいことの第一点です。

二番目に言いたいことは、「自校教育」は、大学の個性、アイデンティティというものを学生・教職員・卒業生と共有していく作業になるであろうということです。卒業生たちに参加してもらえれば、もっといいと思います。「建学の理念」などと言うけれども、いずれも大学案内パンフレットにしか載っていない。入ったら読まないパンフレットにしか書いていない。そういうものを、生きた言葉や人を通じて学生たちと教職員で共有できる。これは、作業としてはきわめて重大なことであります。

最後に、自校教育は、先にもふれた学生たちの意欲ややる気を育てます。いまいる大学を明確に位置づければつけるほど、その意欲を育てます。

たとえば、私が去年お手伝いしたのは埼玉県草加市にある獨協大学の講義でした。そこでは、「獨協学」という名前で、総合科目として展開されております。私はそこで一時限だけ「近代日本の私学の歴史における獨協大学」という題で、大学史と獨協大学論をあわせて講義しました。九州大学にもシンポジウムに呼ばれて、立教大学のカリキュラム改革と国立大学に期待する使命は何かということを話したのですけれども、学生たちはいずれの場合も大変熱心でありました。人ごとではないという気持ちで聴いてくれているのがよくわかりました。

ちなみに、自分の学校のことをきちんとさせておくというのは、親に対しても効果があるのです。自分のことばかり言って恐縮ですが、武蔵野美術大学が『武蔵野美術大学六〇年史』をお出しになったときに頼まれて「武蔵野美術大学六〇年史への招待」という講演をしたのです。日本の大学沿革史の中で武蔵野美術大学の歴史にはどういう特色があるか。『六〇年史』がつくられた条件は何か。私はそれを読んでどう思ったか。先生方にお話をしました。すると、それを学生たちにもわかるように書いてほしいと言われて、六〇頁ほどの薄いパンフレットができたのです。きれいな印刷になって、『武蔵野美術大学六〇年史への招待』というタイトルで出たのですが、そのあと、なんと一〇刷を重ねておりますす(注：この内容は拙著『大学教育の可能性』二〇〇二年東信堂刊に所収)。毎年、印刷していらっしゃるんです。「毎年印刷してどうされるんですか」と聞きましたら、新入生に渡し、また親御さんたちに送られているのだそうです。そうすると、とてもいいというんです。「何がいいんですか」と尋ねますと、「寄付の申し込みが大変増えました」（笑）。親はわからないんですよ。武蔵野美術大学に行っている、多摩美術大学に行っているといっても、息子や娘たちが、なぜそこへ行くのか、親はわかっているようでいて、実はわかってはいないのです。ところが、『六〇年史』やその紹介文を読むと、「あ、こんなところへ行っているのか」とわかる。それで寄付が増えるのでしょう。一〇刷ということですが、私の書いた本でそんなに出ている本はありませんから、隠れたベストセラーです（笑）。私としては誇りに思っているのです。

4　自校教育の準備と基盤

最後に申し上げたいのは、自校教育をやる場合に不可欠なことは何か。我田引水のようですが、歴史すなわち沿革史の確認がどうしても必要です。

沿革史を書くというような作業は、大学ではいままでは余計な仕事でした。記念式典のときに押しつけられて持って帰る重たいアルバムというぐらいの感じでした。しかし、これからそれでは済まなくなります。きちんとした歴史、あるいはきちんとした写真集、きちんとした図録やデータ、これがないと本当の自校教育はできません。そのためには大学文書館（アーカイブス）といった設備が必要です。

いま、私のもう一つの仕事は、各大学にアーカイブスをつくってくださいという活動であります。その運動に、東京大学時代以来、長年参画してまいりました。私に言わせると、沿革史を書くという作業は、非常に息の長い自己点検作業の一つです。すなわち「歴史において大学を自己点検する」ということです。そういう目で見れば、アーカイブス設置などは大学にとって義務にひとしい重大作業です。また、いろいろな編纂の仕事の仕方も可能になってくると思います。たとえば、受験雑誌の中にうちの大学はいつあらわれたか。こういうことだって、非常に大事なデータです。それから、全国学校案内の中に、立教なら立教はいつ登場したか、そして何と書いてあるか。学校評判記、ルポルタージュみたいなのは明治時代から出ています。こういう資料を徹底的に見て、その中における自校像、自校のイメージ、その歴史を知ることも大事でしょう。そして、いまはどうか。さっき申し上げましたように、自校教育の最後に、「外から見た何々大学」というのをやればいいということです。

さっきははっきり申し上げませんでしたが、学生たちに示すのは、レベルでなくていいんです。うちは最高の経済学教育をやっているとか、工学教育では日本で並ぶものはない私学であるなどと言わなくてもいいのです。学生たちにしてみれば、入試の偏差値序列というのは身にしみていますから、そんなことはいまさら聞かなくてもいい。そうではなくて、強調したいのは特色であります。

この前、九州工業大学の年史編纂の第一回目の会合に呼ばれて、先生方にお話をしました。卒業生も見えている。九州工大というのはすごい学校なんですね。はじめは私立学校で、明治専門学校という私立学校から発足した。それが途中で官立の工専に変わって、戦後は新制国立大学になったという、北九州市八幡区にある独特の大学なんです。明専会という同窓会がありまして、月に一回ずつ月刊の同窓会報が出ています。全国各地に（かつての明治専門学校という輝かしい高等専門学校の）卒業生がおられて、無類の団結力を誇っていらっしゃる。そこの教育は、明らかにお隣の九大工学部とは違うんです。そのことは、みんな先生方や卒業生はわかっているけれども、学生に知らせるということをなさっていなかった。私がお勧めして「来年からはわが校についての教育を絶対始めます」と言っておられましたから、きっと始められるでしょう。「九大より低いか高いか、そんなことを学生は聞こうとは思っていないと私は思います。そうではなくて、うちはどこが強いか、あるいはどこに特色があるか、これがわかれば、彼らは安心いたします」と申しました。要するに、どんな大学の場合も自校教育は組み立て可能な授業科目であると思います（本書Ⅳ第４章参照）。

いまほど大学の独自性ということが求められている時代はありません。誰でもそれを言う。しかしその中でも、学生たちに身につけさせるべき能力というのは何か。これが非常な重大テーマであります。大学審議会の答申は、課題探究能力だと書きました。それから、日本経済団体連盟、かつての日経連は、五つぐらいの能力を列挙して、その課題に答えようとしています。

ついこの前、私大協でお出しになっている「教育学術新聞」一〇月六日号を読ませていただいておりましたら、前経済同友会代表幹事の小林陽太郎さんの講演要旨が載っていました。私は非常に共感いたしました。小林さんは何と言っているか。「現実の日本の社会は、専門化というハウツウ人間によってポイントが押さえられてはいないだろうか。課題解決能力ばかりでなく、何が本当の問題なのか、与えられた課題は解決すべき正しい問題なのか、といった思考も大切である」と、こう述べた上で、アメリカのすぐれた大学の教育のコアはリベラル・アーツ教育であるということを述べておられます。

私が賛同するのは、「課題探究能力の育成」という大学審議会提案のスローガンはまだ不充分だと思うからです。課題「発見」能力なのか、「探究」能力なのか、どちらかわからない。私は、何が課題なのか、何を課題とすべきなのか、こういう問いを発見していく力を養うことがまず第一だと思います。それこそが、リベラル・アーツの力です。二番目に、ではその課題自体をどう探究していくか、その方法も教える必要があるというふうに思います。

私の一番好きな思想家に、イギリスのＡ・Ｎ・ホワイトヘッドという科学哲学家がいます。彼はすばらしい言葉を残しています。「大学は、想像力によって経験と知識をつなぐ場である」と。そのとおりだと思います。想像力、イマジネーションを養い、そして知識を探究する能力を付け、全体としてわれわれが受け取るべき課題は何かをともに考えていける、こういう若者をつくっていくことが大学の教育の目標だろうと思います。その一環に、自分のいる大学は何かということを知るという学習が浮かんでくる。そういう意味で、自校教育というものは非常に大事な作業だと思っております。

（二〇〇四年一一月二六日、日本私立大学協会、大学教務部課長担当者研修会における講演）

II

教育評価・研究評価

第1章　日本の大学評価
――批判的展望の試み――

はじめに

大学評価――多くの人がその作業の必要性を認めている。効果についても決してゼロであるわけではない。しかし、はたして現在のやり方は評価活動の対象である大学という組織の本質にかなっているのか、評価のシステムや尺度に問題はないか、評価活動の主体は、この作業を行う専門能力と資格を持っているのか――これらすべての問いに対して、いまのところ充分に満足できる答えを準備できないでいるのが、日本の大学評価活動である。その実態を記すには、客観的な紹介とあわせて批判的な検討が不可欠である。

本章では、現在日本で行われている大学評価について、できる限り正確な紹介を、歴史的な背景の説明とあわせて行う。しかし、同時にそれぞれがどのような問題と課題を抱えているかを指摘したい。

日本にも大学評価に関する理論的考究が徐々に生まれ（大南正瑛他編、二〇〇三）、展望的な著述もあらわれ始めた（山野井敦徳他、二〇〇四）。しかし、評価活動そのものの実体面での拡大と比べれば、研究はなお充分ということはできない。二〇〇四年、大学評価の研究を目指す学会も生まれたばかりである（シリーズ「大学評価を考える」編集委員会、二〇〇五）。

著者の目的は、言うまでもなく、大学評価の価値や意義を否定することにあるのではない。評価という活動をとおして、日本の大学が自己の抱えている問題を発見し、その発見を通じて絶えざる自己革新を進める、そのような評価制度が実現することを望むことにある。言い換えれば、大学評価の目的は行政的統制や財政資源の配分にあるのではなく、大学の教育と研究を自主的にイノベート（革新）することにあるという確信が、本章の前提である。

1　日本ではどのような大学評価が実施されているか

はじめに日本の大学評価の種類を列挙しておこう。登場順にあげると、次のようになる。

① 専門団体によるアクレディテーション（「相互評価」ならびに「会員資格審査」）
② 行政機関による設置認可審査
③ 大学のティーチング・スタッフやマネジメント・スタッフによる「自己評価」

④　外部の評価者による「外部評価」
⑤　国立の機関による「第三者評価」
⑥　財源配分を伴う「プロジェクト評価」

ただし、このような分類の仕方それ自体も論争を免れないであろう。

のちに述べるように、大学評価には「設置認可審査」（事前評価）と「アクレディテーション」（事後評価）の二つのタイプしかないと考える人がいる。そのような人にとっては①と②とが基本であって、その他の評価は両者のバリエーションにすぎないということになろう。他方、大学評価には「内部評価」と「外部評価」との二つがあるだけであったが、最近になって「第三者評価」という新しい評価が加わった、と見る人もいる。これらの人々にとっては、①④⑤⑥は「外部評価」として一つのものであって、区別はないということになるかもしれない。また、最近では「大学人以外による評価」を「第三者評価」と言う人もある。

しかし評価の質を問いたい著者は、そのようには認識しない。評価主体と目的とに即して分類し、社会的影響や大学へのインパクトを考慮して、前記の六種類を設定する。

「大学評価」というタームそのものについても、日本ではまだ正確な定義が成立していないように思われる。

個人を対象とする評価かそれとも集団的な教育研究活動の評価か、あるいは機関そのものの評価かも区別なく用いられる場合が少なくない。目的が、政策的必要によるのか大学の革新にあるのかも明確に判断されていない場合がある。そして問題は、こうした曖昧な理解のもとにあるにもかかわらず、現に多種多様な評価が実施され、大学に大きな影響を及ぼしている、という実態にこそある。その先には、大学のオートノミーが喪失され、加えて大学関係者の徒労だけが残るといった事態が生まれるのではないかとも危惧される。著者もまた、この危惧を分け持つ者の一人である。本章がそれをいくぶんでも解消するきっかけになればと願っている。

2 アクレディテーションとその問題

日本の大学評価団体のうち最も古い歴史を持っているのは、財団法人大学基準協会である(大学基準協会、一九五七、二〇〇五)。

二〇〇六年二月現在、この協会は三八校の国立大学法人、二八校の公立大学ないし独立行政法人、二五一校の私立大学を正会員として構成されており、そこで行われているアクレディテーションは、最も高い知名度を持ち、行政法人・公立・私立という設置主体を超えた全大学にわたる評価作業として、普遍性を持つものと認識されている。

日本にアクレディテーションのシステムが導入されたのは、一九四六(昭和二一)年であった。一九四五年八月、第二次世界大戦に敗れた日本は占領下に置かれた。占領を実質的に行ったのはアメリカ軍であった。その占領は、たんに軍事支配によるものではなく、日本の行政機関に対する占領軍当局の指導による「内面指導体制」と呼ばれる方式のもとに進められた。そして政治的・経済的な旧体制を打破する改革にとどまらず、文化・教育・国民意識等あらゆる側面に対する変革――すなわち社会の諸側面における民主化――を目的として進められた。その最大の重点項目の一つが教育改革であり、大学制度の改革はその重要な部分であった。このような文脈の中で連合国軍総司令部（GHQ／SCAP）の中の民間情報教育局（CI&E）の専門的メンバーによって紹介されたのが、大学関係協会の組織化ならびに新制大学の適格判定評価つまり「アクレディテーション」の導入であった。

一九四七年七月、大学基準協会という新しい組織が、占領軍当局に強力に支持されつつ日本の大学のリーダーたちの手で結成され、一九四七年七月に、最初の「大学基準」がつくられた（大学基準協会、一九五二、二〇〇五）。発足時の会長は、これから日本の大学は共通のアカデミック・スタンダードを持ち、お互いに研究と教育の水準向上に努力し切磋琢磨することを通じて「グループの自治」を建設していくのだと宣言した（大学基準協会、前出）。

当初この団体は、当時の有力な大学すなわち戦前から大学であった旧制大学によって構成されていたとはいえ、民間の一任意団体であった。しかし一九五九年に財団法人としての資格を獲得し、二〇〇四年八月、認証評価機関としての認証を受け、現在に至っている。

協会は、一九五二年まで続いた連合軍の対日占領のもとでは、高い威信を持っていた。しかし、その後五〇年以上の歴史を持つこの団体の歩みには、大学の行政をめぐる日本的な事情が深く影を落としている。それは、日本における大学設置基準と大学設置認可権とをどのように設定するかという問題、すなわち先にあげた①と②にまたがる問題に連なるものである。

協会の設立当初、大学のアクレディテーション基準であった大学基準は、ほぼそのまま政府の大学設置(チャータリング)の基準と同一に扱われた。すなわち、この民間協会がつくった会員資格審査のための「大学基準」を、文部省は「大学設置の基準」として採用した。その状態が八年間続いたのち、文部省は独自に「大学設置基準」を省令として制定し(一九五六年)、大学・学部・学科の新設にはこの省令による審査を受けなければならないという制度を敷いた。

そしてその三年後、一九五九年に同協会が財団法人に組織替えしたとき、文部省と協会との間には、大学設置基準は、その大学が「大学であるための入学基準」であるのに対して、大学基準は、その大学が「本当の大学」であることを証明する、いわば「大学としての卒業基準」であるという合意が形成された。このとき、国際的な見方からすれば設置認可(チャータリング)基準と水準向上ないし協会会員としての適格判定(アクレディテーション)基準とが、対比されて位置づいたということになろう。文部行政の側から言えば、それは占領下の「異常」な行政原理を克服した、「正常化」の結果とみなされた。しかし、戦後改革の原則、すなわち戦前の文部行政が持っていた強権的な教育支配をやめさせ、とくに大学に関してはオートノミーの原則を維持してそれを官僚支配から脱却させるという原則からすれば、文部省と協会の間のこの〝妥協〟は無視できない問題を残したものであった。

ちなみに、大学基準と大学設置基準との形式・内容には多くの相似点があった。両者とも、大学の形態、規模、備えるべき教員定員や学生数、教育課程に対応すべき教員整備や校舎・教室との規模、備えるべき施設、設備の基準、敷地面積、大学卒業に必要な単位数など、定量的な部分についてほぼ同じように規定していた。

ただし大学基準では、大学の多様性を認め個性に応じた大学の在り方を寛容に認めた上でアクレディテーションを行うとか、大学の入学定員を決めるには教授会の意思が尊重されねばならない、といった定性的規定が盛り込まれていたし、また一八九三(明治二六)年から旧制の帝国大学が採用してきた「講座制」についても、その他のシステムの採用も含めて弾力的な措置を取ると規定していた。しかし大学設置基準は、こうした規定を欠いていた。大学としての「出発点」であるからには、そのような質的な規定ではなく、画一的な数量的基準を示すのが行政上の責任である、ということになっていた。

協会のことに戻れば、省令大学設置基準が出されてから、大学基準協会の威信は大きく低下した。協会は入試制度や大学教育制度、諸種の文部省関係審議会が提案する大学改革構想に対しては、同協会に置かれたさまざまな委員会(そのほとんどは大学の学長、学部長、教授たちから構成される)が専門的立場からの意見を公表し、また日本で唯一の全大学共通の団体としてそれらの意見は政府によっても無視されなかったものの、活動は長い期間低迷した。会員であることのメリットについて初歩的なPRに大きな努力を払わなければ協会の存続すら危ぶまれる、という状態が続いた。

〈日本には大学間で競争するという慣習はなく、それを支える風土もなかった。だから大学基準協会の発足と戦後の評価システム全体が精神風土に反している〉といった批判もあった。また大学の「自治」を強調する立場からは、〈いったん大学が大学であるとして認められれば、その後どのような努力をすればいいかは各大学自身の判断に委ねられるべきで、事後評価をする必要はないのではないか〉といった意見もあり、米・英大学史の観点から〈そもそもアクレディテーション基準とチャータリング基準とを重ね合わせた占領下の制度自身が大学史の常識に反する〉という意見もおおやけにされた（天城・慶伊、一九七七）。各大学の現場でも、設置に関する省令にパスすることを至上命題とする空気が強く、大学基準協会の活動を期待する動きは微弱なものになっていった。

大学基準協会が低迷を脱して活動を活発化したのは、一九八〇年代半ば以降である。内閣に設けられた臨時教育審議会（一九八四―八七）は、その答申の中で大学の自助努力を強調し、とくに大学評価の機会として大学自身による自己評価と専門団体による相互評価の重要性を論じた。このときから、大学基準協会の役割はにわかに社会の注目を集めた。

他方、自己評価活動が、後述するように九〇年代に入って大学の「努力義務」さらには「義務」となるにつれ、並行して協会が行う評価は各大学自身が積極的に受けるべきものではないかという気運が高まった。また、一九七〇年から始まっていた私立大学国庫補助が軌道に乗るにつれて、協会の評価を受けたか否かは補助のランキングに影響するという観測も生まれた。

このような流れの中で、協会も大学評価基準およびその在り方について国際的視点も含めて研究を重ねるようになり、現在では一九八〇年代前半までとはまったく異なる活発さを見せている。

協会は、大学基準による評価活動の目的を、かつてのように加盟判定や会員資格審査に限定するのではなく、ピア・レビュー方式に立つ相互評価をも併行して推進し、研究教育水準の自主的な向上や国際的なアクレディテーション活動に結びつけるという方針で活動を続けている。「大学基準は『向上基準』である」という規定も同協会内部ではおおやけに承認されている。また、一九九六年度以降、学部ごとの「適格判定」評価を改めて、大学全体を評価する総合的大学評価システムを導入し、教育評価については「インプット評価」「プロセス評価」「アウトプット評価」「アウトカム評価」といった評価対象の動態に着目した構造化を試行し、また教育評価と研究評価の区分と関連を考察するなど、踏み込んだ理論活動も行っている（大学基準協会、二〇〇〇）。

このような活動の中で、同協会はみずからの活動を制度的役割から本来の大学改革推進的役割へと広げている。政府は、二〇〇二年一一月に学校教育法を改正し、大学評価に当たる機関を政府自身が「認証」するという制度を定めた。その機関として第一に認められたのは財団法人大学基準協会であり、さらに大学評価・学位授与機構、財団法人日弁連法務研究財団、短期大学基準協会と続き、これに私立大学協会が設立した財団法人日本高等教育評価機構も認証され、二〇〇六年現在、計五機関となった。

財団法人大学基準協会はその筆頭の位置にあり、認証機関となった二〇〇四年度以後すでに評価活動を展開している。

3 行政機関による設置審査とその問題

政府機関が行う大学評価を最も広義に捉えるとすれば、文部科学省(旧文部省)が大学設置審議会に委嘱して行ってきた大学設置基準適用による設置審査がまずあげられる。しかし、それだけに限定することはできない。現在、大学評価・学位授与機構が国立大学法人を対象に行っている国立大学法人評価と認証評価や、また新設の「国立大学法人」が六年ごとに受ける評価も「行政機関による評価」の一種に加わることになる。しかし、後二者については最後で述べることとし、ここでは冒頭で②にあげた設置審査の問題だけに限ってみよう。

前述のように、一九五六(昭和三一)年、文部省は省令大学設置基準を制定した。以後、大学は、大学そのものを新設しようとするとき、また学部・学科を設けようとするとき、すべてこの基準およびそれに沿った各専門分野の審査基準によって審査されることとなった。さらに設置を認められたA大学がb学部を設置しようとするときには、その学部に関連するA大学全体の審査もこれに加わることになった。学科と学部についても関係はまったく同じであった。

文部省はまた、一九七四(昭和四九)年に「大学院設置基準」も省令として制定した。大学基準協会はすでに一九四九年に大学院基準を設定していたのだが、大学院基準があるのに大学院設置基準が制定されたという点では、一九五六年と同じ事態が起きたのだった。

大学と大学院の両設置基準が大学に与えた影響力は、きわめて大きなものとなった。前にも述べたように、各大学は一九五〇年代以後、急速に大学基準協会のアクレディテーションによる審査(事後評価)よりも大学設置基準による審査(事前審査)のほうを重視する姿勢に傾いていった。大学基準協会の活動が、のちに国会で「休眠状態に陥っている」と報告されるようになったのは、そのころ以後である。同時に、以上のような設置評価は、大学側にきわめて大きな事務負担を要求するものになった。評価の「厳しさ」には、大学基準による評価の時代と違って、「質」の厳しさだけでなく、行政当局「窓口」の判断と大学設置審議会の審査との二つを経なければならないという、手続き上の煩雑さも加わることになった。

一九六〇年代の半ばから七〇年代の半ばにかけて、日本の高等教育には、高度経済成長に伴う「爆発の時代」がやってきた。中規模大学の大規模化と小規模大学のおびただしい新設とが続き、それは設置審査作業を大規模化した。他方、この間政府は、国立大学の入学定員を理工系学部を除いてほとんど拡大しなかったので、増え続けた高等教育志願者の八〇%以上の受け入れを私立大学に委ねた。それは当然、私立大学の新設や拡大、学部・学科の増設に対する審査の「甘さ」をもたらした。こうした問題は外国人研究者によって早くから指摘され、戦後大学評価史の見逃せない一頁になっている(J・J・ペンペル、一九七八、邦訳二〇〇四)。

一方、大学設置審査には、大学の自治・自由に連なる問題も含まれていた。なぜなら、評価を要請する大学が、学部名、学科名、課程名、授業科目名などに工夫を凝らし新しいアイデアを盛り込もうとしても許されないという事態が、頻繁に起きたからである。とりわけ「人間科学」とか「総合文化コース」といった総合的・境界領域的な名称を学部・学科等の名前に冠したいと思っても、審査ではなかなか通らない。伝統的ディシプリンからはずれる点が問題となるだけでなく、「審査委員会で審査できる委員がいない」という答えもしばしば返ってきたと言われる。七〇年代、八〇年代を通じて大学人の間にこの不満は大きく、設置審査の「画一性」がアカデミック・フリーダムの観点から批判されることも少なくなかった。

事情が変わってきたのは、一九九〇年代に入ってからである。一九九一(平成三)年、文部省は大学設置基準の大幅な改訂を行った。その根拠になったのは、当時は新設の審議会であった大学審議会(一九八六年、臨時教育審議会の提案で設置)の答申であった。その答申は、大学は「個性」に応じた教育目標のもとに有機的なカリキュラムを編成すべきであるとして、教育課程の弾力化、授業科目区分の廃止、単位制度の弾力化などを提言していた。そしてその後大学設置審議会は、実際の審査の過程でも、大学側の申請する学部・学科その他の名称や科目名などにはほとんど文句をつけないという方向に変わってきたのであった。

このような設置審査の緩和は、九〇年代から今世紀にかけて、政府が経済のグローバル化に対応するとして進めた新自由主義的政策にもとづく「規制緩和」方針に促進されながら、さらに拡がった。校地面積に対する校舎の割合、運動場の面積などに関する規制も大幅に緩和され、また一九七〇年代はじめから大学・学部新設の制約だった大都市地域への設置規制措置も、廃止された。さらに二〇〇二年度以降は、学校教育法の改正に伴い、設置認可の条件はいっそう緩和されている。すなわち、大学

(学生)の総定員を変えず授与する学位の分野に変更がない場合には、学部・学科の改組新設・定員変更は届け出だけで可能ということになっている。

一八歳人口の減少は一九九三年から始まったが、それは二〇〇七年以降二〇一〇年代半ばまで日本の大学にとって大きなプレッシャーになると予測される。大学審議会は、大学をめぐる状況が「競争的」なものであることを強調し(高等教育研究会、二〇〇二)、大学のサバイバルは文部科学省の手によってではなく大学自身の自己努力によって左右される(=「護送船団」の消滅)という立場を鮮明にして、大学への社会的評価の重要性をもっぱら強調するようになった。その一方では納税者である国民への「アカウンタビリティ」実現の一環として、とくに後述する「第三者評価」の重要性を説くに至っている。

明治期以来一三〇年間文部省が設置主体となってきた国立大学は、二〇〇四年四月からすべて「国立大学法人」に組織替えされ、文部科学省は、その所管官庁ではあるが設置者ではなくなった。六年ごとに査定される運営費交付金の成果に関する評価は、文部科学大臣が組織する中央の国立大学法人評価委員会の評価に委ねられる(後述)。

大学設置段階における行政機関による評価は、このように表面上は規制緩和の流れに大きく乗って進んでいる。しかし、実質が「緩和」の方向に進んでいると言うことはできない。なぜなら、行政機関による評価はすべて資源分配すなわち財政配分に連なるか、少なくとも財政的利害に深く関係しているからである。この問題についてはのちに述べよう。

4　自己点検・評価、外部評価とそれらの問題

一九九一年以降、本章1で③にあげた「自己点検・評価」は、各大学にとって「努力義務」の一つとなった。大学設置基準が「大学は、その教育研究水準の向上を図り、当該大学の目的及び社会的使命を達成するため、当該大学における教育研究活動等の状況について自ら点検及び評価を行うことにつとめなければならない」(第二条第一項)と定めたからである。その第二項には、自己点検・評価活動にあたるための「適切な項目」を設定し、「適当な体制」を整えるべきであると定め、さらに一九九九年九月の改訂によって、「外部評価」も加えるとともに、第三項で、「大学は、第一項の点検及び評価の結果について、当該大学の職員以外の者による検証を行うよう努めなければならない」と規定した。また、先の第一項には「その結果を公表する」ことが定められた。これらの規定によって、各大学は大学・学部について自己点検・評価活動を行う組織体制をつくるとともに、その結果を公表し、外部者によって検証することを迫られた(後者は本章1の④で示す「外部評価」と呼ばれるようになった)。同時に、自己点検・評価活動は法令上「義務」とされ、外部評価は「努力義務」という位置づけのもとに遂行されるものとなった。

こうして、自己評価と外部評価の活動とは、大学基準協会の相互評価を除けば、一九九〇年代に日本の大学が初めて経験する、緊密な関係を持つ「評価活動」となった。

ただし、大学の「自己評価」という概念が日本に入ってきたのはこのときが最初ではない。

すでに大学基準協会は、臨時教育審議会が大学の自己点検・評価を重要だと提案した一九八六年より約一〇年早く、一九七七年からこのテーマに関して専門的検討を開始していた。日本私立大学連盟もさらに早くから検討を行っていた。九一年の大学設置基準改正に当たった官僚たちも、この動向を知っていたと思われる。

しかし同設置基準が改正公布されたとき、各大学の多くの当事者たちにとって、「自己評価」は耳新しいタームであった。各地の大学で疑問が多く出された。「自己点検・評価とはそもそも何か」、「それを行うさいの基準のためのモデルはあるのか」。そのような点で迷う大学・学部が少なくなかった。このころ、大学基準協会は「自己点検・評価の手引き」（一九九二年）という文書を発表したが、それをモデルにして自分の大学・学部の自己評価基準として使おうとする例も多かった。

しかし、外部評価とともにこれを「努力義務」（一九九八年以降は義務）だとした行政解釈の影響は、きわめて大きかった。実施されてから三年後には、国立大学で自己点検・評価報告書を刊行する大学はほぼ一〇〇パーセントに達し、公立大学・私立大学もその数年後には同じ水準に達した。そしてその後、外部評価を実施する大学や学部もしだいに増えた。とくに大学審議会が答申を出した一九九八年以降は、各大学とも、以上の二つの活動を行うことがあたかも一つのファッションのようになって、今日に至っている。

ただし、この二つの評価活動は、その目的に関する理解に誤りがなく、また形式化しない限り、大学・学部にとって確かな有効性を持つと言うことができる。著者は、これまで三つの大学の自己点検・

評価活動に参加した。また、国立大学二校と六学部、私立大学の学部二学部、あわせて一〇ケースについて、外部評価活動を体験した。

その体験にもとづいて記すと、次のような点が指摘できる。

一、自己点検・評価活動を行う場合、とくにファカルティー内部から起きる最大の危惧は、「この活動が教員勤務評定に結びつくのではないか」というものであった。日本の初等・中等教育界は、一九五〇年代末、教員の勤務評定制度導入をめぐって、日本教職員組合と文部省との間に戦後最大の紛争を経験している(勤務評定問題)。一方、大学教員の間には、学問研究の自由、教授の自由をめぐっての政府との対立は比較的少なかったものの、教育・研究活動を「評価」したりされたりする経験を多くのファカルティー・メンバーは持っていない。「自己」評価とはいえ、その結果が大学の管理者・経営者によって認識されることは、ファカルティーへの勤務評定・研究評定に連なるのではないかという危惧を抱く教員は少なくなかった。著者も当初その一人であった。

二、学部・研究所といった部局が高度の自治制を築いてきた伝統的総合大学には、もともと自己点検や評価は各部局が自主的に行うものであり、またそうあるべきものである、という意見が強かった。にもかかわらず大学全体で評価活動を行うことは、評価の画一化と大学経営体からの統制とを強めるのではないかという意見が出やすい。

この場合、大学全体を展望して自己点検・評価活動を遂行するためには、学長その他中央執行部のリーダーシップが重要な要件となる。

前述の一および二とも、アカデミック・フリーダムにかかわる論題である。著者は一のような反応や危惧には立教大学・桜美林大学で直面し、二の反応には東京大学で直面した。それらにどう対応してきたかは、ここで述べる余裕はない。それぞれの大学で公刊した報告書や著者による論文を参照していただきたい(寺﨑、二〇〇二)。結論的には、問題のポイントは自己点検・評価活動の目標をどこに置くかということであった。

三、外部評価は、評価メンバーを大学や学部自身が選任することができるという点で、アカデミック・フリーダムという観点からの問題は少ない。

もっとも、この場合も「自分たちの活動を外部の見も知らぬメンバーに評価されたくはない、われわれはそんなことのために教育・研究活動を行っているのではない」といった自己防衛的な意見を持つファカルティーがいないわけではない。しかし、そういう意見が大勢を占めるという例は少ないように思われる。大学・学部が密接に関係する地域社会、専門家集団、産業界、地域ジャーナリズム等の意見を率直に聞くことがむしろ大学・学部の利益になるのではないか、という判断も、少子化のもとでサバイバルの危機が深まる中、各地の大学で徐々に高まっている。著者も、教育学の専門家として、大学全般の外部評価をはじめ、教員養成、教養教育、法学教育、文学教育、工学教育といった各種の専門教育を担当する学部の外部評価に当たったが、いかなる抵抗にも出合ったことはなかった。自己点検・評価と外部評価をめぐる状況は、前述のとおりである。問題点を指摘すれば、次のようになる。

第一に、基本的問題は、そもそもこれらの活動の目的は何か、とくにファカルティーにとってそれがどう意識されているかということである。

多くの場合、「努力義務」や「義務」という行政上の位置づけが、この意識をゆがんだものにする。国立大学では、行政当局の手前、しなければならないからする」と受け取られ、また私立大学の場合は「国庫補助金の額に影響するからする」といったことになりやすい。目的はそこにあるのではなく、みずからの教育・研究活動を評価し、問題点を点検し、その問題を生み出した原因は何かを考察し、それらを克服するには何をしたらよいかを洞察するために行うというのが、この二つの評価活動の意味である。言葉を換えれば、大学・学部の自己革新のために行う調査作業、すなわちself-studyの作業が、「自己点検・評価」「外部評価」の使命である。

第二に、この作業が前提するのは、一つにはそれまでどのような努力が行われてきたかという実践であって、plan-do-see（あるいはplan-do-check）と言われるプロセスの中のseeまたはcheckがそれに当たる。その延長線上にあるべきは、点検の上で改革課題に取り組む作業(action)である。自己点検・評価活動がアメリカではuniversity studyとかuniversity self-studyと呼ばれているのは、それがイノベーションを前提とする自主的点検作業であることを含み、大いに参照すべき意味を持っていると言うべきであろう。

第三に、外部評価のさい、自己点検・評価報告書が記す目標や構成が同時に評価対象になることが多い。それには大切な意味がある。大学・学部の自己考察の目標や方法そのものも、きわめて重要な評価の対象であるからである。

そのさい、各大学・学部が行った自己点検・評価の着眼点や構え等の適否も問われることになる。たとえば、著者が外部評価に参加したいくつかの大学では、学生たちによる授業評価の成果がきちんと盛り込まれた報告もできていたし、さらに進んで外部評価委員自身が学生たちにインタビューできる体制を整えていた大学・学部もあった。自己評価の方法の多様化を創造することも含めてこのような活動を強化していくならば、自己評価と外部評価という二つの作業は、「教育研究というファカルティーの本務を妨げる余計な労働」ではなく、大学教育改革の有効な手段となることができよう。

5　国立大学に関する第三者評価とプロジェクト評価

本章1にあげた⑤「国立の機関による第三者評価」と⑥「財源配分を伴うプロジェクト評価」の二つが、ここで取り上げるものである。ただし、これらの呼称そのものもまだ定着したものではない。実際には、「認証評価機関による国立大学評価」といった呼称で呼ばれている。

(1) 大学評価機構は、二〇〇〇年に、それまであった国立の学位授与機構を改組し「大学評価・学位授与機構」と改称して設けられた機関（現在は独立行政法人）である。大学および大学共同利用研究機関の評価を行うものとされ、大学評価委員会・評価事業部・評価研究部が設置されている。その制度設計に当たっては、イギリスの大学評価が参照されたと言われる。

この機関がつくられるについては、前述の大学審議会答申（一九九八）が大学のアカウンタビリティーを強調し「第三者評価」の重要性を強調したことが、大きなきっかけになった。同機関は、二〇〇〇年からまず国立大学の教養教育についての試行的評価作業を開始し、次いで法学教育、教員養成教育に関する評価に進んだ。評価に当たったのは、関連専門学会から推薦を受けたり選ばれたりした専門教育者たちであり、「教育」「研究」の両面から、国立大学関連学部等が精力的な評価活動の対象となった。その成果は新聞紙上などに公表され、文部省に対して各大学が提出する概算要求の査定に影響するものとして、注目を浴びた。二〇〇四年度までに、評価の対象領域は理学・医学・工学・人文学・経済学・農学・総合科学の各系、および「教育サービスにおける社会貢献」に及び、その年度で終了している。

(2) 先に「財源配分を伴うプロジェクト評価」と名付けた評価について記そう。

これは、他の評価に比べれば最も歴史が浅く、二〇〇三年に実施され始めてから三年を経たにすぎない。しかしその出現はこの三年間、広く話題を呼ぶとともに、その競争的性格のゆえに各大学への大きなプレッシャーとなっている。

この類型の大学評価は、「大学教育改革の取り組みがいっそう促進されるよう、各大学が取り組む教育プロジェクトの中から、国・公・私立大学を通じた競争原理にもとづいて優れた取り組みを選定し、重点的な財政支援を行うことなどにより、高等教育の更なる活性化を図る」ためのものと文部科学省によって説明されている。「競争原理によって」優れた取り組みを「選定し」とあるところから察せられるように、その選定の過程で厳格な評価が行われる。すなわち、日本の大学評価システムの中にはっきりと位置づく新タイプの評価である。

その内容は多岐にわたっている。中身は二〇〇四年度までは、①総合的教育取組支援、②現代的課題等取組支援、③高度専門職業人養成支援、④世界的研究教育拠点形成支援と分けることができる。①はCOL(Center of Learning)と略称されたこともあったが、現在では文部科学省の提案で「特色GP」(特色グッド・プラクティス)という略称で呼ばれている。各大学が行う特色ある大学教育改革の取り組みを支援するというのが、その名目である。②には政策課題対応、国際化推進というような内容が含まれ、③には法科大学院等の専門職大学院形成支援、地域医療等に従事する医療人教育支援があり、さらに二〇〇五年度には「魅力ある大学院教育」「資質の高い教員養成をめざす高度・実践的な教育支援」という二つのプロジェクトも加わっている。そして最後の④は、世界的なレベルの研究と研究者育成とを重点的に支援するものであって、COE(Center of Excellence)と略称され、この類型の中では最も早く有名になった支援事業であった。

これらの評価作業の特色は、まずその内容が直接的に政府の政策動向を反映している点にある。政策動向は二つに分かれる。

一つの側面は、かつて遠山敦子文部科学大臣の時代に、政府の方針である行政改革と財政削減に応えるためにつくられた、大学財政の縮減と重点的育成(二〇〇一年)という側面である。大学財政全体の拡大を図るのでなく、その効率的な配分と全体的縮減を図るという大方針のもとに案出された。第二の側面は、科学技術創造立国というポリシーである。それに大学の「個性化」が加わった。その総合として④の中のCOEと①の「特色支援GP」がまず登場し、次いで②や③の中の諸プロジェクトが生まれたのだった。すなわち、政策動向を「反映した」という表現すら正確でなく、まさに大学を政策の目指す方向へ財政的に誘導するための装置として登場してきた、と言うほうが正確であろう。

第二の特色は、これらが他の評価と違って、巨額の財政的裏付けを持っていることである。二〇〇六年度には総計で五二九億円が計上されており、うち六割に当たる三六七億円は④に振り向けられるものの、他は①②③および新規登場のものに向けられる。その額は、少子化のもとで経営難にあえぐ大学および教員にとって魅惑的な財政資源となる。この類型の大学評価の問題は、なおきわめて大きい。

第一に、これらの評価は、まさに現在および将来における改革実践の質を「端的に」評価する作業である。その作業の持つ特殊性を、評価者側が認識し共有しえているかという基本問題がある。専門家によるピア・レビューが一応保障されている①や③の現代GPの場合は、その問題は少ないと言えるかもしれない。とはいえ、とくに「教育評価」を目指す①の「特色支援GP」の場合、教育の企画・実践の評価のための基準や手段は、発足までに熟慮されていたとは言えなかった。端的に言えば、たとえば教育評価における「成果主義」は正しいか、改革の「特色」と「普遍的価値」との関係はどうなるかといった問題が大きかった（寺崎、二〇〇三、本書Ⅱ第3・4章参照）。

第二に、これらの評価が大学社会に及ぼす多大な影響がある。とくに財政配分に直結するところから、「支援」を受けられるか否かは実は激しい競争状態を巻き起こす。大学現場は、申請に当たって、「つくられた競争状況」の中に否応なく投げ込まれ、大学・研究所といった機関相互の間の連携や協同といった関係が希薄にならざるをえなくなる。そのことがはたして大学にふさわしいかという問題が発生する。

(3)「財源配分を伴うプロジェクト評価」の最後に来るのは、二〇〇四年から出発した国立大学法人の運営交付金に対する、年度ごと、および六年間に一度の「評価」である。

この評価は主として文部科学大臣が指名し委嘱した国立大学法人評価委員会が行うが、総務省の法人評価委員会も総括的に加わるとされている。各大学は年度ごとの「年次計画」を提出してこの評価に応えるだけでなく、六年ごとに「国立大学法人評価」を受け、その結果は運営費交付金の査定に直接影響することとなっている。すなわち国立大学法人の財政資源に致命的な影響を与える評価活動が、予定されている。

もちろん、この評価制度は、二〇〇五年から初めて実施されるのであるから、現在のところその質を判断することはできない。

しかし、全体として「国立大学法人化」による法人評価およびその基本モデルになった独立行政法人の評価制度に大きな影響を受けているところから、徐々に明らかになってきた諸側面について、とくに研究現場からは厳しい意見が出されている。すなわち、全体としてこの評価活動が強い行政指導のもとに置かれていること、さらに達成目標を提示させ、しかもその「数値化」までも求める傾向があること、したがって「評価」の尺度を数値化することなど不可能な、創造的科学研究の評価にはまったく適さない種類のものになるであろうこと、などである（海部、二〇〇五）。今後実施を重ねていく間には、なお多くの問題指摘がなされるであろう。

前述の指摘は「研究活動」と研究機関に即してのものであるが、これに「教育活動」までが加わったとき、とくに「評価に適する数値化された達成目標」というような評価対象それ自体の設定の仕方が適切か否かが、重要論点になるものと思われる。

結び

以上、日本の大学評価（設置認可審査を含む、以下同じ）の実態と問題点を概観してきた。各類型の評価について、それぞれの個所で多くの問題点を指摘したので繰り返すのはやめ、全体にわたる問題を指摘しておこう。

第一に、日本の大学評価の歴史はまだ浅い。

伝え聞くところによれば、イギリスの大学評価の厳しさは、中世以来の国王によるチャータリング(勅許状付与)の厳しい伝統にもとづくとされ、またアメリカには二〇世紀前半以来のアクレディテーションの伝統が大きな遺産として存在する(前田、二〇〇〇)。日本にはそういう伝統はなく、最も古い大学基準協会によるアクレディテーションでも半世紀余を経過したにすぎない。冒頭に述べたように、浅い歴史の上に広範囲で多種多様な評価が急展開しているという事態そのものが、まさに問題状況にほかならないと言えるであろう。

第二に、全体として大学評価に対する中央官庁や官僚の関与はきわめて大きい。現在のところ、本章1にあげた評価一覧の中で①のアクレディテーションと、③の自己評価、④の外部評価は官庁の関与を免れていると言えるが、しかし新登場の認証機関評価の場合も、自律的・自主的判断がどこまで保障されるかは、いまのところ未知数である。官僚統制からの自由とともに財政誘導がもたらす財務的誘惑への禁欲をどれほど実現できるかが、サバイバルの危機を増す大学側にますます問われてくると思われる。

第三に、本論で詳しくふれることができなかったが、各類型の評価作業において実際に用いられる尺度(クライテリア)を創造し、それをいかに運用するか、また適用するかは、きわめて重要である。

後者について言えば、大学基準協会の相互評価や外部評価はきわめて詳細・懇切であるし、また学位授与機構によっても実施検証や現場ヒアリング等は行われているものの、それにかけられる時間やエネルギーはなお充分であるとは言えない。行き届いた評価作業を行う時間的・財政的余裕や研究・

教育の論理に適合した尺度の創造こそが、評価を大学のイノベーションに導く。他面、仮に評価組織そのものに対する外部評価といった措置が取られれば、それぞれの評価基準の適切性や組織の妥当性が保障されていくのではないかと思われるが、いまのところその兆候は見えない。

第四に、評価に参加し、またそれを支えるために当たる専門家・専門職員は、まったく不足している。広く言えば、大学における専門職員の育成こそが今後日本の大学が取り組むべき重大課題である。大学評価組織専門職員や周辺の専門家の育成も、それと並んでますます求められるに違いない。その養成のための機関はいまのところまったくない。とくに、評価活動に当たる各大学のファカルティー・スタッフやピア・レビュー担当者を助けたり、時には指導したりすることのできる専門職員の需要は、今後きわめて高くなると思われる。

〈参考文献〉

(1) 天城勲・慶伊富長編『大学設置基準の研究』(東京大学出版会、一九七七)
(2) 大南正瑛・清水一彦・早田幸政編『大学評価文献選集』(エイデル研究所、二〇〇三)
(3) 海後宗臣・寺﨑昌男『大学教育』(戦後日本の教育改革9)(東京大学出版会、一九六九)
(4) 海部宣男「学術と大学評価」「大学評価を考える」編集委員会『二一世紀の教育・研究と学術評価――もう一つの大学評価宣言』(晃洋書房、二〇〇五)
(5) 高等教育研究会編『大学審議会　全二八答申・報告集　大学審議会一四年間の活動の軌跡と大学改革』(ぎょうせい、

二〇〇二）

(6)　シリーズ「大学評価を考える」編集委員会編『二一世紀の教育・研究と大学評価――もう一つの大学評価宣言』（晃洋書房、二〇〇五）

(7)　財団法人大学基準協会『大学基準協会十年史』（大学基準協会、一九五七）

(8)　大学基準協会『大学評価の新たな地平を切り拓く』（大学基準協会、二〇〇〇）

(9)　大学基準協会『大学基準協会五五年史』（(財)大学基準協会、二〇〇五）

(10)　寺﨑昌男「大学の自己点検・評価――状況・問題点・今後――」『一般教育学会誌』一六巻一号、一九九四

(11)　寺﨑昌男「研究評価と学術政策」（鳥居康彦編『学術研究の動向と大学』ＪＵＡＡ選書八、大学基準協会監修、エイデル出版、一九九九）

(12)　寺﨑昌男『大学の自己変革とオートノミー』（東信堂、一九九八）

(13)　寺﨑昌男『大学教育の可能性』（東信堂、二〇〇二）

(14)　寺﨑昌男「東京大学における自己点検評価活動」『一般教育学会誌』一五巻一号、一九九三

(15)　寺﨑昌男「教育への取組を評価するということ――どうすればそれは意味を持ちうるか」（『Between』No.200）二〇〇三

(16)　ペンペル、橋本鉱市訳『日本の高等教育政策――決定のメカニズム』（玉川大学出版部、二〇〇四、原著はPempel, J.T., Patterns of Japanese Policy Making: Experiences from Higher Education, 1978, Westview Press Inc.）

(17)　前田早苗『アメリカの大学基準成立史研究』（東信堂、二〇〇〇）

(18)　山野井敦徳・清水一彦『大学評価の展開』（東信堂、二〇〇四）

第2章　大学基準協会の歴史とわが国における大学評価の特質

1　大学基準協会の特質

私は、実は大学基準協会三五年史というのをずっと昔にお引き受けいたしまして、長らく資料の収集等を行ったこともあるのですが、なかなか記述が完成しないうちに、協会をめぐる状況がすっかり変わりました。いまは、間もなく五〇年史というものを出すことになっております（注：二〇〇五年五月、著者の編集責任のもとに『大学基準協会五十五年史』（通史編・資料編 全一一五八頁）が刊行された）。

本日は、長い間年史を編纂させていただいて、その間に発見した資料や見てきたこと、わかったことなどにもとづいて、いわゆる「正史」とは別に、私のかなり偏っているかもしれない意見も含めて、会長ならびに理事・評議員・監事などの諸先生に申し述べさせていただきたいと存じます。

「偏っているかもしれない」ということは、戦後大学史の中で大学基準協会の歩みそのものが、「大学の統制と自由」という問題をどう考えるかというホットなテーマと深くかかわっていると考えるからであります。「統制と自由」の狭間に、この大学基準協会は置かれ続けてきた。そういう印象をきわめて強く持っているのです。

まずはじめに、大学基準協会というものの持っている組織の特質を、私としては次のように考えています。

第一は組織形態上の特質です。

まず、①財団法人の形はとっているけれども、会員は個別大学である、という非常に特殊な形態をとっています。しかも②その会員資格に関して、独自の評価基準と適用行為をもってこれを行う機関です。次には、その裏側のことですが、③社団法人ではなく財団法人の形をとっていることです。最後に、④国・公・私立を通じた大学の共同的な集団、大学連合体は、日本にはほかにないということであります。国立大学、公立大学、私立大学、および短期大学のそれぞれは、ご承知のようにそれぞれ大学連合体を持っていますが、それを横にとおした機関というのは、日本にはここしかない。まずは以上の四つがやはり一番大きい特質だろうと思うのです。

第二に申し上げたいのは、この協会が、大学の相互評価と会員資格審査との両面の働きを続けてきたということです。これは戦後五〇年変わっていない。どちらを基本と考えるか。双方ともに重大と考えるにしても、両者の関連構造をどう捉えるか。それについては時代とともに変化がありました。

けれども、右の二つの行為は、一貫して続けてきたことです。

第三には、大学の評価行為および設置認可行為、仮にそれらが英語でいうアクレディテーションとチャータリングに近いと考えるとすれば、本協会は、ある時期、実質的にその二つを兼ね行っていたことがありました。ところが、その後分離されまして、設置認可行為への参与は消えました。すなわち「戦後日本の大学におけるアクレディテーションとチャータリングの関連と分離の歩み」が、大学基準協会の歴史そのものに刻まれています。

2 大学基準協会の歴史

以上大きく指摘しました三つの視点から、大学基準協会の歴史というものを、私なりに整理してみたいと存じます。

(1) 創立の経緯

さて、実は本協会創立の経緯そのものの中に、協会の組織としての特質がある程度反映していた、あるいは含まれていた、と見られます。

そこには非常に微妙な戦後史の影が落とされておりました。

第一に、発足の基本になったのは、アメリカの専門家団体の勧告でありました。第一次合衆国対日教育使節団報告書と言われるものです。その中に(年史中に詳述してありますが)大学に関する組織の問題が出てまいります。

要旨次のような言い方で出てきます。

「大学の設置認可と水準の維持がきわめて重要である。その任務を担う機関は、サム・ガバメンタル・エージェンシー(some governmental agency すなわち「何らかの政府機関」)であり、その責任によって行われるべきである。その責任機関は、訓練された信頼しうる代表的教育者たちによって、構成されなければならない」。

「官僚によってではない」とは書かれてこそおりませんでした。しかし、報告書全体の文脈から類推すると、明らかにそういう意味が含まれていたと見て間違いありません。ガバメンタルと言いながら、その上にわざわざ「サム」という言葉をかぶせ、しかもそれは教育の代表者によって構成されねばならない、と念を押しているわけです。しかも、その権限は設置認可のための資格審査と水準維持のための監督とに制限されるということ、言い換えるとその機関の責任権限の行使は、水準維持のための保護的な制限としてであって、各学校の自律性に干渉したり統制を加えることであってはならないとも述べています。これが第一の原則です。

第二は、設置認可の審査対象についてですが、「この責任ある機関が審査対象にする事項とは、学校の目的、財源、予定の教職員、予定の営造物、物的設備の計画、さらにその学校が当該地域に設置される必要性などである、これらの事項についてこの機関は納得させせられなければならない」というのです。should be satisfied と書いてありました。

最後に、水準向上のための協会設立の必要性です。

「設置を認可された高等教育機関の質的向上のためには、諸高等教育機関が組織する各種の協会(associations of institutions of higher learningと複数形で表現されていますが)が設立されなければならない。これらの協会の設立手続としては、種々のタイプの高等教育機関を代表する、かつ日本の教育界で尊敬されている教育者によって委員会を組織し、この委員会が協会の創立委員を指名するとともに、協会加盟の資格条件となる明確な要件を決定し、要件を満たした学校の組織する諸協会が、図書館の相互利用、教授交換、学生交換などにつき密接な協力を行うことができるようにすべきだ」というのです。

これは、明らかにアメリカ・モデルであります。そして、このインスティテューションは、「サム・ガバメンタル・エージェンシー」ではあるが、構成は完全に民間専門家によるものです。この二つのことを、アメリカから来た合計二七人の教育使節団員たちがマッカーサーに対して勧告をしているわけです。

ここが、大学基準協会のいわば最初の出発点でありました。要するに、指導的大学人による、大学の水準向上を目指す専門的民間団体、これが出発点でありました。

しかし、日本側はどうであったかと言いますと、非常に矛盾した感じで受け止めたようであります。矛盾した、かなり複雑な経緯で受け止めました。

まず、この当時、一九四六(昭和二一)年から四七年ごろ、日本の学校の高等教育機関の大多数を占めていたのは、数において旧制専門学校でありました。それらの専門学校は、いずれ大学になるだろう、そのときにどういう基準がつくられるか。それこそ、これから大学に転換しようとする専門学校にとっては重大な関心事であったわけです。基準は誰がつくるのか。どんなものになっていくのか。とくに全国私立専門学校協会などは、これに大きな関心を払った団体でした。

二番目は文部省でした。文部省は、敗戦直後まで、大学設置認可権の唯一の主体でありました。ところが先ほど紹介した報告書でわかりますように、アメリカ側の報告書では、設置認可と水準向上との両方をやる機関を、民間的なものとしてつくれという勧告になっております。もしそうなった場合には、文部省の大学設置認可権というのは、どうなるのかわからなくなる恐れがありました。

戦前を振り返ってみますと、大学設置認可権というのは、もちろん文部大臣の権限の一つでありました。ただし、大正年間の大学改革のさいから、とくに「大学」と名が付いたら文部大臣が認可手続をするわけですが、その前に、「勅裁」すなわち天皇の裁可を仰ぐという制度になっていたのです。天皇自身の裁可、この行為抜きには、文部大臣は大学を認可してはならない。このことが一九一八（大正七）年一二月に出た「大学令」の中にちゃんと書いてあるわけです。その点では大学認可は他と区別される重大な行政事項と考えられていたわけです。

ちなみに教育機関でそんな手続きの必要なものはほかにありませんでした。旧制高等学校や旧制専門学校をつくるのに天皇の裁可が必要だなどということはなかったのですが、大学だけはそうなっていました。ヨーロッパ流の、大学開設にはロイヤル・チャーターを得ることが必須だという、あの制度を学んだのかもしれません。とにかく、旧制大学は、高い水準を求められただけでなく、何よりも永続性があることを期待されていたわけであります。

したがって、戦前に大学になった機関は、私立大学も公立大学もすべていま申した手続きをとっております。ただし官立大学に関してだけは、特段の基準はありませんでした。すなわち官立大学の設置基準というのは皆無だったのです。というのも、「政府がつくっていけば、それで済む」「政府が大学としてつくったものが大学だ」という建前ですから、第三者がそれを評価するというシステム自体がありませんでした。すなわち官立大学は設置認可に関して云々するという余地そのものがありませんでした。

この状態を、アメリカの教育使節団メンバーたちは、非常に奇異に感じたのであります。大学という名前が付くのに、官立大学は政府が思うとおりつくってよろしい、一方、公・私立大学は厳しく評定される、これはどういうわけか、という疑問です。

ところで、戦前にはたして私立大学設置の基準があったかということは、私も長年調べましたが、海後宗臣氏との共著（海後宗臣・寺﨑昌男『大学教育』一九六九年、東京大学出版会刊）を書いていたころはまだわかりませんでした。しかし、その後発見されまして、ちゃんとあったことがわかりました。東洋大学で発見されたのであります。それを見ましたら、やはり、いま申したとおり、官立大学には適用されないものでした。私立大学の場合だけは、お金を積めば、一大学（一学部）につき五〇万円、これに一学部を加えるごとにさらに一〇万円を文部省に供託すれば認めてやるのだという規則であります。そういうシステムは、アメリカ人から見れば、非常に不思議な状態と見えたようであります。

ところがアメリカ人たちが報告書で勧めた改善案は、旧来の高等教育体制を変革する必要があるとしても、当時の文部省から見れば、非常に不思議な事態でした。すでに大学の設置認可方式は学校教育法(一九四七年三月)によって決まっている。「監督庁」がこれを行うことになっている。監督庁とは文部省のことである。そうなっているにもかかわらず、占領軍はなぜ協会をつくれなどという横車を押すのかということになって跳ね返ってきました。これが後々までずっと尾を引きました。いや現在まで尾を引いている問題だと私は思います。

当時、文部省はこれまで述べてきましたような筋に立つ占領軍の内面指導に関して、不承不承というか、疑問や不満を募らせながら事態を見ていたわけですが、実は別の問題が当時ございました。それは内務省廃止ということです。内務省とあわせて文部省も廃止するという動きも起きていました。

文部省廃止論というのは、当時一九四八年から四九年にかけてたびたび出てまいります。教育刷新委員会という南原繁東京大学総長が副委員長、のちに委員長をしていた委員会、それは六・三制の採用を最終的に決めた委員会だったのですが、この内閣直轄の審議機関も、文部省は文化省ないしは学芸省に変えるという建議を出しております。内務省は解体されることが目に見えている、次は文部省だという意見が非常に強かった時代です。そういうことがありまして、文部省も大学基準協会のような団体が省外にできることとそのことに対して、言い換えると現在ならばとうてい認めがたいであろう事態に対して、当時表立っての批判はできなかったと思われます。

(2) 協会の起源となるカンファレンスの発足

そういう中で、教育使節団レポートの出た年すなわち一九四六年の暮れになって、ＧＨＱの民間情報教育局、ＣＩ＆Ｅと略称されていた機関の担当官が、文部省担当者に聞いたわけです。これから新しい大学制度ができるはずだ。学校教育法もすでに出来上がりかかっている。文部省はこれまで大学の設置認可をどうしていたのか。

この質問に対して、文部省側の担当官は、いや、公・私立大学の設置については「大学規程」があり、私学には(前述の)供託金制度のような規程もあったが、基本的にはわれわれが判断していた、と答えたと伝えられます。占領軍担当官は、それはおかしいではないか、基準があるならあるで、なぜその裁量判断が官僚の手にだけ委ねられているのか、それでいいのか、と批判したと伝えられています。そこで、さっき申しました教育使節団報告書の線に沿うように、東京およびその周辺の有力な大学(旧制大学)の教授たちを集めるよう命じたのです。実際は東京帝国大学が事務局長を出しただけで、あとはすべて学長たちが集まりました。

私は、一九八〇年代半ばに基準協会の援助も受けてアメリカに行きまして、ワシントンの米国公文書館をずっと探しておりましたら、ちゃんと文部省内で第一回から第六回まで開かれていて、綿密な記録が残されていることがわかりました。すなわち大学基準協会出発直前の会合記録が、全部残されているのです。それを見ますと、一九四六年の一〇月二九日というのが最初の会合の行われた日であります。その名も「アクレディテーション・カンファレンス」と書いてありまして、文部省内で開かれました。東京大学をはじめ官立諸大学と私立大学、当時のことですから遠くから呼べなかったと思われまして、主に東京の官・私立大学、および千葉医科大学と、約一一人ほど集まられてカンファレンスが開かれております。このカンファレンスこそ、さっき申した教育使節団報告書が勧めた、指導的大学人による会議だったわけです。

ここがしだいに全国的な大学設立基準設定に関する協議会に変わっていくのですが、あとでまた述べましょう。このカンファレンスに出られた方たちは、私が研究をしていたころにはもうほとんどお亡くなりになっていて、お会いすることができなかったのです。初代の会長であった和田小六先生にも、ついにお会いできませんでした。ただし、お元気だったお一人が上原専祿先生でした。カンファレンス当時、東京商科大学学長をしておられたのでした。私が様子を聞けたのは、あの方からだけでした。

どういう会でしたかと詳しくお尋ねいたしましたところ、「自分ははじめは行けませんでした。それで、経済学の杉本君（杉本栄一教授、理論経済学者）に代わりに行ってもらったのです。ところが帰ってきた杉本君が、『学長、あれは大変です。これまである大学設置基準を変えるというようなそういう話ではなくて、新しい大学はどうあるべきかという話です。新制度の大学の在り方を決める重大な会議です。先生、ご自分でお出にならなくちゃだめです』と言うんですね。それで第二回目から自分で行くことにしました」というお話でした。出席状況も、先ほど申した記録に、ちゃんとそのお話のように載っています。

「第二回目からお出になったのち、どうでしたか」とお尋ねいたしましたら、「毎回、CIEの若い担当官が来て、いろいろなことを言ってくれた。文部省は後ろに引くようにしていた。若い担当官はいろいろなことを言ったが、中には僕らのわからないことがあった。たとえば、彼らはジェネラル・エジュケーションということを言ったけれど、これもよくわからない。アクレディテーションということも、もっとわからない。わからないことはいろいろあるけれど、一生懸命説明するから、かわいいから聞いてやろうかっていう気持ちで聞いていました」とおっしゃるのです。確かに当時の占領軍担当官たちは、日本の有力旧制大学学長たちよりずっと若かったはずです。

そういう会合を重ねたのち、もうこの会は文部省の中でやるべきではないということになりまして、外に出て大学設立基準設定協議会という協議会ができたわけです。それが一九四七年、昭和二二年からであります。

その一九四七年から、すでに全面的な教育改革が行われるということがわかっていました。四七年の三月に学校教育法が出ます。この学校教育法によって六・三制の学校体制ができる。これは、はっきり決まっている。大学の目的はまったく新しくリライトされるであろう、また大学院がその上にできるらしい。これも協議会の審議と並行してわかってきました。当時目の前には、大学、専門学校、専門部、それから旧制高校と大学予科、さらに高等師範学校と師範学校、大体これだけの高等教育機関があったわけですが、それだけの種類と数の大学・高等教育機関のうち、どれが大学になれるか。これが問題として起きてきていました。その答えが出るよりもちょっと早く出発していたのが、大学設立基準設定協議会でありました。

そういう切羽詰まった時期に全国から大学人たちが集まって、一九四七年の五月から七月にかけて大学基準を決め、大学基準協会の設立を宣言するということになったわけです。一九四七年の五月から七月というあたりが、大学基準協会が歴史の表面に次に出てきた時期でございます。

駆け足で申しましたが、この間のいろんな細かい経緯は、協会から出ているＪＵＡＡ選書２の田中征男さん（和光大学教授・当時）の本（『戦後改革と大学基準協会の形成』）が一番正確で詳しいものです。およそ国内でアプローチできる資料を一番網羅的に使った研究であります。ぜひご覧いただきたいと思います。田中さんは、大学基準協会の年史編纂委員のお一人として、徹底的に調査されました。

(3) 大学ポリシーの形成と実施——三つのルート——

微妙なことをいろいろ含みながら、こうして大学基準協会ができました。私の恩師の教育学者・海後宗臣東京大学名誉教授から伺ったところでは、その当時、大学の側から見ると、大学に関するポリシーをつくりそれを実施してくるルートは、三つあったというのです。

以下、耳に残っている先生のレクチュアを再現してみます。

「一つのルートは、教育刷新委員会というルートである。これが基本的なことを決めていった。二番目が文部省である。三番目が大学基準協会である。

ところが、そのうち文部省は当時大学の自治・学問の自由というものを回復しなければならないという課題を負っていた。しかし、戦前から続いてきた帝国大学の威信は高く、また曲がりなりにも保たれてきた自治も実は非常に強力なもので、とても文部省ごときが何かできる相手ではないということになっていたから、文部省は一番弱体だった。他方、一番目の教育刷新委員会は、非常に強力ではあったが、全教育改革ポリシーの基本をつくることが任務であって、具体的に法律等をつくったりしていくのは文部省の仕事ということになっていた。最後の大学基準協会、これの背後には占領軍がいた。その力は非常に強く、しかもその占領軍は、文部省を指導して大学を変えていくというよりは、むしろ基準協会をつくらせて、そこから大学を変えていくという方向を選んだ。

したがって、当時のことを研究する君は、文部省が出していたものだけを見ていたらだめです。大学基準協会というところがあるから行きなさい」

こうアドバイスされて、私は初めて大学基準協会の事務局を訪ねました。あれは一九六一年ごろでありました。

そのころは、協会が一番停滞していたころでありまして、私はびっくりしながらわびしい入り口を入った記憶があります。こんな小さなところへどうして海後先生は行けとおっしゃったのか。ところが、こだわりなく見せてもらった敗戦直後からの文書を見ていくうちに、よそでは全然わからない事情がよくわかることに気付きました。これは先生の言われたとおりだ。心おきなく文書資料を読ませていただいたものです。先にもふれました『大学教育』というその八年後に日の目を見た研究書の最有力な基礎は、本協会の文書でありました。あわせて、そのときに一番の参考書になったのは、『大学基準協会十年史』（一九五七）でありました。『大学教育』を見ていただきますと、その骨組みの一つは、この十年史によっておりおます。

(4) 顧みるべき初心

大学基準協会はこうやって発足したのですが、その後どういうふうになったでしょうか。

第一に、新制大学が成立するためには、本協会のつくった基準がなければ、他にどこにも物差しはないというのが事実でした。もともと文部省が持っていたのは戦前の旧制大学についての基準です。新制大学基準というものを一年足らずの期間でつくり上げていくということは、おそらく当時の文部省にとっては不可能だったと思われます。しかし、ここに集まられた先生方は、違ったのです。新しい大学は新制高校に続く四年間の課程を成す機関である。これをまず前提として、それを踏まえて考えることがおできになりました。

第二は、新しい高等教育機関たる大学は、これまでのように帝国大学を頂点とする序列によってではなくて、違う形でできていくであろう。先生方の少なくとも一部は、この予測を持っておられたようであります。東京大学は、その当時非常にたくさんの知的パワーを抱えておりまして、実際にたくさん政府関係の審議会委員等を送り出していました。しかしそれも従来どおり続いていくかどうかは、わかりませんでした。

一方、私立大学はどうか。私立大学は、この当時、非常に強く占領軍にプレッシャーをかけました。最近私は思うのですが、敗戦直後から占領初期に占領軍が私学をどう見たかというのは、非常におもしろい研究テーマです。アメリカ人から見れば、国立大学のない国から来て、官立大学が一番偉いという日本の考え方はわからない。私立大学は重要であるとは考えているのですが、しかし日本で聞いてみると、ピンからキリまであるらしい。それもわかってきた。占領政策の当初は、私学振興こそ日本民主化の基本であるということになっていたのですが、しだいにそれだけでいいのかとも思われるようになった。そういう流れの中にありました。私立大学・高等教育機関がどうやって大学になるかということは、当時は、日・米双方にとっていま考えるよりはるかに大きな難問だったわけです。その難問を解いていったのが、国・公・私立大学関係者がそれこそ明治以来初めて協同してつくった本協会による、大学基準の制定という作業でありました。

こういうことも背景になったのでしょう、最初の大学基準の制定関係の資料を見てみますと、いまでも示唆に富んだ言葉がいっぱい出てくるわけです。

会長に推された和田小六・東京工業大学学長は、第一に、教育・研究の向上という作業こそわれわれがこれから取り組むべき共同の仕事であり、そのためには大学は個別大学の自治に依拠するのでなく、それを「グループの自治」というものに押し上げていかなければならない、ということを言っておられます。日本の大学史上、このときに初めて出てきた言葉でした。

第二は、ここでわれわれが新しい諸大学に示すのは、大学自身による水準向上のための目標である。その役割を新しい協会は持っており、大学基準はその役割を果たす。目標をお互いに共有していこう。こういうことが出てまいります。

第三には、大学の個性を尊重しようということでした。大学にはさまざまな特色がある。それから建学の理念の違い等々もある。これらを一緒くたにして一つの物差しで測れるか。その違いを大事にして、各大学が、「将来においていかなる特色を発揮しようか、個性を実現していこうか」と思っている全姿を判断した上で、われわれは大学基準を「適用」していく作業をやろうということでした。すなわち、大学基準（一九四七年七月制定）の中に「大学を判断し測定するには、各大学が掲げている目的或いは果たそうとする目的に即して、その大学が高等学術の機関として表示している全形態を基礎としてこれを行わなければならない」（趣旨三条）と記されました。こういうのが当時の大きい精神だったと思います。

「グループの自治」「個性の尊重」、そして永続的な「水準向上」。まとめるとこの三つが、当時大学基準協会に集まった方たちの共通の合意だったと思われます。もっとも、文部省側の判断もこれと対立するようなものでなかったことは、付け加えておくべきでしょう。本協会創立総会に出席した当時の学校教育局長日高第四郎氏は、挨拶の中で次のように述べています。

「基準を本当に適用して立派な一流の大学になるためには、従来のような意味においての文部省の監督や指導といったような制度ではなしに、大学自身がいわゆる大学の自由を確保し、大学のゲマインシャフトの運動もできるだけ自主的に運営していっていただくのが、今後の日本の大学の発展のために一番いい処置ではないかと考えておりました」

(5) 大学設置基準との関係

さてその後、新制大学の設置を審議する機関、これが必要になってきました。それは大学設置委員会という名前で、文部省につくられることになりました。

そのときに大学基準協会と文部省の間で実現した第一の点は、大学基準協会でつくられた大学基準を文部省の設置委員会はそのまま受け取る、ということだったのです。ただしそれを適用するさいは、文部省に集まった専門家たちの手で各分野の審査基準をつくりそれを適用していくけれども、大学基準協会は、あくまで今後の水準向上を目標に置いて同じものを持っておく。いわば大学基準と大学設置の基準は、両機関において共用されていく、一緒に使う、という関係が生まれてきたのです。

このこと自体、文部省の側から言えばやはり不本意なことだったと思われます。自分たちがつくってもいない基準、法的基盤がないとも見える民間団体がつくったその基準を、自分たちが適用するということ自体が矛盾であるという意見を抱いていたと思うのです。しかし、結果においては、大学基準と設置基準の二重性がこの時期に生まれてまいりました。初代大学設置委員会の会長には和田小六本協会会長が就任され、設置委員の半数は本協会からの推薦によるというシステムがとられ、後者は、その後大学設置委員会が大学設置審議会と改称されてからも、慣行として長く続き、今日に至っています。

その後、占領が終わりました。終わったころに、日本の新制大学は、形を整えてまいります。一九五三年に新制大学の第一回卒業生が出てきました。その後、文部省の側では、おそらくいま申したような基準の二重性と団体の法的基礎の脆弱さとを問題にしたと思われます。そこで最終的に出たのが、文部省令「大学設置基準」の制定であります。一九五六年のことでした。文部省はあのとき、これは最低基準であるということを前書き等々も付けて、設置基準を公布いたしました。その省令設置基準の中で、戦後ずっと懸案であった講座制というものを本当に存置するのかどうかとか、学科目制との違いは何か、教員養成学部は課程制にするといった非常に細かい中身が決まってきたわけです。ですから、省令大学設置基準に対するその後の批判は、戦前高等教育機関の財政的格差を改めて追認し強化したということにもっぱら絞られました。一方に大学基準があるのに改めて設置基準が出るのはなぜか、といった政策的・法的問題はほとんど注目されませんでした。

そのちょっとあとの一九五九年に、大学基準協会が財団法人化するという動きが起きたわけであります。この財団法人化が行われたときに、もう一度前述の問題がやはり出てまいります。

(6) 財団法人化とその前後

財団法人化の経緯については、あまり記録がありません。が、かつて事務局長をなさっていた加藤一誠という方がおられまして、この方が年史編纂の過程で、私どもに非常に綿密な記録を寄せてくださいました。これで非常によくわかりました。

まず、当時文部省は、先ほど申しましたように財団法人の中に会員制を設けるとはどういうことだということを強く指摘したようであります。財団法人には、基本的には、法人とその他の職員があるだけで「会員」はない。異例ではないかという点です。ただし私立大学ならば財団法人の会員になれるのだそうです。だが国立大学は公共営造物であるからなれない。しかし、大学基準協会側の意向は従来の形のままをとおしたいということでした。従来の形というのは何かと言えば、従来通り、学校法人も国立行政機関の一つとしての国立大学も、すべて一緒にやっていくのがこの団体である。この形だけは崩さないというのが協会の中の決議だったそうであります。これを前提に交渉が進んだようであります。

文部省はその間、維持会員と賛助会員に分けたらどうかというアドバイスをしたようで、協会側も、なるほどそうしましょうと受け入れて、維持会員、賛助会員という形態をとることになったわけです。

その次に基準はどうなるか、文部省には設置基準がある、協会は大学基準を持っている、この二つの関係をどう仕分けするか。加藤さんの書かれているところによりますと、最後に文部省の大学課長を納得させるために、「こういうふうに分けて考えませんか」とこちらから言ったのだそうです。すなわち「お宅(文部省)の基準はいわば大学としての入学基準だ。しかしうち(協会)のは、大学としての卒業基準だ。こういうふうに考えて二つの基準をそれぞれ使うということにしたらどうですか」。文部省は、それでやっと納得してくれたと言われています。

ここで、大学基準協会の側から言いますと、一方で、大学基準というのは最高水準の基準である。つまり、水準向上のための目標であることを、行政的に納得させたことになります。しかし他方、文部省の設置基準というのは最低基準であるということを改めて確認したということにもなります。言い換えると非常にきれいな「棲み分け」ができたことになります。しかしこのときから、一見小さな、しかし歴史的に見ると大きな変化が生まれております。

大学基準協会の中の文書で、大学基準その他の各基準を決定するさいや決定したさいには、それまでは「制定した」と書いております。定款を含めてすべての記録にはそう書かれております。しかし文部省からそれだけは止めてくれと言われました。そこで別の言葉を一生懸命考えて、いろいろこれに代わる適当な用語を会員大学に提案したのですが、いずれも会員の受け入れるところとはならなかったようです。種々考えたあげくの果てに、最も平凡な「設定」と「活用」という用語にしてはどうかという提案を行った。これがようやく会員大学の同意を得る運びになったと伝えられております。以後、本協会の記録用語にはやや混乱が見られるようですが、少なくとも「制定」という言葉は使われておりません。しかしそれ以前は、全部その語が使われておりました。占領解除後における本協会の行政上の位置の変化を語る事件だったと思われます。

ともあれ、そういう形で役割分担が一応済んだわけですが、その後から、本協会は、「昼行灯《あんどん》」になったわけです。誰も重要視しなくなりました。財団法人化の二、三年後あたりから経済成長が始まり、大学進学者の数も、大学の開設数も鰻登りになってきました。そんなときに、大学になれるかなれないか、認可されるかされないかという肝心の問題にかかわりのない団体とは、何のためにあるのか、というわけです。

私自身は一九六五年から財団法人野間教育研究所というところで働いたのち、七九年に立教大学に移り、東京大学にその後移りました。立教から東大に移ったのはいまから二〇年ぐらい前になりますが、その当時、『東京大学百年史』の専門委員として方々でヒアリングをしても、大学基準協会という言葉をひと言出すたびに「あれは、昔はいろいろやっていたけど、いまは昼行灯になっていますね」と、口をそろえて言われました。

はるかのちに、国会で臨時教育審議会(臨教審)提案を受けて大学審議会設置に関する審議があったときにも、文部省の担当官は、「財団法人大学基準協会というものがありますが、ただいま休眠状態であります」と、一九八〇年代半ばになってもまだそういう答弁をしていました。悔しい思いがしますが、まだ無力化を脱してはいなかったと思います。そしてその起源は一九五六年以後に発していたのでした。

(7) 発足時に刻印された側面

発足からいままでの流れを、駆け足で見てきたのですが、臨教審以後の最近の動きは、今日私は申し上げる時間はとてもございません。しかし、本協会が始まってから現在までの流れ、とくに発生の前後に刻印されたいろいろな側面をいま振り返ってみますと、注目しておきたい点が五つぐらいあるように思います。

一つは、できたときから、私学の「自粛機関」になってほしいという期待があったということです。これは最近わかりました。さっき申しましたアメリカの教育使節団、あの使節団の関連資料を徹底的に収集するというプロジェクトを一〇年ほど前にやったのですが、集まった資料を見ておりましても、日本の高等教育改革を構想した当時の教育使節団員や占領軍関係者たちは、日本に大学関係者の協会をつくらせるということにきわめて大きな関心を持っていました。その関心がいかに大きかったかが、わかりました。

報告書を書く前に、使節団員たちはずっと小さいカンファレンスを続けていました。カンファレンスと言っても日本人の関係者を次々に呼んで事情聴取をやっているわけです。何せ日本に一カ月しかいなかったのですから、一カ月のうちに高等教育関係だけで四回もやっていることがはっきりしております。大学に関しては女子教育関係、とくに、津田塾関係の方々が次々にそこへ来て話をしておられる。

やはり女子高等教育の在り方は大きな関心の対象でした。しかしこれに劣らず大きかったのは、アソシエーションの問題でした。

このときに有力私学の方たちは、戦時中からつくられていた私学関係協会を使い、これを代表して、占領軍に対して、非常に強く意見を具申しています。日本でいかに私学は虐げられてきたか。特権はいかに帝大に独占されてきたか。それらを非常に激しく訴えております。教授たちが次々に出した要望書を、私は実際見て本当にびっくりいたしました。アメリカ側が、もし新制大学は平等なものにすべきだと思っていたとしたら、帝国大学そのものの廃止ないしは卒業生による重要ポスト独占の撤去といった、当然取り上げるべかりし内容の提案も、いくつか入っているのです。

ところが、使節団帰国後のＣＩ＆Ｅの係官たちは、さっき申しましたように、しだいに私立大学にはいろいろあって、中には優良なものとそうでないものがあるらしいということがわかってきました。他方で、旧制帝国大学については、軍人と国家官僚とか戦前の日本を支えた二つの柱であるとすれば、その国家官僚の独占的養成機関であったと思っていたが、来てよくよく接してみると、機能はそれだけではないらしいとわかってきました。そして帝大を廃止するというところまで行ってしまってはよくないという判断に、どこかで転じたのです。結局のところ、最後に出来上がった使節団報告書の中には、帝大を解体するとか、私立大学だけを重視するとは書いてありませんでした。大学同士の対等的関係をつくり、帝大の特権を是正しながら、互いに協力し合ってアソシエーションをつくり、よき大学になっていくことが大切だ。こういうモデレート(穏健)な話になってきております。

その辺の経過が、最近よくわかってまいりました。その中で、私立大学はお互いにコントロールしているのだという側面、つまりアメリカのアクレディテーションの側面、これが強く占領軍からも出てまいります。そこを受けて、先ほどの、南原さんたちがやっておられた教育刷新委員会でも、たびたび論議が起きました。

そこで出てきた意見は、「私はアメリカに昔行ったことがあるが、アメリカでは非常にたくさんの私立大学ができている。しかしお互いに統制をしてきちんとやっている。どの大学でもいいだろうということにはなっていない。自由にできるから、逆に、コントロールすべきなのだ」「そのための協会もつくらないといけない」とといった諸発言でした。こういうふうに、大学基準協会の初期の人々の意見と、もっと高いところで教育刷新を考えていた刷新委員会の人々の意見とが、ずっと一致してきたのです。文部省もまた「新しい大学が出来上がるのを目前にするいま、その基準がなければ困ると自分たちも思っている」ということを、教育刷新委員会で述べているわけです。

こうした流れから見ますと、最終的に時代の必要性と必然性とのもとに、大学基準協会が結成されざるをえなかったのだということが、非常によくわかります。私学の「自粛機関」というところから、それを超えて、上原先生のお話ではありませんが、新大学像というものをどうつくっていくか、これが次の課題として浮かんでいました。

(8)　新大学像の形成と占領軍との関係

新大学像をどうつくっていくかというときに、当時の大学人たちが受け入れたものの一つが、新しい大学院制度でした。学校教育法の中には一応載っていました。この大学院の「基準」をつくる。初期の協会は、これに努力されました。

戦後日本の大学院制度は、大学基準協会なしにはできなかったものであります。学校教育法だけでは何もわからなかったのです。たとえば中間学位をつくる、それを「修士」にするというのを決めたのも、この協会であります。単位制度を採るのだということを決めたのも、この協会です。教育課程を編成しスクーリングを徹底させるということを決めたのも、大学からは独立させるということを決めたのも、すべては本協会の大学院基準委員会でした。

他方、一般教育に関しては、それこそ本協会なしでは導入も普及もできなかった分野でありました。一九五一年から五二、五三年にかけて、大学基準協会が一番力を注いだのは、大学の一般教育の普及でした。当時の本協会の事業の中で、一番の力点を置かれたものであります。

要するに、現在の日本の大学制度の基本をつくったという点で大学基準協会の役割はきわめて大きかったと思われます。プラスして、通信教育の制度化、もう一つは大学図書館の充実、これらを全部基準化していきながら、新制大学の形をつくったのです。繰り返しますが、いまの大学制度は、この協会なくしては実現できなかったのです。

ただし同時に、占領軍とは非常に近かったわけですから、占領軍が何かやるときに、ここを通じて、問題ある施策をさせようとしたこともあるのです。

その一つが大学理事会法です。戦後第一次の大学管理法問題というのが、四八年から四九年にかけて起きました。大学に理事会をつくれというCI&E顧問のW・C・イールズが提案したと言われている構想ですが、あのときは、大学基準協会がその窓口になろうとしました。しかし、やっていくうちに、ここが窓口になるべきでないということで、途中で大学行政委員会は活動を停止しております。

以後協会は管理運営に関することではなく、もっぱら教育課程に関すること、つまりカリキュラム等に関することについてイニシアティブをとるようになったのです。

第二に、先にもふれましたが、ずっと振り返ってみますと、占領下の問題の中で何が残ったかというと、設置認可権の所在という問題でした。大学・学部等の設置認可権は、本来どこに所在すべきかという問題です。

(9) アクレディテーションとチャータリング

一九五六年の省令大学設置基準公布のとき、大学設置認可権行使の基準は文部省がつくり、大学基準協会会員資格審査および水準向上のための基準はこちらがつくるというふうに、一応仕分けはされたように見えますが、しかしそれでいいのかという問題は残ります。とくに文部省から見ると、残ったのです。元文部次官で大学課長もされたことのある大崎仁さんのお書きになった『大学改革』（有斐閣、一九九九年）という本があります。これを読み返してみると、大学基準協会の設置を含めた占領下の動き全体が、もともときわめてむちゃくちゃなことであったということ、自分たちは不本意ながらそういう流れに従ったが、本来は、この協会は法的な基盤はないものなのだ、という判断で貫かれております。これはかなりきつい争論の種になるのではないかと思います。

設置認可とアクレディテーション、水準向上のための基準適用という二つの行為の関係については、慶伊富長・天城勲さんの編纂された『大学設置基準の研究』（東京大学出版会、一九七七年）あたりが一番本格的な整理かと思います。

ただし私は、この整理に異議があります。この本では、ヨーロッパ流の、大学のチャータリングすなわち設置認可方式と、アメリカ流の、チャーターなどはどうでもよく、あとでアクレディテーションをするのだという二つの方式が日本において奇妙な結合を遂げた、という判断になっています。この議論からすれば、やはり設置認可権はきちんと文部省にあって、設置認可者としての責任も文部省がとり、それ以降の評価も実は文部省がとるほうがいいということになっていくだろうと思います。しかし私は当時の様子を見ておりまして、次のように考えるのが正確ではないかと思っているのです。すなわちあの当時、大学基準協会は大学基準をつくった。しかし、法的に文部省の設置認可権というものが否定されているわけではないし、むしろ学校教育法によって一応規定されている。この状態の中で、大学基準協会が「制定」した大学基準を文部省が設置基準として受け入れ、設置認可に適用したわけです。そのとき文部省は、その基準の最低規定部分を設置認可の際に適用する形をとった。細かい設置認可の項などを見ると、随分やさしく、大学基準よりむしろ抽象的になっていました。つまり最低レベルに一応下げてみるということを向こうはやっている。他方、協会のほうは逆に、マキシマムの部分を適用しながら会員資格を審査していくという方針で進んだ。つまり同じ基準を両方に使ったのです。そう見るべきではないかと思います。

前者をチャータリングと言い、後者をアクレディテーションと言うことは一応可能ですが、チャーターというのはどういうのかということになると、実はヨーロッパ大学史の専門家のお書きになったものを読んでみると、これは大変なことなのです。設置審議会が認めたとか通知の紙が一枚くるような話ではもともとないのであります。

参考文献として横尾壮英さんのお書きになった『大学の誕生と変貌』（東信堂、一九九九年）という本が、とても示唆的です。

ヨーロッパ大学におけるチャータリングというのは、どうやって出来上がったか。大体一二世紀から一八世紀ぐらいまでのことが書いてありますが、チャーターする、というのはきわめて権威に満ちた行為でありまして、たとえば領邦君主が大学を認めるというケースがあるし、古くはローマ教皇、その他による国家を超えたレベルでの大学の認可もある。もちろん近代になれば行政国家が担うということになるのですが、そういう大きな流れのもとに形成されたもので、認可をしたそのときに、君主も教皇も行政も、学位授与権をはじめとするすべての権限を大学に委ね、財産も与える。長らく神の名において大学は承認されておりました。そんな行為が文部大臣と大学との間にいま行われているとは、とても感じられません。他方、アメリカのアクレディテーションのほうは詳しく述べる時間はありませんが、いまの日本で行われているものに比べればずっと厳しいものであるということであります。

このように見ると、「この二つが一緒になっていたことは異様だった、占領のもたらした不当なシステムであり措置だった」という言い方も一種の偏見ではなかろうか、そういう見方から離れて歴史と本質を評価することはできないのではないかと考えます。当時、民間団体といっても単なる市民団体ではない専門家団体が大学基準をつくり、現実にその基準を行政機関と互いに共用しつつやっていくということが可能であった。それが継続したとすれば、それは非常に日本的ないい形だったのではないかと思います。つまり私たちの先輩は、欧米モデルを超えて非常に進んだ大学基準づくりと適用形態を実は創造していたと見るべきではないでしょうか。少なくとも奇妙なものではなかった、と見る必要があると私は考えているところです。

3 大学評価の新しい段階の中で

第三は、大学評価の新しい段階をどう迎えるか。先ほど丹保憲三会長先生もおっしゃった問題でございます。確かに大学評価は新段階に入っております。

私は昔からたびたび文章にもしてきましたが、大学評価というのは、分けて考えなければいけないと思っております。まず「社会的評価」がある、これは受験生たち、受験生の父母、あるいはマスコミ、さらに「世間」といわれるもの、そして広くは産業界、官界等々が行っている評価です。それから二番目に「行政機関による評価」がある。大学設置審査等のときに使用されるものです。三番目が「相互評価」。これを大学基準協会はやってきました。最後は「自己評価」です。現在のところ、評価のカテゴリーはとりあえずこの四つになるのではないかというふうに考えております。

他方、今後大学評価・学位授与機構が行うのは何かというと、私のカテゴリーで言えば、行政機関による評価のバリエーションの一つだと思います。ただしバリエーションとはいえ、資源配分と否応なく結合していくと見られますので、格段に強化された評価です。大学評価の現段階は何かと問われたら、私は、行政機関による評価の格段の強化が生まれたことだと答えるでしょう。規制緩和のこの時代にそれでいいのかという問題がやはり残ります。そういう段階において、資源なしの財団法人大学基準協会は何をするか。この問いがいずれ迫ってくるのではないかと思っております。

最後に、大学基準協会が一番盛んだったころの様子をいま整理してみますと、調査・研究・広報の機能を充分に持っていました。占領軍当局と近かったこともあって、この三つを非常によく果たしていました。会報等々も非常に普及させましたし、要するに、社会に対して情報発信をいろいろやっていたということがあります。また大学人だけから成る大学基準協会全体が、調査機能集団でもありました。

今後事務局を含めて大学基準協会のこれらの側面が強化されていくことは、将来の発展のために非常に大事なポイントではないかと改めて思っております。

（財団法人大学基準協会役員懇談会における特別講演、『大学評価研究』第二号、二〇〇二年三月刊）

第3章　「教育への取り組み」を評価するということ
――どのようにすればそれは意味を持ちうるか――

1　プロジェクトの意義

二〇〇三年九月、「特色ある大学教育支援プログラム」の結果発表の前日、「このような教育的評価の取り組みについてどう考えますか」という取材をマスコミから受けた。「教育の質を競争的な環境の中でよくしていこうという文部科学省の試みは肯定的に評価しています」とまず答え、次いで「このプログラムを通じて地方の私立大学や規模の小さい短期大学など、いままで受験生や保護者たちの目の届かなかった大学の優れた取り組みが浮かび上がってくるなら、各大学の自己変革の励みになるでしょう」とコメントした(九月一九日付朝日新聞)。

申請六六七件、採択八〇件、競争率八・三倍。「競争」と見れば、確かに厳しい数字である。その点だけをとれば、「政府による競争の土俵が設定された」という批判的見方も成り立つ。しかし、発表された大学名を見れば、著者がマスコミにコメントした成果については、ほぼ達成されているように思う。というのも、かねてからその教育内容のよさに注目していた地方の単科大学や、教育の地域開放や特色発揮に努めてきた私立短期大学などが採択されているからである。

別の言い方をすると、採択数は限られているので、競争的な「相対評価」にならざるをえなかっただろうが、審査は個々の改革に対する「絶対評価」によっても行われたのではないかと推察する。その結果は各大学にとって大きな励みになるばかりでなく、文部科学省によって、その内容が全国に周知されれば、教育水準向上の意義は少なくない。

2 今年度の問題

来年度以降四年間は続くといわれるこのプロジェクトへの期待は大きい。ただし期待の前提として重要なのは、厳正な批評である。審査活動への率直な評価が肝腎だ。

そこで今年度(二〇〇三年度)の具体的な問題をあげる。

まずは審査期間の異常な短さである。大学への趣旨説明会の開催が七月初旬、それから三週間と経たない七月下旬から八月初頭に申請を受け付け、下旬にはヒアリング実施、九月中旬発表という今年のスケジュールは、明らかに無理で、異常だった。ペーパー・レフェリーを含めて総計何人の審査員がおられたかは知らないが、仮に二〇〇人を確保できたとしても、六六四件の申請を一割程度に絞る作業は、正味二週間強ではなかったか。評価を受ける側には残酷であり、審査側にとっては殺人的スケジュールであったろう。今年限りのことにしてほしい。

次にヒアリングの配当時間についても問題があると感じられた。補足説明二〇分、質疑応答が一〇分という配当で、しかも「公平さ」をおもんばかってのことであろうか、一律に画一的な配当という方式は適切だったろうか。画一的配当は公平性の面から仕方がないとしても、審査側には、質疑を充分に行う中で書類の「補足」を引き出すだけの準備と努力がほしい。時間区分も、せめて補足説明一〇分、質疑二〇分というように逆転すべきである。

さらに言えば、一件当たり二〇人以上、部会によっては三〇人近くの審査委員が聴取する舞台設定も異様である。審査基準に関する合意や時間のゆとりさえあれば、複数会場に区分された落ち着ける場所で、より突っ込んだ審査ができたはずである。また、一部で問題となった、申請者本人がヒアリング委員を兼ねるといった論外の事態には、もちろん厳正な反省を求めたい。

3 「教育評価」の負う課題

なぜ審査スケジュールに時間が必要か。それは審査・評価の対象が、「教育改革」ないし「教育創造」の営みだからである。改革・創造とまで言わずとも、あらゆる教育的営みは真空の中で行われるものでなく、また性急に成果を求め得べきものでもない。

「真空の中で行われるものではない」というのには、二つの意味がある。

第一に、ある教育的営みが進むためには、必ず前提ないし前史があり、また大学により固有の動機、背景がある。たとえば学生の学習支援についてめざましい改善が行われた場合、その大学でなぜそのような改善が発想されたか、改善のためにどのような障害があり、いかに解決されたか、改善は一挙になされたのか段階的なものだったか、改善の結果どのような新しい課題が発生しつつあるか等々、実に複雑な要素によって成り立っている。それらの諸要素はすべて時間の軸の中で生起し、また変化する。それらに相対して行われる改革や創造という営みも、これまた時間という軸をめぐってしか為しえないものであり、それを評価する側にもこの軸への認識が不可欠となる。

第二に、教育改革の課題自体は、たとえ個別大学内部の小規模なものであっても、時代の要請する大学(教育)の課題と連動し、またはそれに触発されて行われる。連動や触発の質が改革の質を規定する。言い換えると、日本の大学における未来の課題をいかに判断し、どう認識しての改革であるかが、教育の改革や創造の水準を決める。表面的判断や浅い認識のままで行われたファッション的改革とそうでないものとを識別する見識が、評価者の側に何よりも必要になる。

このように考えると、教育の審査に必要な観点は成果ではなく、「プロセス」への注目であり、さらに改革発想の歴史的妥当性とでも言うべきものである。

「時間」こそ「プロセス」の伴走者である。いまは成果がはっきりしないが、その改革には、そこに至るまでに正当な課題認識と緊張感に満ちた努力とがあったのかもしれない。現在は成果を証明できなくても、五年後にその価値がようやくわかるといった改革の営みがあるかもしれない。このようなプロセスこそ、申請書の行間に読みとってほしい。実にそのような識見をこそ、審査側に期待したいのである。

ヒアリング改善の先には、現地視察の試みもあってよい。

もともと複雑な条件のもとでの教育改革の評価には、呼びつけて問いただすのではなく、「現場を見て、現地で当事者の話を聞く」という方法こそベストである。幾人かの専門家が伝えているように、アメリカのアクレディテーション(大学基準適用)審査は、一週間ほどの現地視察と面接、相互討論などを通じて行われるという。せめて一泊二日程度でよい。評価委員会のスケジュールにそのような配慮を求めたいと思うのは、著者だけではあるまい。

4 技術主義、成果主義の是正を

あわただしい審査のせいでもあろうか、今年審査を受けた側に広く信じられているのは「プレゼンテーションの巧拙が成否を決めた」という点である。またこれと絡んで「成果を数値であらわすことに失敗すれば不利になる」ということも囁かれた。

これらがたんなる噂であるのかそれとも実態であるのか、著者にはわからない。しかし多少とも事実であるとすれば、再考を促したい。

プレゼンテーションが、現代実務社会の重要な技能の一つであることに異議はない。しかし本プロジェクトのように文科系領域の改革と理工医領域の改革が競う場合、プレゼンテーション技術の優劣は現時点では明確であろうと思う。医学教育カリキュラム改革やＪＡＢＥＥの申請などに習熟した理工医系のプレゼンテーション技能に、文科系の当事者が太刀打ちできるはずはないからである。同じ差異は、評価者側に文・理双方の委員が含まれることを考えると、さらに増幅される。

「成果の数値的表現」も教育の本質になじまない。教育の成果は、むしろドキュメントや言語(たとえば学生の感想文など)でよりよく表現される場合もあるからである。成果信仰と数値の偏重はぜひ是正してほしい。

教育の改革や創造は、期限を定められた委託事業ではない。大学と教職員と学生が織りなす、未来に向けての大学教育蘇生のための協同作業なのである。

産業界や地方自治体、さらに高校側の代表者が評価委員に加わられたことは歓迎すべきである。だが、それらの委員の方たちと大学側の専門委員との間に、大学教育の真の課題は何かについて今後充分な見識の交流が行われ、合意が成立することを求めたい。これは大学人の一人としての願いにとどまらず、納税者たる国民の一人としての要望でもある。

（進研アド『ＢＥＴＷＥＥＮ』二〇〇三年一二月号）

第4章　教育評価という仕事への注文

はじめに

大学内でＣＯＬと略称されてきた「特色ある教育支援プログラム」が、「ＧＰ」（＝Good Practice）という略称になったと聞く。通称のＣＯＬは、もともと文部科学省が言い出したわけではないが、いずれにせよ適切ではなかった。大学教育の「中心」モデルを選定してそれを賞するというような趣旨はなかったからである。ちなみにCenter of Learningは、「学術の中心機関」を意味している。著者がつけ加えているもう一つの意味は「中核的学習機関」である。ＣＯＥに倣ったＣＯＬは、英語としてもいかにも不適切だった。だが今度選ばれたＧＰは、また別の意味でこのプログラムの困難さを語っている。

第一に、practiceとはすなわち「実践」であり、教育学のタームで言えば「教育実践」というものに当たる。もちろん、このプロジェクトで評価対象とされる実践とは、個々の科目の授業すなわち「個別授業実践」ではなく、「システムとしての個性的教育プランの設定ならびにその実行効果」という意味に近い。また加えて、大学改革のためのもろもろの営為、すなわち「教育改革実践」という意味合いも含まれよう。だがいずれにしても、これらを「評価」する基準は何かという基本的な難問を免れるわけにはいかない。

第二に、ある実践が unsatisfactory（物足りない）だったり、ineffective（効果なし）のものだったりすることを測るだけなら、ある意味で容易かもしれない。しかし、抜きんでて excellent ないし good であるかそうでないかを測る「質的基準」はあるのか。あるとすればどんなものか。大学の自律性を侵さずに評価を実行することができるかとなると、いかにも難しいことである。

1　教育を評価するということ

教育評価の問題について著者は別の場所で論じたことがある（前章「『教育への取り組み』を評価するということ」）が、あえて再説しておこう。

教育という営みは、基本的に、人間によって生きられた「時間」の流れの中で行われる。大学改革もまた同じである。評価する側が最大限の留意を払うべきはこの点である。

ある教育的営み、あるいはその創造・改革は、決して突知としてなされるのでもなければ、歴史的条件と無関係になされるのでもない。

個別大学にとっての改革課題の発見と確認、その解決のための取り組みの開始と実行、「効果」の実現と検証といった一つひとつのpracticeは、歴史という条件によって規定され、他方、その規定を乗り越えることによって果たされる。そのための合意形成には、長い努力が不可欠である。プラン実行に当たっても挫折と成功が交互に到来し、物理的な意味からしても、数年、時には一〇年単位の時間をかけて、初めて実行される。ましてや「効果」の顕在化、その検証のための測定作業等々も、同じように長い時間をかけて、あるいは長い時間ののちに初めて実行される。

大学に即して言うと、大学においてある種の教育的営みや改革が進むためには、必ず前提ないし前史があり、大学により個別・固有の動機や背景がある。それを規定するものは歴史という「時間」である。たとえば、ある総合大学で今日真剣な課題になっている〈初年次教育〉〈低年次教育〉、または〈導入教育〉等が実現し、進行してきたとしよう。

ある角度から見れば、そのこと自体は、大衆化時代の今日、まったく「当たり前の作業」で、とくに褒められるべきことではないかもしれない。専門分野(学部)によっては、導入教育の必要性など何年も前から自覚され実行もされてきたかもしれない。理工系や医歯薬系などの分野ではとくにそうであろう。だが、すべての分野(学部)でそうとは限らない。

大いに事情を異にする多様な分野(学部)を抱える総合大学で、前述のような試みが全学的に、システムを伴って実現するまでには、いかに多くの時間と労力が要ることであろう。しかもこの種の試みは、全学で共通に企画され実施されることによって、初めて所期の目的を果たすことができる。学部学科を超えた合意形成が不可欠だという点では、共通教育や教養教育の創造・施行などについても事情はまったく同じである。しかも課題の緊急性と必要度の普遍性という視点から言えば、導入教育も教養教育も、ともにまったく同じ未来的意義を持つ。

こうした場合、評価判定されるべきは、それらの practice のプロセス全体の姿である。いったいその大学にはどのような固有の前史があり、改革の前提にいかなる問題や課題が存在していたのか。経営者やファカルティーは、どういった議論や提案を経て導入教育や共通教育の実現に踏み切ったのか。実現にさいしてはどのような障害があり、それはいかに解決されてきたか。改革は一挙になされたのか、段階的なものなのか。改革の結果どのような新しい課題が発生しつつあるか等々、限りない「個性的な」ヒストリーがまつわっているはずである。

著者は教育学という専門柄、小・中学校現場の改革や教育計画、新しい授業実践などについて評価者の立場に立たされることがよくある。その場合も、事情はまったく同じである。提出される資料は、本プロジェクトの場合のようなフォームに沿った「申請書」ではなく、教師あるいは教師たちによるドキュメントふうの文学的色彩を持つ「実践報告」であることが多いのだが、それらを読む場合でさえ、実践の背後に存在する、なまの状況・事情を理解するのは大変な仕事である。裏を返せば、評価者にとっての最大の試金石は、そのような「ヒストリー」を申請書の行間から読み取る力である。

著者は前章で、特色ＧＰの評価委員会は少なくとも候補大学を現地視察する機会を持つべきではないかと提言した。また、ヒアリングの時間のあまりの短さと、その過半が「補足説明」にとられ、「質疑」の時間が短かすぎることへの批判も述べた。

すなわち、ヒストリーへの理解が最も重要であり、手続きの中にそれを保障するための配慮を求めたのである。

2　質的評価はタブーなのか

「特色ある大学教育支援プログラム」において、「特色」とははたして何だろうか。少なくともその一つは、前述したヒストリーの独自性である。

だが、私学に奉職する者の立場から言えば、もともとヒストリーはそれぞれ独自性を持ち、また大学が置かれている地域や文化環境、学部構成や教職員構成等に至るまで、大学はすべて独自性と個性を持っている。従来の国・公立大学にはこの独自性や個性はやや薄かったかもしれないが、法人化後の今後、事情は私学に近づいてこよう。

これと関連して、二〇〇三年度の特色GP発足時にとくに強調されたのは、教育改善・改革の方向が「建学の理念」と有機的なつながりを持つか否かという点だった。もちろん、これもまた「特色」重視の一表現であり、前述したヒストリーの重要部分である。

だが建学の理念は、そもそも本来、独自性と差異性を持つはずのものである。このように見ると、そもそも「特色ある大学教育」というフレーズは限りなく同義語反復に近い。

また、「特色」と並んで強調されたものに、実践の「公共性」と「一般性」があった。公共性とは「一部の教職員だけが参画するものではなく、また一部の学生しか利益を受けるものでないこと」と説明され、またそのように理解されていたし、一般性とは「特定の大学だけにしかできない改革・改善でなく他大学にも普及しうる実践であること」というように理解されていたと思う。結果はともかくとして、前者は納得しうる方針であったし、後者は「大学教育改善情報の共有化」という制度趣旨から見て、わからない話ではなかった。

ただし後者について静かに考えれば、「一般性」と「特色」とがどのように両立しうるかという問題は残る。つまり特色を持つ教育改善作業であればあるほど、他大学が簡単にモデル化したり模倣したりすることはできない性質を持つはずのものだからである。

第二年次に当たる今年度の場合、この点については、「新規性はなくても、真摯な教育努力を継続的に積み重ねている実績があればそれを評価する」という説明があり、また「他の大学が共有できる基盤（根幹）を持つものであるか。もしくは、わが国の高等教育において先進的試みとして他の大学、短期大学の参考となるか」という具合に説明されてもいる。説明会では、「他の大学が『うちでもやってみようか』という意欲をそそられるような取り組みであってほしい」と説明されたと聞いている。確かにわかりやすくなった。だがここでも相当な難問が残る。

(1)　「真摯な教育努力」と「真摯でない教育努力」とを見分ける基準は何か。その基準があるならば、公表されるべきではないのか。

(2)　「他大学が共有できる基盤(根幹)」とはいったい何を指すのか。大学設置基準による審査を経た大学ならば、一般に、ある教育改善・改革を「共有」できないはずはない。いったい、「基盤」や「根幹」とは何か。

(3)　改善・改革の「質」を指すと思われる前記の指標と、導入・模倣の「意欲」という心理的動機との関係はどう設定されているのか。

3　望むこと

初年度なるがゆえの困難さのもとで事業の発足にかかわられた実施委員・評価委員諸氏のご努力には敬意を表したい。また審査委員会運営の事務を進められた大学基準協会の辛苦も、仄聞している。さらに、この事業そのものが、教育軽視という伝統の克服に迫られている日本の大学にとって少なからぬ影響と意義を持つことについても、これまで幾度かおおやけにしてきたとおりである。

しかし同時に、以上指摘してきたような評価基準の曖昧さや問題点を多く抱える事業であることも、重々意識されねばなるまいと思われる。その上で、留意されるべき点、望まれる点は何か。二つのことを記しておこう。

第一は、先にもふれたが、審査基準において形式性だけが求められているのではないか、という疑問である。「ヒアリングのさいのプレゼンテーションの技術が審査結果を左右したのではないか」というような風評が生まれたことも、この疑問と関連している。裏を返して言うと、改革方向の「質」は問われなくてよいか。すなわち、「当該大学は何を目標として改善を施行したのか」を確かめるだけでなく、「その目標の質、改革方向そのものが客観的な価値的妥当性を持つか否か」は問われないのか。言い換えれば、個々の申請案件が日本の大学改革に対して原理的意義を持っているのかどうかは問われなくてよいのか、ということである。

委員会内部でこれまでどのような論議や考察が行われたかについて、もちろん部外者の立場からは窺うべくもない。ただ大学評価・学位授与機構で従来とられてきた評価方針などから類推すれば、「当該大学の掲げる改革・改善目標がはたしてそのとおりに実現されたか否か、所期の効果を達成したか否か」が定量的に判定されたのではあるまいかと恐れる。自己点検・評価活動の開始当時、plan-do-see というマニュアル的手順が強調された。委員会でそれにも似た評価手続が、質的吟味すなわち定性的評価を抜きにして行われたのでなければ幸いである。

もちろん、アカデミック・フリーダム擁護の観点からすれば、目標・目的の質的評価に対する抑制にも、一つの理由がある。しかし審査は行政機関の直接執行によるものでなく専門家集団による審査であり、さらに財団法人大学基準協会という専門団体の事務支援によるという形式になっていた。これらを重視すれば、審査基準が質的側面に及ばないことははたして妥当なのかという問題が、逆に生じよう。専門的判断なら、質的評価は当然である。

私は前章で次のようにも書いた。

「教育改革の課題自体は、たとえ個別大学内部の小規模なものであっても、時代の要請する大学(教育)の課題と連動し、またはそれに触発されて行われる。連動や触発の質が改革の質を規定する。言い換えると、日本の大学における未来の課題をいかに判断し、どう認識しての改革であるかが、教育の改革や創造の水準を決める」

たとえば、「学生の利益(インタレスト)の増進が改革・改善目標に組み込まれているか」、「目標の設定に当たって大学教育で考慮すべきグローバルな諸課題が充分に配慮されているか」、「改革・改善のための合意形成は組織的かつデモクラティックに行われているか」といったことでもいい。それらを審査基準として合意し、また外部に提示することは決して委員会の越権ではなく、むしろ審査委員会の専門的責務に属することであるまいか。

第二は、前述の半面のことになる。評価結果に専門的判断以外の行政的な配慮やバイアスが加わらないように切望したい。

一部で耳にした批判に、「二〇〇三年度の評価結果は、サバイバルの波に洗われている短期大学や法人化を目前にした国立大学に対する配慮によって左右されたのではないか」といったものがあった。もちろん揣摩《しま》憶測《おくそく》の部類に属するものかもしれない。しかし、審査結果が補助金という資源配分にも結びついた今年度以降は、こうした憶測がより深刻になることも予想される。委員会および評価担当の方々の名誉のためにも、そのようなことがないように望むものである。

（『ＩＤＥ』四六〇号、二〇〇四年六月刊）

第5章　教養教育の目標・内容の評価をどう考えるか
――大学教育学会の課題研究から――

はじめに

大学教育学会会則を読むと、目的規定には「わが国の大学教育……に関して、研究活動の情報交換並びに研究成果の公表、利用、集積及び継承を円滑にし、併せて大学教育の一層の充実発展を図ることを目的とする」と記されている(第二条)。しかし同時に、……の部分には、「特に一般・教養教育」という文言が、文字通り特記されている。

この文言が記された経緯そのものは、一般教育学会から大学教育学会への名称改革の経過とともに、一つの物語である。他の機会に振り返ることとし、ここでは、標記のテーマに焦点をあわせ、率直簡明な問題提起を行いたい。なぜなら、会則の文言に照らす限り、私に割り当てられた標記のテーマについて論議を深めることは、本学会の本来の責務に深く連なることだからである。

また、本学会には、大学評価・学位授与機構が先に行った国立大学教養教育評価作業に深く参与した数名の会員がおられる。さらに二〇〇三年度から文部科学省によって開始された「特色ある大学教育支援プログラム」の実施委員会委員長は、本学会の絹川正吉前会長である。著者も後者のプログラムへの申請校の一つに勤務し、間接的ながら被評価者の位置にあった。

この二つの評価作業において、評価者 vs. 被評価者という位置関係は、本学会会員の間に、ほかにも多く発生したことであろう。本学会の役割・構成からしてむしろ当然の事柄であり、それが本シンポジウムの背景の一つとなっていることを否定する必要はない。むしろ、そのような背景のもとで理論的な考察を重ねることこそ、本学会への学術的社会的期待に応える途ではないかと思う。

1　評価対象をどのように設定するか

そもそも評価作業の可能性を論じる前に、評価対象は何かを考えておかねばならない。

もちろん標記の論題には「教養教育」「目標」「内容」という三つのキーワードが含まれているから、対象そのものが不明確であるわけではない。①評価作業が「実現された教育課程ないしカリキュラム」に対するものであると仮定し、②まずは「教養教育」という特殊事情に縛られず、大学教育一般であること、という二点を前提にして論じたい。

さて、そこで問題となる「評価」には、左記の側面が考えられる。

① カリキュラムとその構成原理への評価
② 教育目標への評価
③ 教育成果への評価
④ 前記①〜③の形成過程、すなわち大学教育改革の契機や歴史過程に関する評価

以上のような断りを記すのは、現実に行われた評価活動、とくに「特色ある大学教育支援プログラム」の場合、教務事務改善などの教学支援活動、地域連携、教科外活動支援等々のような広範な評価テーマが設定されていて、一律には論じられないからである。今後も多次元的に広がるだろうと思われるのである。

2 カリキュラムとその構成原理

標記の問題については、基本的には、まず通常の「カリキュラム評価」という作業が考えられる。すなわち、カリキュラムの構成の仕方、学術・文化領域のバランス、予想される学習の順次性（シーケンス）、含まれる文化内容の広がり（スコープ）といった諸側面である。

これらはもちろんカリキュラム編成に関する技術的側面を含む。その側面は、これまでも当然評価対象とされてきたし、今後もそのように進むであろう。その場合の対象は、もちろん教養教育だけで

なく、専門学部の教育にも資格課程の教育にも及ぶ。しかし、教養教育に特化してみるとどうであろうか。

まず、教養教育として設定された一群の科目ないしコースの構成自体が評価の対象となるだろう。〈旧三分野の流れを汲むいわゆる総合科目だけが教養科目として指定されているか〉、それとも〈言語教育・外国語教育や保健体育なども含まれるか〉、また〈履修に関して学年指定があるか、全学年次生に開かれているのか〉、さらに〈専門教育との連携はとれているか〉等々である。

これらの大部分は、従来も評価の観点になってきたであろうと思われるし、とりわけ「専門教育との連携」というフレーズは、今年度(二〇〇三年度)の「特色ある教育支援プログラム」の審査に当たってとくに重視されたことも承知している。しかし前記①の後半、すなわち「カリキュラムの構成原理」という問題を正面切って考えると、事柄は単純ではない。質的評価の問題とかかわってくるからである。一般論として言えば、構成原理なきカリキュラムはそもそもあり得ない。

たとえば、仮に教養教育カリキュラムの範囲が総合科目領域だけに限定されている場合、そのカリキュラム編成の前提には「外国語教育は教養教育ではなく、それとして独立しているものである」という考えがあると見られるのである。この考え方は、外国語科目を一般教育科目から外すと決定した、一九五一年の大学基準改訂のとき以来懸案となってきた問題に深くかかわる判断だといってよい。外国語教育の側から見て、また教養教育の側から見て、この前提ははたして妥当か。同じことは保健体育科目の位置づけについても言うことができる。

事柄は、そもそも人間にとって「教養」そのものは何を意味するか、身体や言語は教養のうちに含まれるのか否か、といった人間観、教養観の本質にまでかかわっているのである。

履習学年をどこに設定するかについても、いくつかのことが言える。総合的な科目について学年指定をしない場合は、「大学のアンダー・グラジュエート教育総体の中で教養教育は専門教育と相ともに大学教育の有機的一部をなしている」という大学教育観が底流にあると読める。これと反対に、たとえば低学年に限定した履習制度を設定している場合には、導入教育や低年次教育と教養教育とを一定程度同一視する学士課程教育観が反映しているのかもしれないし、あるいは専門基礎科目と教養教育科目を同一視するカリキュラム観があるのかもしれない。

このように、カリキュラムの構造それ自体も、一歩離れた視点から見ると、それを支える人間観、教養観、大学教育観などから自由ではあり得ない。とすると、評価作業は実は外面的・形式的なレベルにとどまることを許されず、質的評価に踏み込んでいかざるを得ないことになる。

一般的に言えば、著者が他の機会(後掲の関連文献1)に指摘したように、カリキュラムはその大学の教育意思の端的な表現である。教育意思およびその変革には当然、価値問題が付随する。評価者はその評価すなわち定性的評価を避けることはできないであろうし、避ける必要もない、というのが私の提案である。

3 教育目標について

価値評価という面では、前掲②の教育目標評価はさらにデリケートである。カリキュラムの実現・実施を通じて達成を期待されている能力目標、資質目標、さらに抽象的に言えば人間像等々は、評価の対象になりうるか。この延長線上には、「建学の理念」といった大目標そのものへの評価を避けていいのか、という問題がある。しかも「特色ある大学教育支援プログラム」においては、教育改善ないし改革の目的がはたしてその大学の建学の精神や教育理念・特質と有機的必然的に結びついているか否かは、重要な評価留意点だ、と公表されている。

だが言うところの「建学の精神」や「教育理念・特質」等についても、カリキュラムの構成原理に対してと同様、おそらく評価は不可避であろう。それも、経営学で言う「目標管理」的手法による評価では足りない。

目標管理手法によれば、おそらく評価軸は「新しい、あるいは改革・創造された教育実践の目標はその大学の建学の理念にどの程度即しているか」「その目標が、明確に示されているかいないか」というような定量的レベルに限定されることになろう。とすれば、建学の理念という大目標や教育改善・改革の目標それ自体の妥当性、未来志向性、歴史的意義や現代的役割といった側面は、評価の対象にならない。はたしてそれでよいかが問題となる。

著者は、このような定性的側面への判断についてこそ、まさに評価者側に対して大きな期待を託したいと思う。その点こそ（当然専門家集団であるはずの）評価者側の識見と水準が試される局面であり、そこがクリアされてこそ、今後に向けてのさらなる教育改革が期待されることになる。

＊ここにいう「目標評価」という観点については、シンポジウム当日、著者のあとに報告された坂井昭宏副会長（当時）の提案にヒントを得て、執筆時に付加した。

アメリカの経営学者P・F・ドラッカーの言う「目標（設定）と自己統制による管理」に端を発するこの経常管理論は、「組織全体の目標や各部門の目標を設定するだけでなく、全体目標や部分目標を達成するために個々の管理者や仕事の担当者が、各人が担当する仕事の範囲内で個人目標を自ら具体的に設定して、その目標達成を中心に自律的に仕事を遂行していくという考え方あるいは仕組み」（蒲田伸一『平凡社大百科事典』一九八五年版）を意味するとされる。この管理論は一見、大学の、とくにカリキュラム管理に対して適合的であるように見えながら、目標の質そのものが不問に付されるか、あるいは「業務効率化」といったような形で、はじめから即自的先験的に質が決まっていることが特質である。坂井副会長同様、無視することも問題であるが、大学への安易な導入には疑問を持たざるを得ない。

4　「教育」の評価ということ

1の③にあげた教育成果評価という問題と④にあげたカリキュラムそのものの形成過程という問題とを、あわせて論じよう。

著者が強調したいのは、評価対象が「教育」だという点である。結論的には「成果評価」「結果評価」を脱して「プロセス評価」という観点と方法が開発されるべきだと思う。とは言え、「教育の成果や効果は短時日のうちにはあがらない」とか「教育を受けた学生たちが卒業して十数年後に初めて評価できるものである」といった常識的意味においてではない。教育実践や教育改善・改革は、そもそも「時間」という軸の中でしか果たし得ない営みであるからである。

教育の改善・改革は真空の中で行われるのでもなければ、ある日突然起きるのでもない。構成員が改善・改革を発想するに至るまでには、欠陥の発見、慣行の見直し、改善・改革への模索と討論、新カリキュラムの構成、担当者の決定、そして利害関係をめぐる葛藤や対立、変革方向の模索といったさまざまな行為が、プロセスとして、時間を軸として、行われる。この一つひとつの積み重ねがカリキュラム改善・改革の水準や出来栄え、意義を決める。改善・改革作業に当たった経験のある大学教育当事者なら誰もが知悉していることである。

さらに言えば、問われるのは、改革・改善それ自体の目標の価値的妥当性とも言うべきものである。教養教育の場合、先にカリキュラム目標のところで論じたように、とくにデリケートな問題になる。ディシプリン演繹型の専門教育の場合と違い、教養そのものの概念の内包・外延がはるかに広く、かつ曖昧でもあるからである。またさらに、そこで立てられた改革作業そのものの価値的妥当性も実は多様であり、それゆえにこそ評価の俎上に載せられてしかるべきではないかと思われる。たとえば著者は、かつて勤務大学(立教大学)で教養教育カリキュラムの編成に当たったとき、「現代のリベラル・アーツ」としていかなる知的領域が重視されるべきかについて、一つの提案をした。それは環境、生命、人権、宇宙という四つの知的領域ではあるまいかと責任部局の当事者たちに説いた。その結果、少なくとも総合科目を編成するさいの目標になり、ある程度共有の留意点にもなった。

これはほんの一例にすぎず、多くの被評価大学でも、同じような経緯や価値選択作業があったものと思う。

評価のさい、こうした改革原理そのものが評価の俎上に載せられても少しも差し支えない。そのことは、行政に委嘱された評価委員会という専門家集団の当然の責務に属することであり、それとして尊重されるに値するものだと思うからである。目標に関する価値判断を停止し、その量的達成度だけを評価するというシステムが、行政判断の普遍性・価値禁欲という原理にもとづいてなされているとすれば、それはかえって「教育評価」とは異質の作業になっていくのではあるまいか。

「特色ある大学教育支援プログラム」を例にとれば、申請書の欄中には、当該学校の沿革や創立の精神、教育の改善・開発の動機や背景を記入するスペースが用意されていた。しかし、それらの欄に記された「史実」を読みとり、それをとおして改善・改革のプロセスとヒストリーとを想像力を持って読み抜くことは、実は容易な作業ではあるまい。にもかかわらず、評価者の側がこの作業の困難さを回避されないことを願いたい。

前に私は、「価値妥当性」といういささか抽象的な言葉を使った。もう少し具体的に言うと、その妥当性の目安は、「(申請された)個別大学の改革方針は、日本総体の大学改革が求める普遍的共通的課題にとって必要な改革志向を分け持っているか」ということではあるまいか。

たとえば、「学生たちの目線に沿い学習意欲をかき立てる改革であるか」、「予想される新しい学問の形を先取りした改革であるか」といった大学に即した諸課題ともに、教養教育の場合はとくに、「その改善・改革は地域の幸福、主権を持つ知的国民の形成、地球社会における国家使命の確認と人類的課題の解決などに貢献しうるか」といった、より大きな文脈に位置づいているかどうかが、まず問われてしかるべきである。

結び

以上のように考えると、評価者の側の審査責任はやはりきわめて重いと言わざるを得ない。評価自体の困難さを免れるために、「申請書表現の巧拙」「プレゼンテーションの出来・不出来」「成果の数値化・数量化の成否」、さらには「政府の大学・高等教育政策への寄り添い方如何」といった指標が審議を支配するというような事態が万一将来にかけて起きるならば、評価の信頼性は保証されない。

また、評価作業のさい、委員の文科系思考と理科系思考の乖離が問題とされ、それを統合する必要性が絹川正吉委員長によって説かれた。充分な賛意を表したい所見である。

ついては、その問題の解決が最も強く求められるのは、まさに教養教育に対する評価の場合であることを付け加えたい。なぜなら、教養教育の内容は、もともと文科・理科の範疇を超えたものであり、学生たちの教養の分裂、すなわち「二つの文化」を克服することを目指す教育実践そのものだからである。

評価が大学教育を、とくに教養教育を（会則の言葉を借りれば）「正当」に活性化する条件は何か。発足後間もない制度であるからこそ、内外での探究を怠ってはなるまいと考える。

著者による関連論文

(1)「カリキュラム改革の課題と条件」（拙著『大学教育の可能性』東信堂、一九九九年所収）
(2)「『教育への取り組み』を評価するということ——どのようにすればそれは意味を持ちうるか」（進研アド『ＢＥＴＷＥＥＮ』二〇〇三年一二月号）
(3)「教育評価という仕事への注文」（『ＩＤＥ』二〇〇四年六・七月合併号、六月刊）

（『大学教育学会誌』第二六巻一号、二〇〇四年五月刊）

第6章　大学における学術評価と教育評価

はじめに

まず二つの体験を紹介したい。

一つは、もと朝日新聞社におられた山岸駿介氏との対話である。一〇年ほど前(一九八九年)、広島大学大学教育研究センター(当時)で「大学評価の可能性」というシンポジウムが開かれた。そこで山岸氏は、話のまくらで、いまの大学の先生は忙しすぎる、と指摘された。氏によれば、とにかく「改革、改革」でみんなが立ち上がっている。中でも、とくに創造的な研究をしそうな人ほど忙しそうに見える。そういう人に大学でやっている仕事について尋ねると、会社にたとえるなら、営業から、庶務、人事、広報、経理に至るまで全部一人でやらされている感じである。これでは日本の学術研究はもたないであろう。

著者はそのあとのスピーカーだったので、「山岸さんの言われることはわかる、しかし、あなたは高いレベルの人たちにばかり取材をしたのではないか」と冷やかした。「言われるとおり、大学は改革の嵐の中で多忙を極めている。とくに仕事のできる人ほど、その中心に座らされてしまうということがあるだろう。しかし、あえて言うならば、いま大学が直面している危機は非常に深いものであるから、これに耐えるためには、優秀な頭脳の十や二十潰れても仕方がないくらいに思っている」。

のちに山岸氏は自身の担当するコラムの中で、著者のこの発言を紹介し、意気は壮とするが、それにしても大学の先生は忙しすぎる、自分たちの研究の時間がないように見える、と書かれた。

「学術研究」というテーマについて著者が思うことは、自分自身を含め大学における研究が全体的に貧困である、ということである。つまり大学における研究のある基本的な部分がコラプト(衰弱)しているという実感がある。その実感は一〇年来強まるばかりである。その直接の要因は、山岸氏の言うとおり時間的な忙しさにあろう。しかし、それ以外にも何かがある。その原因を突き止める必要がある。ここではそれを制度と政策から探っていきたい。

二つ目は、立教大学で一九九八年一一月に開催された「大学で何を教えるか——全カリと専門——」と題したシンポジウムにおける元朝日新聞社の西島建男氏の講演である(立教大学全学共通カリキュラムセンターで刊行している『大学教育研究フォーラム』第四号掲載)。

西島氏はこのシンポジウムのテーマをもう一歩突っ込んで、一九九〇年代の教育改革を促している力と一九九〇年代以後における日本の学術研究の在り方、そこでどういう知の構造の変化が起きてくるのであろうか、という明晰な分析を語られた。これには非常に大きな刺激を受けた。

本論では、大学内部における研究の衰弱の問題と、にもかかわらずわれわれが直面している学術政策動向の問題点との二つを取り上げてみたい。

1 科学技術基本法と「評価」の問題

まず、研究評価と学術政策というテーマについて整理してみると、私どもの周囲で大きな動きがあることに改めて想到せざるを得ない。

第一は、科学技術基本法の制定(一九九〇年)と、それ以後起こった非常に新しい「評価」の問題である。科学技術基本法の第一条の目的にあるように、この法律は、「科学技術(人文科学のみに係るものを除く。以下同じ。)」と規定している。この「人文科学のみに係る」というのは何のことか。われわれから見るとかなり不思議な用語である。しかしながら、それ以後このカッコ内の言葉は定着していて、しかも、人文科学の中にはいわゆる社会科学もどうやら入るらしい。

続いて第一条は「科学技術(人文科学のみに係るものを除く。以下同じ。)に関する施策の基本となる事項を定め、科学技術の振興に関する施策を総合的かつ計画的に推進することにより、我が国における科学技術の水準の向上を図り、もって我が国の経済社会の発展と国民の福祉の向上に寄与するとともに世界の科学技術の進歩と人類社会の持続的な発展に貢献することを目的とする」と規定している。キーワードは、「人類の持続的発展」という文言である。これはいろいろな科学政策の基本用語になっている。たとえば、持続的発展のための環境政策の変更、あるいは環境保全、環境の保持というようにも使われている。この言葉は、国連の文書に頻出するものである(たとえば、国際連合環境発展会議「環境と発展に関するリオ宣言」、一九九二年六月など)。

しかし、第一条の「人文科学に係るものを除く」という限定は、振り返ってみると、そのだいぶ前から始まっている。一つは一九八六年制定の「研究交流促進法」である。この促進法の中でも、研究と称するものは「人文科学に係るものを除く」とある。そしてその後、九六年七月に閣議で「科学技術基本計画」が決定された。さらに、九七年六月には「大学の教員等の任期制に関する法律」、九七年七月に科学技術会議答申「学術研究における評価の実施方法の在り方についての大綱的指針に関する意見」が出て、これをもとにして九七年八月、「国の研究開発全般に共通する評価の実施方法の在り方についての大綱的指針」が閣議決定された。九七年一二月に文部省の学術審議会が「学術研究における評価の在り方に関する答申」を出した。この流れを見ると、いまや学術研究の施策というよりは、学術研究の成果の評価が学術政策の非常に重要なテーマになってきていることがわかる。

西島氏も指摘しているが、この流れの背後には、明らかに行財政改革がある。すなわち成果評価を通じてどう予算配分を効率化するか、さらに現実には、インスティテューションを評価するか。逆に辿ると、インスティテューション評価を通じて、部局や研究所等々の再編統合を図り、もって予算配分を効率化し行財政改革に資する、という流れになっている。このような文脈のもとで、いまや学術政策の基本は学術評価の問題を除いては実は語れないということに、改めて諸資料を読んで気付くのである。評価活動は多忙を生む。大学改革の中心人物たちだけでなく、研究者一般に多忙を生んでいる。

ところで、前述のとおり人文・社会科学が非常に軽視されていること、あるいは人文・社会科学関係が全体として学術政策の対象としてはきわめて弱い立場に立たされているということに対して、この圧倒的な評価の流れはどのように響いてくるのであろうか。

第一に付けておくべき保留条件は、人文・社会科学系に関してはもともと学術評価の基準が定まりにくいという問題があることである。そのことを一番意識しているのは科学技術会議側ではなく、文部省側の学術審議会である。前記の九八年一二月の答申には、明確に「なお人文社会科学については文化や伝統とのかかわりが密接であり、価値観の多様性を反映して評価の尺度も単純に一義的ではないという特性があるため、数値的指標の有効性や評価の普遍性に限界があることについて、十分な配慮がなされることが必要である」と記されている。短いが重要なパラグラフである。一橋大学学長（当時）の阿部謹也氏や東大法学部教授（同）の石井紫郎氏が委員に入っていたため影響したのではないかと思われる。

このように人文・社会科学に関しては、評価を機軸とする学術政策の対象とするにはまだ多少のスタンスを置かざるを得ないという問題がある。スタンスを置かざるを得ないという問題と科学技術基本法等が示す大きな法体制が予想する非人文社会科学系中心という学術政策とがいま結びついて、私たちの前にある。

立花隆氏は、東大生は文科・理科の二つの文化のうち一つの文化しか身に付いていないということを『文藝春秋』に書いているが、学術行政の特質もまさにそのとおりである。

さて第二に、学術評価という作業を仮に非人文社会科学分野に限定するとしても、なおそれは容易に行われうるのかという問題が残る。

人文・社会科学系の研究者から見ると、自然科学系の学術評価というのはいわば直線的であるかのように見える。すなわち、どれが創造的でどれが創造的でないかはすぐわかり、誰が被評価者であるかもわかり、どの機関で研究が行われているかもわかるのだろうと思われる。しかし、評価実施方法が内閣絡みで次々に実施される過程で、これに疑問を呈する科学者たちの反応も次々に出ている。政府がやったモニター調査を見てみても、必ずしも素直に評価ができるということではなく、現場ではいろいろな形で問題があるようである。

たとえば研究期間の長いプロジェクト研究のような場合、事前、中間、事後と三度評価されることになるが、三度も評価するのは問題である、すべてに本当に厳しい評価をしていたら、研究機関すべてが実質的に評価機関になってしまう。評価以外にも考えるべきことがあるのではないかという意見もある。また、現在の研究体制、予算の使われ方などには抜本的な改革が必要な部分がたくさんある。公務員、研究者も、自分をも含めもっとコスト意識を持ち、効率的に予算を運用すればそれで足りる、外部の有識者を入れた評価をどんどんやれという提言もある。さらに、外部の有識者というのはいわゆる科学者のみを採用するのか、官庁の行政職員も含めるのか、科学技術ジャーナリストも含めるのか明確にすべきである、評価者には広く一般市民、国民からも選任してほしい、といった強い意見も出ている。

また別の意見では、誰かがある研究をやって、その研究に対して評価をするという場合に、それは個人の評価であるべきであり、機関の評価は必要ないのではないか。研究はそもそもチームで行うものなので、研究テーマあるいはプロジェクトに対して評価をすることはよいが、個人や研究所間に格差をつけるということは容認できない。また共同研究の場合、プロジェクトの決定者やリーダー、所長なども評価を受けるべきである。やっている人間だけではなく、インスティテューションの管理者だって評価を受けるべきではないか。また、競争的雰囲気が必要だが、短期的競争の繰り返しでは研究は育たない。華やかな成果が出て論文を多く書ける研究だけが有利になり、みんながそのような方向に流されることを懸念する、と論じられている。

もう一つ、教育学の世界でよく使う「形成的評価」という言葉も、モニター意見の中には出てくる。評価の基準、研究のプロセスによる形成的評価を重視し、軌道修正を基本姿勢とするような評価にすべきである。途中でいきなり評価されて、これはダメだというような評価はよくない、というものである。ちなみに、形成的評価というのはある方向に研究が発展することを目指してやる評価のことであり、子どもを対象にして言うとすれば、子どもの学力が今後どこで伸びていくだろうかというのを基盤にした評価であって、いわゆるランキング評価ではない。さらにまた、長期的に大きな成果が見込まれる研究に対しては、評価の幅を広げるべきである、というよく似た意見もある。

このようなさまざまな慎重意見が、研究所勤務の研究者の間から、たくさん出ている。これは一面では、われわれの知らないところで実はかなり厳しい研究評価が、すでに組織的に行われていることの証拠であろう。他方で、その評価にはまだ基本的に大きい問題が残されていることを語っている。

以上の経過を見て、改めて任期制法案が出てきたときの構造がわかった。任期制について著者は最初から反対であったが、任期制推進論者の一人であった有馬朗人氏にそのねらいを尋ねたところ、氏は、ポスト・ドクトラル・フエローシップ(Post-Doctoral Fellowship、略称・ポスドク)を増やしたいとのことだった。有馬氏の『IDE』掲載の論文によると、任期制を採ると大学研究所が活性化するとも書いてあった。「活性化した」とあげられている例は、一つの例外もなく物理学の研究所であった。京大の基礎物理研究所、有馬氏が理事長を務めておられた理化学研究所、東大の原子核研究所等、全部物理学関係の研究所の例をあげてあって、このようなところの例を見ても任期制を設けることはいいことだと書かれている。

著者は、非常に違う文脈の議論が、奇妙な形で野合しているという印象を受けた。物理学のような領域において、とくにポスドクが必要だというのはよくわかる。現在でも、大学で物理学や化学の先生の人事異動のさいに、履歴書を見ると、一つひとつの大学の勤続年数が短い。オランダの研究所に二年間、フランスに二年間、そしてアメリカで三年を経て日本に帰ってきた、という具合である。これは辞職を重ねてしまったというのではなく、ポスドクになって点々といわば昔の武者修行の武士のように修行してまわっているのである。そして業績をあげて日本に帰ってくる。物理学の世界では、ポスト・ドクトラル・フェローシップによる流動的研究制度が日常化しており、それが基本的に必要な要素である。しかし、それを強化するのには、任期制とは別の方法があるはずである。費用は基本的には学術奨励費であるから、その予算を増やせばいいのであって、物理学における必要性をもって全大学に対して全年齢の教員を対象にした任期制を採れというのは、乱暴な混淆論だと思った(注：ただし実定法では大学の選択制となっている)。

この一連の流れの中でわかったことは、西島氏の指摘にもあるとおり、科学技術基本計画をつくったのは文部省の現役官僚ではなく、大蔵省、通産省と東京大学の中で大学院重点化構想をつくっていった人々だったということである。こういう流れを早く知っていたら、任期制の批判ももう少し適切な形でできたであろうと思うと残念である。

ただし、教員任期制などで言われるのは個人評価である。しかし、いま進んでいるのはインスティテューション評価であり、次に教員評価をどう考えたらいいかという問題である。これはやはり学術の在り方と絡んで、今後焦点化してくる事柄であろう。

2　教育評価の難しさ

著者の所属している大学教育学会は、教育評価をどう考えるかという課題研究を提示した。どの大学でもこれは必死である。いま一番流行しているのは学生による授業評価であるが、学生からの授業評価だけが教育評価であるはずがない。もっと別の評価が必要であるということになってこよう。教員の自己評価もありうるだろう。しかし、それらの結果がおおやけにされず制度化もされないままでいいのか。本当に効果をあげるためには人名を付けて公表したほうがいいのではないか、さらにはそれで給料を上げたり下げたり、褒めたりけなしたりをおおやけの場でできるということに結びつけられることも起こってこよう。任期制を仮に選択しない大学であっても、そのぐらいはいまやっておかないと、とても学生たちの要望に応えられないという段階にある。

教育評価をどうつくり出していくかが、ポイントになる。実は教育評価というのは明らかに個人評価である。その個人評価が個人を媒体としてつながるもう一つの先が、研究評価である。教育評価と研究評価とを、一つの教員に重ねた場合に、全体としての評価というのはどうあったらいいか。これは近い将来必ず問題になってくるであろう。

たとえば東京で教員の教育評価と研究評価を一生懸命つなぐ努力をしているのは、東京理科大学である。その先生の研究成果の評価と教育活動の評価とをやって、それを教員身分評定に近づける努力をしている。そのプロセスで、評価の物差しとか、評価のシステムとかを経営側と教職員組合と協議しながらつくっていっているというケースである。たとえば、ある先生が研究活動を行っているかいないかを評価するときに、大学に請求した学会出張旅費の額を目安にしている。学術論文の場合は当然数が必要なのだが、その数が多くても質をどう評価するかという最も大事なところは、まだはっきりしていないとも言われる。

だが一番難しいのは教育評価であるらしい。一つは教員が自分自身のために学生の評価を聞くというものである。それから、それを超えて学生の評価を教員の勤務成績につなげるというものである。もっとも、仮に学生の評判が五年続けて悪くても、教授にしないなどとは誰も思っていない。しかし、もしそうなったら怖いと思うから、同大学でも、教育評価のところをとくに勤務成績とつなげることにはやはりためらいがあるらしい。

他方、一般論としても、経営側にとっては客観的な評価が非常につけにくい。予備校であれば、何人の生徒を集めたかとか、合格者が何人ぐらいだとか、センター試験の国語の平均点が受験生の自己評価で何点であるとか、クラスによってどれくらい違うのかといったことはわかる。しかし大学では無理である。経営のほうで考えられるのは、何コマ受け持ったか、何人学生が聴講したか等である。しかし、学生たちが本当に出席したかどうかを全部調べようと思ったら大変である。そうなると今度は単位を出した人間の数、つまり読んだ答案の枚数、それから何年間ぐらい同じ科目をきちんと持っているか、すなわちコマ数、仕事の物理的仕上がり部分、学生の数、ぐらいになってしまうのではないかと思う。

さらにもう一つの側面がある。それは大学審議会答申に出ている厳格な成績評価である。厳格な評価ということに力点を置くならば、留年者をたくさん出した教員は褒められるかもしれない。だが、それは妥当な基準だろうか。

教育評価は、教学側・経営側の両方とも踏み出したくない部分である。ただし、いまのままでは大学そのものへの教育評価、教員への教育評価ともに不分明である(ここで残した論点については本書II第3・4章参照)。

3　大学と研究所

大学の中で現実に物理的に研究を行う場所と言えば、誰しも思い浮かべるのが研究所である。附置研と大学との関係については長いヒストリーがある。著者は、「附置研究所　歴史の示すもの」(拙著『プロムナード東京大学史』東京大学出版会、一九九二年)という論文で東大を舞台にしてかなり詳しく附置研究所の歴史を書いている。

調べてみると、研究所を置かねばならないという大学側からの内なる要望があって附置研ができたのではない。学術研究の必要という客観的要望が外にあって、それをおく研究所をどこに建てるのか、大学に付けるかどうかという揺れの中で、日本におけるアタッチド・インスティテュート・オブ・○○大学が出来上がっていった。東大の場合は最初が伝染病研究所であり、次に政策的附置研の第一として航空研究所、それから関東大震災を受けて地震研究所ができた。戦争が始まりそうで、航空機の競争が激しいから、航空研究所ができたのである。内側からの、どうしても付けなくてはいけないという動機であらわれたものではない。

したがって研究所は、大学の中ではずっとやはり「脇の機関」である。ただし脇の機関であっても、たとえば東京天文台のように大きくなりすぎているものや、宇宙航空研究所のように研究費が膨大になりすぎて、大学会計では賄えないし処理もできないとなったら、外へ出ていくということになる。外へ出ていったほうの研究所は伸び伸びとハワイに天文台をつくったりする。歴史的に見て、附置研をつくるというア・プリオリな存在理由は、大学の側から見るとあまりない。ただし最近は変わってきて、大学院生をここに送り込んで教育のパートナーになってもらおうという期待も大きくなっているが、両者はかなりちぐはぐに発展してきた。逆に研究所の側から見ると、なぜ研究所が大学になくてはいけないのかという理由が問われることになる。この問いに対してどのような対応があるかというと、二種類ある。

一種類は、たまたまここにあるだけという対応である。初期のころの東大地震研究所にはそれが最も端的にあらわれていた。地震研究所の沿革史を読むと、初期のころの地震研究所の所員たちは、東京帝国大学附置地震研究所であるとはまったく思っていなかった。東京帝国大学内地震研究所と思っていた。すなわち、たまたまその構内にあるだけだ。自分たちの結びついているのはインターナショナルな地震学研究学界である。東京大学など問題ではない、というふうに居直るのが、一つであった。

もう一つの極は、研究所が大学に付置されていればそれなりの働きができるし、意味があるとする見方である。この見方の理論的代表者が東京工業大学長であり大学基準協会の創設者でもあった和田小六氏であった。和田氏は戦後の日本で最も注目すべき附置研論を書いた。

オリジナルな研究は何によって生まれてくるかというところに、和田氏の着眼点があった。氏は、大学にとって附置研は「こぶ」だとまず認めている。その上で、大学が持っている自由な学問的雰囲気がなければ、立派なオリジナルな研究は生まれてこない、学者が享有する自由な研究と、共同の目的に奉仕する学者の義務を適度に調和することはなかなか難しいことであるが、それをやる一つの方法が附置研究所というもので、それがうまくいっていれば、大学附置研究所の特色と価値が生まれる、と言う。一般的に言って研究には雰囲気が大切であるが、大学内の雰囲気を他に求めることはできない。

また、各省や会社の研究所は、それぞれの機関の日常の業務と密接な関連を持ったテーマをやる。つまり応用的な問題を取り扱うのであって、基礎の幹の部分は付け足しである。組織から言っても雰囲気からしても、それをやるに適していない。他方、大学の研究はバラバラであるから、産業界がこれを使おうと思ってもあまりにも隔たりがありすぎる。それで大学側も分散的な成果を自分の考えでまとめ、その実用化に近づけるための組織として研究所を持つ。すなわち、「基礎科学からその応用への系統的組織のうちの一環としての重要な役割」を高く認めているのである。これは行政監察庁が東工大の附置研の査察に来たとき、学長として記した文章である。

著者は、これほど体系的な附置研論はそれ以後もあまりないのではないかと思っている。重要なのは「雰囲気」という言葉を、短い文章中で四回も使っていることである。戦前には東京帝大航空研究所で優秀な成績をあげた元所長・和田小六氏の言葉であるから、非常に重みがある。氏がここで言っている雰囲気とは何か。それは官庁研究所や企業研究所とはどこが違うのか。研究所の存在をめぐって常に最後のところで問題になる事柄であろう。

日本の大学と附置研の関係というのは、歴史的には必ずしも必然性なく推移してきた。しかし「大学にとっての学術研究」というテーマを立てて考えるさいには、大事なポイントである。著者が書いた『大学教育の創造』(東信堂、一九九八年)の中に「大学と研究所」という論文を収めたが、大学における研究所を俯瞰したような資料はきわめて乏しかった。少なくともこれを書いた一九七九年まで、文部省が発表していたのは『学術研究の背景』(一九五三)という報告書だった。しかし、その中でも展望はきわめて弱い。平成九年度版の戦後初の学術白書と言われている『我が国の学術』が、学術研究を真っ正面から取り上げている。ここでやっと学術研究において文部省が把握している部分の鳥瞰図ができた。両書の間には二〇年間の差がある。この二つを比較してみると、大学と附置研の関係というのがどのように変化しているのかが非常によくわかる。

一つは共同利用研究の拡大であった。共同利用研の意味は大変大きい。すなわち個々の附置研が各個別大学についているのではなく、全国共同利用という形でしかもはや活用されなくなっている動向が示されている。他方、人文社会科学系の場合だと、大学の中にあるということで守られている部分も結構ある。たとえば、東京大学でいえば史料編纂所とか社会科学研究所とかの領域である。もし大学の外に社会科学研究所というのがあったとしたら、今日であれば、たちまちリストラに遭う危険性が高い。大学の中にあるために守られているという側面があって、人文社会科学系研究所は、アカデミック・フリーダムのためにはやはり大学の中にあることが重要で、決して悪いことでも何でもない。

二番目は、国私の差が決定的に大きいという問題がある。人文社会科学系の研究所は主に私立大学に設けられているものが多いが、当然のことながら人、金、物、全部貧しい。私立の場合、研究所といってもわずかな手当と一、二名のスタッフ、そして研究スペースもほとんどないというのも多い。よく大学教育の格差ということを言うが、研究所の国私格差はもっと激しい。

4　大学院拡大の動きと研究者養成の問題

周知のように大学審議会の答申は、大学院の拡充を掲げており、しかもそれはしだいに実現している。

ＪＵＡＡ選書8『学術研究の動向と大学』は非常に面白い文献で、チャプター構成の第一部が「学術研究の政策課題」、第二部に「学術研究の発展方向と各大学・大学院の対応」となっている。大学院政策というのは学術政策の重要なポイントになる。

東京大学は一番先に大学院重点大学構想を出したし、理学部は大学院重点大学構想を実現していった。いまは教育学や薬学部といった新設学部も含めて、全部大学院重点大学に変わっている。だから東京大学や京都大学、その他の旧帝大が持っている大学院博士課程修了者の「産出量」は急上昇した。一方で、修士のそれも私立大学等々でもどんどん上がっているということがある。センター・オブ・

エクセレンスを目指した大学院拡充の流れもある。これは東京大学の工学部の報告書で一番先に使った用語である。自分のところに優秀な研究業績を集め、優秀な研究者を育てるセンターになることなのだという認識を定着させてきた。

しかし量的拡大にもかかわらず、修士と博士はどこが同じでどこが違うのか、これがずっと曖昧なまま一向に解決されないでいることも事実である。つまり研究者養成機構としての大学院システムの研究がまだできていない。それができないまま、いま何が進んでいるかというと、留学生の受け入れ、修士の定員の拡大、社会人の受け入れの三つで、修士が伸びている。ところが、ではそこの教育はどうあったらいいのかということは誰も考えていない。それが第一点である。

第二点は博士課程である。ドクターのところはいったい修士とどうつながり、どう切れているか。その理論も怪しい。理論のないところに拡大政策が強く押し出されているわけで、すべて間に合わせ的に進んでいる。一年修了でドクター論文を書いて、英才は早く出してしまえ、という方針が出ればすぐ実現してしまう。日本学術振興会の特別研究員も、ＤＣ（ドクターコース）の一年からもらえる。著者たちの時代はオーバードクターになって一年くらい浪人してやっともらえるのが特別研究員資格であった。しかし今はドクター一年からもらう。よければ三年になってドクター論文を書いて大手を振って出られる。そこで錦の御旗になっているのは、課程博士の増加、これだけが唯一の目標である。修士課程の多面的拡大と、課程博士の増加というこの二つが明瞭な政策目標としてわかるだけで、それ以上のことはわからない。ちょうどいまの大学院の状態は戦後の新制大学ができたときと似ているのではないか。あのときにみんな何と言ったか。

最近、岩波書店から教育刷新委員会の議事録を刊行した（日本近代教育史料研究会編『教育刷新委員会・教育刷新審議会会議録』全一三巻）。その中で新制大学論が戦わされた。同委員会に集まった知的エスタブリッシュメントたちの一部は、新制大学をまったく信用していなかった。旧制はよかったが、新制大学はやむを得ず出発せざるを得ないだろう。するとまったく学術水準の徹底的な低下と大学らしからぬ大学の続出が必ず起こるだろう。それを防ぐ方法はないのか。考えたけれど、ない。結局どうなるかしばらくやってみて、滅びるところは滅びるしかない、というのが大方の議論の結論であった。いまも大学院論はそうなるように思う。

大阪のある大学で学部を新設して、その学部が完成し、「新しいカリキュラムが一ラウンド終わったら大学院をつくる」と申請書に書いたところ、文部省から電話がかかってきて、「大学院をつくるということだったが、どのようになっているか」と催促されたと言う。大学ではまだ整理をしないといけないと思っているのに、文部省から言ってくるという流れである。文部省の言うことを聞いて大学院を増やす大学は、文部省の覚えがめでたくなるだろう。すると今度は定員を満杯にすることが次の目標になるし、満杯になったらなるべくたくさん上にあげるということが目標になって、あげたらどんどん課程博士を出すという流れが進行していくことになる。その中で競争と淘汰が行われるという流れが、しばらく続くであろう。

5　大学院教授法の不在

大学院の教員の側の問題は何かというと、大学院教授法というのがない。それから大学院教育論がないことである。

たとえば、物理学と化学は全然違う、工学の中の機械工学と通信工学もまったく違う。文科系では同じ教育学の中で教育史・教育哲学と学校教育学はまったく違うし、教育心理学もまったく違う。全部違うから、研究者の育て方も全部違って、共通のメソッドなどはないということにしかならない。大学院担当教員の意識はほぼこれに尽きる。それでいいのかが、問題である。研究者養成の基本に立ち戻る必要がある。

この問題で参考になったのは、立花隆氏とノーベル賞受賞者利根川進氏の対談『精神と物質』である。利根川氏は大学院の批判を遠慮なく書いている。たとえば、京都大学大学院理学部へ進んだら駄目だった。マスターの一年を終わってアメリカの大学へ行き、生物学をとった。そこでは一週間全部講義で、その講義はよかった。なぜかというと講義を聞いているうちに、あ、俺はあそこの領域中のこういう問題を研究していたのかということが初めてわかったというのである。そのことがわかってから二年目に、初めて自分の発表をさせてもらった。

著者も、こういう教育はやはり必要であると思う。日本では大学院生だとつい遠慮して講義などあまりしない教官も多い。堂々とやっていい。やることを通じて、実は学生が自分が何をしようとしているかを発見する。そのチャンスとして講義が必要だ。たとえばこのようなことを、これからいろいろなところで実践すべきではないかと思っている。

学術研究の創造的進展にとって、大学院教育の理論化と開発は、最重要の問題であると考えられるのである。

（本章は、一九九九年三月一〇日、日本教育法学会・高等教育特別研究委員会で作成された講演の記録に加筆・訂正したものである）

Ⅲ　大学院と学位

第1章　日本の大学院とその教育
──現状・問題点・将来──

はじめに──変化を目前にして

寺﨑です。学問論そのものは前後の佐々木力・宮島喬の両先生にお任せしまして、私はもっぱら日本の大学院のこれまでの歴史を大雑把に振り返ってみたいと思います。その中で慶應義塾大学大学院の社会学研究科の組織的位置づけはどうなるだろうかということを、お招きいただきましたのをいい機会として、ご一緒に考えてみたいと思います。

いま、日本の大学院は大規模な量的拡大の直前にあります。

ご承知と思いますが、一九九八年、大学審議会(最近は省庁再編で中央教育審議会になってしまいましたけれども)が出した大きな答申があります。「二一世紀の大学像と今後の改革方策について」という題です。これを読んでみますと、大学院の将来像が非常に端的に書かれております。

「大学院への進学動向に基づく推計においては、平成二二年、二〇一〇年の修士課程の入学者の規模は約八万七〇〇〇人、博士課程は、約二万三〇〇〇人となる。そのうち社会人学生の占める割合は、それぞれの一七～一八％を占めるとされている」とあります。

こういう答申に「されている」とか「推計」とか書いてあることは、大体そのままに実現するはずであると読まなければなりません。そう読んで、ここに書かれております入学規模の推計を、仮に修士が二カ年博士が三カ年というふうに換算してみますと、二〇一〇年に学生数の総計は二四万九〇〇〇人になる予定です。

いまから五〇年前、旧制大学がまだあったころ、旧制大学と旧制高校と専門学校、それに大学予科や専門部、師範学校等の全部、すなわち旧制高等教育機関の在学者は、総計およそ五〇万人でした。つまり、今後の大学院は、旧制時代の日本の高等教育の約半分の規模にまで拡大することが、目に見えているわけです。二一世紀はかつてない大学院の大規模化の時代になるというふうに私は思います。それをどう受けとめるかということが、われわれにとって非常に大きな課題になってきているのではないか。これが第一点であります。

第二点は、院生の構成の問題です。

とくに社会人および留学生に対して開放していかなければ、とてもここで推計されているような数字にはならないだろうと思われます。「二〇一〇年には社会人の割合が一七～一八％を占めるとされている」と書かれておりますが、今年の統計では、もう一一・八%ぐらいが社会人です。ですから、この推計はほぼ妥当するだろうと思われます。そういうふうに広がる。とくに留学生、社会人、それから、最後は専門職業の現職者に広がっていく。ということは従来の大学院像そのものが、研究者養成というような狭い枠に収まらないものになりかかっている。そういうふうに拡大されていくでしょう。それに対して、われわれはどう準備しておけばよいか。こういう問題が起きてくるわけであります。

三点目は、最近、とくに日本で顕著ですけれども、いわゆるプロフェッショナル・スクール、これが創設される。この動向はもはやあらがいがたいものになっております。ロー・スクールは必ずできるでしょう(二〇〇四年四月、法科大学院開校)。それから、ビジネス・スクールも、慶應義塾大学にもありますが、各地の大学でいろんな形で起きてくる。私のおります桜美林大学の大学院は、つい先週、大学の職員の人たちを対象にした大学アドミニストレーション専攻修士課程を開講しました。新宿からサテライト授業というのを町田の本キャンパスに向けてやる。私も昨夕、生まれて初めてサテライトの講義をいたしました。その課程に、大学職員の人たち(ほとんど全員私立大学の現職の職員の人々)がわれわれの予想をはるかに上回ってたくさんお見えになったんです。そういう時代になってきております。そういう形での「開放」も、また新しい時代の所産であります。

他方、一方で、専門がはっきりしないというか、先ほど、こちらの慶應義塾大学名誉教授の鈴木孝夫先生が「空中庭園」とおっしゃったような、グラジュエート・リベラル・スタディーズと言われる、一見ディシプリンのはっきりしない大学院が生まれてくる可能性もあります。

すなわち資格志向のプロフェッショナル・スクールとグラジュエート・リベラルスタディーズ、そして従来型のアカデミック・スクールとが鼎立するということも、覚悟しておくべき時代になってきました。

その中で、大学院指導論、大学院教育はどうあったらよいか。これを誰か考えているかというと、案外考えられていないような気がいたします。それはいったい不在であるのか、不在だとすればどういう方向で考えていったらよいか。

以上の点を中心にして約三〇分程度でお話をいたしたいと思います。

1　量的拡大と多様化

量的拡大の問題。これは、歴史を少し振り返ってみないと読み解けないのではないかと思います。日本は一九世紀後半に世界の大学史、とくにヨーロッパおよびアメリカ、欧米大学史の流れの中に参入しました。一八七〇年代のはじめにいろいろな新しい高等教育のシステムが出来上がり、そして一八八〇年代の後半に帝国大学が生まれ、以後今日があるわけです。

大学院という制度は、帝国大学ができたそのときに日本に入ってまいりました。まさにそのときは非常に日本は整然たる、よその国にまったくない形の大学院制度を入れたわけであります。「大学というからには大学院というものがなければならない」。そういうことを決めた国というのは、当時世界になかっただろうと思われます。それが入ってきた。そして、その後敗戦まで約六〇年の間、その大学院なるものは続いたわけですが、その大学院なるものはついに文科系ではほとんど根付かなかったと思われます。

あるときには膨大な数の大学院生が、たとえば、東京帝国大学の法科大学に在籍していました。学部在籍者の何倍もの数の者が在籍していたのです。なぜかよくわかりませんが、どうやら高等文官試験準備のためにそこに滞留していたものと思われ、のちには理学系や工学系はやや定着し、医学部は最も緊密に大学院と学位の関連がついたのですけれども、文学系や社会科学系では、まったく大学院と学位制度とは結びつかずに推移してきました。これが敗戦のころまでの大学院の実態だったと見られます。

敗戦になって占領軍がやってきました。彼らは日本の大学院を酷評いたしました。

一九四七年にサイエンス・ミッション(対日学術顧問団)というのが来日しまして、これが日本の大学の研究教育形態を徹底的に調査し酷評いたしております。「日本の大学では卒業生たちは大学の中で継続して研究を続けているようであるが、それはたんに教授に対する忠節心に支えられているにすぎない」とか、「大学院と称する機関が確かにあるけれども、実態は、教授の下で数年間閉鎖的な研究を続けたり手伝いをするというにとどまっているようである」というように評しているわけです。

そういうような批判を経て、総司令部(GHQ)の、民間情報教育局(CI&E)は日本の大学人を強力に指導いたしました。細かいことは一切省きますが、その指導の中で、入ってきたのが「スクーリング」という制度であります。それから、「単位制」という制度です。そして最後に、学位の二重化、すなわち修士と博士の二つをつくることでした。「中間学位の創設」と当時言われておりました。その三つのことを日本の大学人に勧めたわけであります。それはそのまま「大学院基準」(大学基準協会、一九四九年)に結実して、新制大学院が生まれました。一番最初に生まれたのは関西の私立大学ではありましたけれども、やがて一九五三年から国立大学にも大学院が正式に発足して、今日があるわけです。一言で言えば、きわめて学校的な大学院ができたわけであります。

その後の歩みを駆け足でたどってみますと、たとえば、修士課程は専門的能力の育成もやるのだ、研究者養成だけではないというふうに決めたのは非常に早く、一九五四年でした。すなわち大学院本体が出発してすぐそのことは決まった。ですから、修士が高度専門職業人の養成をする場所だなどといま大学審議会の答申の中で事新しく書いておりますことは、もうずっと前に決まっておりました。

もう一つは学術博士です。七〇年代の半ばになって、あまりにドクターが出ないので、学術博士という博士がつくられました。同時にドクターコースでは単位制を廃止するということも、そのときに決まりました。一九七四年からその制度になったわけです。

次に起きたのが一九八〇年代後半の国立大学における大学院重点大学化への動きでした。旧帝大を中心とする多くの大学が、もちろん私の勤めておりました東京大学もそうでしたが、大学院重点大学というものに変わる。一九八〇年代、九〇年代にかけまして、ドクターの学位が出やすいように、そして全体としては大学院が広い大きな規模を持っても耐えうるような形になったのです。大学院重点大学というのは、「学部は離さないよ」ということですから、学部の基盤があってますます広がれるようになったということです。

最後には、最近行われております独立大学院です。それを持っていくと、最近、文部省は非常に歓迎するそうであります。こちらの社会学研究科も、いまごろおつくりになっていたら非常に歓迎されたのではないでしょうか(笑)。いまは、そういう時代になってきました。

すなわち、大学院は制度的には猛烈な変化を経たあとで、二一世紀に向けて大いなる量的拡大と制度の多様化とに迫られているわけであります。

しかし、日本の大学の教員のメンタリティには、実は変わらない部分があったと思われます。敗戦直後のころには占領軍係官たちは必死で、大学院は学部と違う、アンダー・グラジュエートとポスト・グラジュエートとは違うんだ、後者は独立の「スクール」なんだということを強調したのですが、それは当時の大学の教員の人たちには受け入れられませんでした。大学院を持つほどの強力な学部が存在して初めて大学院はつくることができるのだ、そこが脆弱であって大学院だけできるということはありえない――。これが当時の日本側の考え方でありました。私はこれを、「学部本体論」と名付けておりますが、旧制以来のこの意識は決して崩れなかったわけです。

その学部本体論の基盤になっていたのは、学部というものしかなかった旧制大学であります。

旧制大学には学部というものしかありませんでした。その学部の上にしか研究科はできない。逆に言えば、研究科というものを持っていて初めて「学部」と称することができる。「大学院」というのは一つの大学に複数の学部があり、したがって複数の研究科がある場合には、お互いに連絡協同する必要もあるだろうから、まとめて「大学院」と呼んでもかまわない。これが「大学令」(一九一八年)の定めた制度なのでした。つまり大学院は、学部の付属物である研究科の総称にすぎない。戦後の大学院誕生に対する一種の負の遺産が、その後の五〇年間を前に予言されていた、と思われます。

2　水準と質の問題

しかしいま、現実に大学院はだんだん拡大しつつあります。

いま問われているのは、先ほども佐々木力先生がおっしゃったように、水準の問題です。これは今後おそらく問われてくると思いますし、今後どころか、いま、私は桜美林大学大学院で教えておりまして、大学院の学生たちの修士論文の指導も一〇人近くやっているのですけれども、心の中で迷いを拭い切れません。この数カ月の間にようやく心を落ち着けることができました。つまり、これからの修士論文は、かつての、一九六五年以前の学部卒論だと思えばいい。とくに大学紛争前の、旧制の色彩をまだ残していたころの大学の学部卒業論文がいまの修論ではないか。そう思って、やっと血圧が下がった感じがしているんです。そういう意味では、今後ホリゾンタルな水準は下がることはあっても上がることはたぶんない、と思っておいたほうがいいと思います。その上で何をすべきかということを考えるべきだと思うのです。

一方で、既存の大学院すなわち研究者養成を主な目的としてつくられた大学院と、プロフェッショナル・スクールとの相違と共通点とをどう設定したらいいか。これにも正直迷っております。

正確な情報ではありませんが、又聞きしたところによりますと、たとえばロー・スクールは必ず広がっていくでしょうが、そのロー・スクールの中でいったいどういう教育をしたらよいか、法学者の間にもまだ一致した意見はないと言われます。ないどころか、はっきり二つに分かれているそうです。

法曹に就く人に対して本当に実務的な教育をする。たとえば、判例学習なり、あるいは実務研修なり、こういうものを強化して現実の法曹的なプラクティスに適応するような教育をしていくか。それとも、いやそういうところへ入っていく人を迎えるからこそ、もっと理論的な武装をさせるんだと、こう考えるか。静かな論争になっていると聞きます。もしこの場に法学部の先生方がいらっしゃいましたら、あとでぜひ教えていただきたいと思います。いったいどちらが法的リアリティというものに即応した専門家養成の教育システムであるかは、まだ結論がついていないようであります。

一方でビジネス・スクールも、ハーバード・ビジネス・スクールとか、その他のアメリカのモデルがあるようですけれども、同じようなものが日本でできるかということになると、いくら東京駅に教室をつくってもなかなか難しい。桜美林大学大学院でも「大学職員のビジネス・スクール」と称していますけれども、さて中身はどうなっていくか、お互いに手探りなのであります。

最後に、しかしにもかかわらず、大学院は国際化し、生涯学習機関化していくことは避けられないだろうと思います。それに加えてまた、アンダー・グラジュエートよりももっと強い勢いで、大学院は国際化していくでしょう。また、社会・職場・家庭から大学に戻ってくる人たちを受け入れる機関としては、やはり学部よりは大学院ということになると思います。その意味ではライフロング・エジュケーション(生涯学習)のための中心的インスティテューションになっていくと思われます。

将来に向けてもし提言をするとすれば、次のようなことを考えておく必要があるのではないかと思います。

3 変化への正しい洞察を

第一は、変化そのものへの洞察の必要性です。

私どもは、大学が変わることを、戦後幾度も経験してきました。しかし、その変わり目というものを明確に意識していたかというと、案外そうではなかったと思われるのです。

踏むべきでない前車の轍と言いますか、とくに無意識の度合が激しかったのは、かつて大学の学士課程段階の教育が爆発的に増えた時代のことでした。一九六二年から七三年までの間に急激な形で学生数が増えたわけです。それが終わった段階で、次の波がやってきました。一九七四年に中学生の高校進学率が初めて八〇%を超えました。その五年後、一九七九年に遂に九〇%を超えて、いまや九七%まできて、もう下がらない。つまり、私どもはその当時、高度経済成長に牽引された高等教育爆発をまず経験し、そしてすぐ続いて、その下を支えるユニバーサル・セカンダリー・エジュケーション(普遍的中等教育)というものを迎えていたわけであります。

このごろ、「われわれの大学は大衆化した」などと報じられることがあります。とんでもない誤報です。いま始まったことでも何でもなくて、大学の大衆化はすでに高度経済成長時代に始まっていました。のちにそれが普遍的中等教育によって支えられて、今日がある。これが正しい認識です。ところがその大変化のころに、われわれは大学教育の在り方を考えたでしょうか。考えませんでした。

忘れもしませんが、一九八〇年に向けて『日本の学力』という教育関係の叢書がある小さな出版社から出まして、その叢書の最後の別巻の2というのが、私の編集した『大学教育』という巻でした。それにたくさんの方に大学教育の実践記録を書いていただきました。いまにして思えば先駆的な本でした。すばらしいことだ、教育関係の叢書のうしろに「大学教育」の巻が立つ、これは戦後初めてではないだろうかと私は思ったんですけれど、まったく売れませんでした。いまはどうでしょうか。高等教育、大学問題の本がちょっと大きな書店へ行くと一コーナーぐらい占めるようになって、みんな慌てて読んでいます。大学にいるわれわれも慌てさせられていて、やれシラバスをつくれとかシラバスとはなんぞやなんて論じ合うことになってしまいました。

学士課程拡大のころのあの無知・無感覚を繰り返してはいけないと思います。われわれはいまから考えておくべきだと思うのです。二〇一〇年には旧制時代の大学の半分の規模に大学院がなる。このときに慌てても遅いのです。私はそのころこの世にいないかもしれませんが、やはりいま、準備しておくべきときだと思います。これが第一点。あのころの過ちを繰り返してはならないということです。

二番目は、私自身いまでも困っておりますけれども、博士論文をつくるということについての指導論があるか。ないと思います。それから、段階論はあるか。すなわち博士論文につながるような修士課程およびその後の研究はどうあったらよいか。これだって定見はあまりないのではないでしょうか。また博士課程における論文執筆へのステップはついているか。怪しいものです。

多くの場合大学院の指導論というのは、「工学部ではそうなっていますか。はあ、そうですか。医学部ではそうですか。修士論文がないんですか」とかいう程度の話で終わっているような気がいたします。いったいどういう順次性（シーケンス）があって、そのシーケンスにもとづいてどういうような広さの学問をさせていって、そして自立した研究者のところまでもっていくか。ちょっとぐらいは共通の技法というのを持っていていいと思うのですが、われわれが持っているかどうか、きわめて怪しいと思われます。私自身も勘とコツでやっているだけでございます。これは実に重大な課題で、アメリカの場合、そうではないということをいろんな形で聞きます。

そういうことを解決していくためには、やはりモデルはアメリカだと思います。イギリス型やドイツ型の、すなわちヨーロッパ型の大学院でないものをわれわれはかつて選んだと、はっきり思い定めたほうがよろしいのではないかと思われます。それに比べてアメリカの大学院の場合は、いま第三段階目ぐらいの発展を遂げてきておりまして、それなりの蓄積があると思うのです。あちらの大学院で勉強された方、さらにあちらの大学院で教えたことのある方はたくさん日本におられます。こういう方の指導体験や被指導体験を、私どもは大いに聞くべきだと思っております。もっと具体的な部分を学ぶべきだと思われるのです。

4　アメリカ大学院の指導例

そういう目で見ますと、一度紹介したくなる記事があります。よくお話しするのですが、今日はやや詳しく紹介してみましょう。

ある小さな雑誌に神田駿という建築工学の方がお書きになったインタビュー記事です。私は非常に感動して読みました。神田さんは、東京工大とMITの両方で学生を教えておられる。その題名は、「日米学生の創造性比較」です。

氏の判断によると、アンダー・グラジュエートの段階では、たとえば東工大の学生とMITの学生のオリジナリティにそれほど差はない、どちらも結構同じくらいの優秀さだというのです。しかし大学院に入ったあとで、大変な差がついてくる、と述べています。

神田氏はMITの大学院でティーチング・アソシエイツのようなことをやっておられたようですが、自分の入った研究室で飛び交っていた言葉があったと言うのです。それは「サポート」という言葉だった。「サポート」とは何かというと、入ってきた学生が何を勉強しようとしているか、何を研究しようとしているか、すなわち各々のテーマを発見するように周りからアドバイスすることだった。サポートをする・されるというのは、教員と学生の間だけでなく、同僚ないしは友人たちの間でも常に行われていた。これが第一点です。

第二点は、教授に対して要望されたのは「質問の出るような話をしろ」ということだったそうであります。質問も出ないような講義しかしないようでは大学院の教授はできない。いくらアメリカ人学生でも、誰でも彼でもポンポンと質問するわけではない。中には哲学的な学生もいて黙って瞑想している者だっている。そういう学生だって質問してみたくなるような話ができるかどうか。これが大学院教授の大事な資格だったというのです。

三点目は、「物事を考えるときに、動詞で考えろ」ということを教授から躾けられた。動詞で考えるというのは、たとえば、建築工学ですから椅子の設計などをやるときに、日本なら、「椅子とは何か」と考えなくてはいけなかった。イタリアの椅子はどうだ、ドイツの椅子はどうだというように、「椅子とは何か」から考えるように躾けられたけれども、アメリカの大学院では、「座るとはどういうことか」ということから考えてみろ、と言われた。そのために、椅子というものの設計の仕方において大きな変化が自分の中で起きたというのです。

最後に氏が強調しているのは、フィールドの重視であります。研究室の中にいるだけでは物事はわからない。その場に行ってみる。フィールドというものを徹底的に重視するように言われた。ときどき日本に帰ってきて東工大を見るたびに、あの白いコンクリートの建物の中で学生たちは勉強させられているのかと思うと非常に気の毒な気がする、というのが彼の結論でありました。

私は、非常に面白かったですね。学問をするというのはどういうことなのかということを思わず語っておられるという感じがいたします。見る、聞く、動く、触ってみるというような、そういうところから学問は始まるのだ。そこに根を置いた研究が重要だ。そしてさらに、大学院というところが、実はたんなるスクールではなくて、研究活動のサポートをするコミュニティなんだと、こういうことが、非常にわかりやすい言葉で語られています。

5　学士課程と大学院の教育目的

最後に、私は東京大学を辞めたあと立教大学に勤めておりました。その間に、言語教育を含む「全学共通カリキュラム」というものをつくる責任者をさせられたのですが、その当時大いに考えさせられたことがありました。それは、日本の高等教育全体のデザインを考えるときに大学院と学部というものをどう考えたらいいかということであります。

日本のアンダー・グラジュエートの教育目標はどう考えられてきたかというと、敗戦のころから五〇年間、ついこの間まで、「教養ある専門人」をつくるところだと考えられてきたと思います。大学からは専門教育を受けた人間が工学士になったり、法学士になったり、理学士になったりして出ていく。しかしたんなる理学士や法学士ではないよ、基盤には一般教育も受けているんだよ、こういうのが大学の姿だ、と暗々裏にみんな思っていたと思います。しかし、この考え方に立っている限り、言語教育の本格化を含むアンダー・グラジュエートの教養教育の改革はできませんでした。全学共通カリキュラムの作成もできませんでした。企画の中途段階で、私は発想を変えたほうがいいと思ったのです。大学教育目標を反転させる必要がある。どう反転させるか。「専門性ある教養人」をつくる。これが学部の目的だ。そして、「教養ある専門人」をつくるのは、大学院に任せる。こういうふうに考えないと、われわれは腹を決めて学士教育段階のカリキュラムを改革できないと思いました。

そういう考え方を持つさいに参考になったのは、この慶應義塾大学におられた奥井復太郎教授が実に一九五三(昭和二八)年にお書きになった論文でした。私は、一九六〇年代までぐらいの日本人の書いた大学論というのはほとんど細大洩らさず読んだつもりでおりますが、その中でもひときわユニークなものであります。

論旨は、「戦後の大学改革が非常に大きい改革であったということをわれわれは意識していなかったのではないか」というものです。

――占領軍からの圧力があったと言う人もあり、なかったと言う人もあるけれども、ともかくわれわれの受け入れた制度はアンダー・グラジュエートというのはカレッジであり、またファカルティでもある、そういう制度だったのではないか。これが新制大学というものだった。その上の専門教育は、ロー・スクールなり大学院というところでやるんだ。こういう制度こそいまの(その当時ですから五〇〇近くある)大学というものをつくった精神だったのではないか。ところがわれわれはそれを思い違いをした。旧制大学の発想のままで新制大学を出発させてしまった。このことをもう一度考え直す必要がある。

奥井先生は、大学基準協会の機関誌（『会報』）にこの論文を発表しておられます。これは当時としては非常に珍しい論文でした。それを読む前から私は、奥井先生という方が、大学基準協会において戦後の〝大学通信教育の父〟と言われていることを知っていました。戦後の新制大学に通信教育が発足したときのその恩人は、当時経済学部長であった同先生なのです。そこまでは知っておりましたが、この大学論との関係で見ると、考え方の根はそういうことだったのだなと思います。いま、それが見直されているわけです。

私は、これから二一世紀の半ばぐらいになったころ、日本のアンダー・グラジュエートの教育はおそらく全体としてはリベラル・アーツ型になって、その上級学年のほうで専門性を志向した緩やかな専門教育が行われ、やがてその行く先は大学院へとつらなっていく。しかもその大学院でもリベラル・アーツ型の部分が忘れられてはいない。広い教養に支えられた専門職者や研究者を育てることが目標となる。おそらくそういうような大学像になっていくだろうと考えます。

そういう目で見まして、こちらの社会学研究科がどうやらまだ全体として慶應義塾の中の例外的な存在でいらっしゃるらしいことは、悲しむべきことであり、逆にこれが先駆的な例として全学に広がるほうがいいと思っております。

ご静聴有難うございました。

（慶應義塾大学大学院社会学研究科50周年記念シンポジウム「21世紀の大学院」、同研究科特別紀要『将来編』二〇〇三年一一月発行）

第2章　日本の学位制度
――小史の試み――

はじめに

学位制度は、もともと大学・大学院・学術体制等と密接に結びついている。それだけでなく、大学・高等教育政策、学術政策によって大きく変化する。したがってそれは国により時代により大きな違いをはらんで、いま私どもの前に存在している。

学位制度は、大学や高等教育にかかわる諸システムの中で最も目立たない地味なシステムの一つである。しかし右に述べた結びつきやかかわりのゆえに、実はその国の文化・学術の特質によって規定され、他方、その国の文化・学術の将来に対して大きな影響を及ぼす。言い換えると、学位制度は古く中世ヨーロッパの大学に起源を持ち（横尾壮英、二〇〇〇）その後世界に広がったユニバーサルな制度であるが、同時に強い多様性と独自性を持って各国にあらわれている。

日本は一九世紀後半に世界大学史に参入した。それと併行して、学位制度を欧米諸国から導入した。その時点からすでに一三〇年以上経っている。だが、というよりむしろそれゆえに、その一三〇年の期間に欧米諸国の学位制度が八〜九世紀の間に経てきた歩みを、息せき切って経験してきた。それとともに、日本の近代史、とくに大学と学術の独自の近現代史に即応して変動してきた。さらに二一世紀初頭の今日、目立たないながらも実はきわめて大きな変動に直面している。

近年の変動の様相と問題については最後に指摘しよう。ただし、一三〇年間の制度史を展望する視点についてだけは左にあげておきたい。

(1) 学位は大学院教育の課程修了証明と考えられたのか、それとも国家的・社会的栄誉や威信のシンボルと考えられたのか。

(2) 学位制度において国家原理と大学自治の原理とはどのような関係に立ってきたか。

(3) 現代を含む各時代の変革・再編の背景は何であったのか。現代の改革・再編は大学院と大学の将来に何をもたらすのか。

まず、読者の方々の参考のため略年表を掲げる(表1)。

表1 学位制度史略年表

期	期間	種別	授与権者	資格・手続	法例・備考
Ⅰ	1973-1886 (明治6-18)	学　士	東京大学総理 工部大学校校長	東京大学の卒業 工部大学校一等卒業	学制追加 (1873. 4、文部省布達)
Ⅱ-1	1887-1897 (明治20-30)	大博士 博　士	文部大臣	(大博士) 博士会議への諮問、閣議を経て文相授与 (博士) ①大学院の試験 ②帝大評議会の審議	学位令 (1887. 5. 21、勅令13) ＊最初の授与は1888(明治21)年3月 ＊出発時の種類は、法学・医学・工学・文学・理学
Ⅱ-2	1898-1919 (明治31-大正8)	博　士	文部大臣	上の(博士)に加えて ③博士会の承認 ④帝国大学総長推薦	学位令改正 (1898. 12、勅令344)
Ⅲ	1920-1953 (大正9-昭和28)	博　士	大　学	①研究科2年以上在籍後、論文提出 ②論文提出	学位令 (1920. 7、勅令200)
Ⅳ	1853-1973 (昭和28-48)	博　士 修　士	大　学	(博士) ①大学院博士課程修了 ②論文提出 (修士) 大学院修士課程修了	学校教育法 (1947. 3、法26) 学位規則 (1953. 4、文省令9)
Ⅴ	1974-1990 (昭和49-平成2)	博　士 学術博士 修　士	大　学	(博士・学術博士) 同上 (修士) 同上	大学院設置基準 (1974. 6、文省令28) 学位規則一部改正 (1974. 6、文省令29)
Ⅵ	1990-1998 (平成2-10)	博　士 修　士 学　士	大　学 学位授与機構	(博士) 同上 (修士) 同上 (学士)	学位規則一部改正 (1990. 7、文省令) ＊学問分野別の種類は一本化、区別なし
Ⅶ	1990-現在 (平成10-)	博　士 修　士 学　士	大　学 学位授与機構	同上 専門職学位 (修・博)を新設	学校教育法 (2002. 11) 学位規則一部改正 (2002)

出典：寺﨑1999、『大学教育の創造』224頁所載の表を補訂。

1　黎明期――多様な「学士」学位

日本の学位の起源をさかのぼると、七世紀の律令期に生まれた「博士《はかせ》」制度に行き着く。しかし、西欧的制度の学位制度の起源はいつかということになれば、明治維新直後の一八七〇年代から八〇年代半ばまでの時期となる。表1のI欄に記した時期である。

この時期は教育史の流れから言えば「国民皆学」をうたった学制（一八七二）の制定から内閣制度の発足（一八八五）までに当たる。まさに維新直後の文明開化期から明治一〇年代の自由民権運動期を経て、帝国大学制度の成立（一八八六）直前までである。

この時期、高等教育とくに高等専門教育建設のイニシアティブはいくつかの中央省庁が握っていた。東京大学（文部省）、工部大学校（工部省）、札幌農学校（北海道開拓使）、法学校（司法省）、駒場農学校（内務省→農商務省）、東京山林学校（同）といった実学的な分野の専門教育機関が次々につくられ、その多くはのちの帝国大学の源流を成すものとなった。官省の中で学位制度を最も熱心に構想したのは文部省で、はじめは「博士」「学士」「得業士」などという学位の種類を定めて管下の学校に布告したりしたが、所詮それを受ける大学はなかった。

だが一九八〇年代に入ると、少なくとも東京大学と工部大学校、駒場農学校などは卒業生を出すようになる。しかしこの三つの学校は管轄も性格も大きく違っていた。東京大学は米・英・仏・独など多種のモデルを曖昧に複合させた学校だったが、工部大学校はイギリスの少壮エンジニアたちが指導した学校だった。駒場農学校はヨーロッパ型農業教育機関である。そのような事情を反映したためか、東京大学の卒業生には全員「学士」という名の学位が授与されたが、工部大学校は成績最上位の層には master の学位、次が学士、下位者にはそもそも学位を出さない、という方式をとった。

つまり、学位制度の黎明期は、同時にその後に例を見ない多様な学位の混在期でもあったわけである。

ただし混在とは言っても、この時期の学位制度には、次のような特質があった。

(1) 何よりも強かったのは、課程修了証明としての性格であった。種類は「学士」一本に絞られていた。

(2) 官立学校が少数であったため、証明書である「学位記」の威信は高かった。卒業者全員に学士号を出した東京大学でさえ、学位記の中に「爾後《じご》優待令名ノ此位ニ属セル者ハ永ク汝ノ享有《きょうゆう》ニ帰セン」などという大仰な言葉を使っている。これは、①学士が学位(degree)であること、②それが社会的威信を伴うものであること、③学位としての学士は生涯にわたる属身的なものであること、を示していた。

学位が教育課程修了証明という性格を持つことを直接に日本人に伝えたのは、アメリカ人である政府顧問マレー(Murray, David 1830-1905)だった。マレーは東京大学の形成に深く関与していた。そして学位授与が成績と連動するものであること、すなわち獲得した知識の質やレベルと連動することを伝えた人物であった。工部大学校で教えていたイギリス人技師たちも同様のことを伝えたと思われる。

この二つの性格とも連なりながら、学士学位が「栄称」たり得たのは、時には式典に天皇・皇后等が臨幸・台臨する「官立」学校卒業生に対してだけ与えられたからであろう。一八八六(明治一九)年以前にあった有力な私立専門学校すなわち慶應義塾、攻玉塾、東京農学校、仏学塾、東京専門学校、明治法律学校、英吉利《イギリス》法律学校(のちの中央大学)等々の卒業と学士学位との間をつなぐような構想は、どこにもなかった。

2　「国家原理」の時代――大博士の構想

一八八六(明治一九)年の帝国大学創設以降始まったのが、より鮮明な「国家原理」にもとづく学位制度期」である。正確にはその翌一八八七(明治二〇)年五月の「学位令」が起点だった。表1のⅡ期、大正半ばまでがその時代で、約三二年間続いた。その前半の一〇年間は「大博士」という学位が存在した時代、後半の一二年間は「博士学位一本」の時代というように、前後二期に分かれる。

Ⅱ－1期の制度づくりをリードしたのは、初代文部大臣・森有禮であった。森は1で述べた黎明期の学位制度からまったく離脱した新制度を、総理・伊藤博文と合作して創立した帝国大学制度と関連させて出発させた。この学位制度の特徴は次のとおりであった。

(1)　学位の種類は、「大博士」と「博士」の二種である。従来東京大学・工部大学校・駒場農学校の卒業生が受けていた「学士」は称号であって学位ではない。

(2)　大博士・博士とも授与権者は文部大臣である。大博士は文部大臣が博士会議に「学問上特ニ効績アリト認メタル者」を諮詢し、閣議を経て授ける。博士は①帝国大学大学院の試験を通過した者、②文部大臣が帝国大学評議会に諮詢しこれを通過した者、の二種に対して授ける。

ここで注目されるのは、まず学士が学位(degree)ではなくなり単なる称号(sign)になったことである。この方策をリードしたのも森有禮であった。当時、帝国大学は法・医・工・文・理(のちに農が加わる)という五分科大学から構成されていた。それらを卒業しただけでは「学位ヲ授与スヘキ資格ニ至ラサル」ものだ、と森は主張した。つまりこのとき、学士号は学位から振るい落とされ、反面、「学位は課程修了証明でもない」という了解が成立したことになる。その後の経過から言えば、学士が学位に復活するのは一〇三年後の一九九一(平成三)年、学校教育法改正によってであった。

＊ただしランキングの低下(?)にもかかわらず、学士号は帝国大学以外の学校の卒業生には与えられなかった。帝国大学卒業生だけは「数年間精究ノ功ヲ積ミ」努力したのだから卒業証書とあわせてとくに学士号を与えるのだ、というのが森などの論理であった。すなわち学士号は、明治・大正期前半を通じて、官私高等教育機関差別の有力な装置となった。

「学位令」の究極の目的は「大博士」の創設にあった。それは「学芸優秀且ツ学芸ヲ以テ帝室国家ニ勲功アルモノ」に授けられるという学位で、いわばフランスの国家学位に相当するようなものであったと言えよう。世間では伊藤博文と福澤諭吉が最初の授与者になるのではないかと言われ、授与されたら勅任官二等という高位で遇され、文部大臣でなく総理大臣が授与行為を「奉公《ほうぎょう》」するのだと構想されていたが、ついに誰にも授けられることなく終わった。そして表1のⅡ－2欄に示したように、一八九八（明治三一）年には廃止されてしまった。長い学位制度史の中で唯一の空文化した制度である。その理由は定かでない。

しかし大博士学位を頂点とする「学位令」のシステムは、次の点で明治期から大正期前半にかけての日本の学位制度の性格に大きな影を落とすことになった。

(1)　要件・手続き・意味付け等において、学問的功績の証明であるとともに国家から付与される栄称の一つであることが鮮明になったこと。

(2)　博士会議→大博士選出と連なる威信体系の創出こそが、この時代の学位制度創出の目標であったこと。その体系の中に帝国大学もまた組み込まれるとともに、これを側面から支える役割を期待され、高等専門教育と学術研究は基本的に「国家ノ須要ニ応シ」（「帝国大学令」第一条）て為されるものであるという観念が、改めて定着させられたこと。

このⅡ－1期に東京大学を改称した帝国大学評議会と文部省の間にどのような交渉があり、どのような事件が起きたか等は興味ある話題だが、ここでは一切省略する（東京大学一九八三、寺﨑一九九二参照）。

ただし一つのことを指摘しておこう。それは、博士学位の「種類」が正確に帝国大学分科大学の種類に対応していたことである。最初の学位は一八八八（明治二一）年に授与されたのだが、このときは法・医・工・文・理の五種類各五人というように、機械的に割り振られていた。〈学位の種類はディシプリン（専門分野）に対応する。その学位が栄称の表象であるからには学位に即応したディシプリンも威信を持つ。そのディシプリンの制度的表現が帝国大学分科大学である〉——このような文脈の中で見ると、この時期の学位制度は、まさに明治期日本の知的威信体系創成作業の一環だったわけである。

3　「国家原理」後期——授与手続の複雑化

後半のⅡ-2期に移ろう。

空文化した大博士制度を廃止して「博士学位一本」の時代が来たわけだが、学位授与権者は文部大臣のままであり、実態に大きな変化はなかった。

この時期はまた、京都、東北、九州、北海道というように帝国大学が次々に建設された時期でもある。博士学位取得者の裾野も広がっていった。「威信表示装置としての学位」という性格は、Ⅱの全期間を通じて残った。

注目すべきことは、Ⅱ-2期になると、授与手続がさらに複雑化したことである。表1にあるように、従来の①大学院修了・試験経由、②評議会推薦、のほかに、③博士会承認、④帝国大学総長推薦の二種類が加わった。実に四種類の手続きで博士が生まれることになったのである。

この制度ができてからのエピソードにも事欠かない（寺﨑、一九九二）。夏目漱石が頑強に辞退した文学博士号は博士会推薦によるものだった（一九一一＝明治四四年）。同じ年に佐々木信綱、幸田露伴、有賀長雄なども授与されたが、それらも博士会推薦によるものであった。

IIの時期全般を通じて「学位令」と同「改正」による博士総数は二〇四六件にのぼっているが、その手続き内訳は定かでない。ただし帝国大学創立から一八九七年までを通じての手続き内訳は、論文による評議会推薦博士八〇％、総長推薦博士一二％、大学院修了博士八％である。総数の中でも、大学院修了博士は僅少だったと推定される。他方、総長推薦博士は前記の率より高かったのではないかと思われる。

それにしても、「総長推薦」や「博士会推薦」というのは奇妙な制度であった。加えて「大学院修了」の比率は大変に低い。すなわち、この時期の学位(博士)は「課程修了証明」から限りなく遠かった。「国家原理」による威信が基本的に権威を支えていた。だからこそ功成り名遂げた文学者たちも授与対象となった。すなわち「功績顕賞のための栄称」という性格を強く刻印されていたと言ってよい。

この顕賞的性格は、戦後の博士学位の一部に強く残り、文学、法学、経済学等の伝統的文科系ディシプリンにおける「出し渋り」となって、解決は一九七四年以降に持ち越されたのである。

4　大学自治期から戦後期へ

表1のIII期に入ろう。一九二〇(大正九)年の改革は学位制度にきわめて鮮明な原理転換をもたらした。もちろん、ここで生まれたのは、今日から言えば「旧制学位制度」である。しかし、

(1)　授与権の文部大臣から大学への移管

いた。

(2) 新設公私立大学への授与権の拡大

という二点の改革がこのときの要点であり、その背後には大正期の大学制度全体の改革が横たわって

広く知られているように、大学令(一九一九)による大学改革を通じて、府県(北海道・沖縄を除く)および私人も大学を設立することが認められ、また単科大学も認められることになった。これによって府県立医科大学、有力私立大学、伝統的実業系単科大学が続々と生まれた。

注目すべきことは、この改革はたんに高等教育の拡大だけを目指したのではなく、大学という制度の特性の確認という作業を伴っていたことである。大学関係者たちは、モデルを改めてドイツに求めた。「学部」という組織が全大学の基本組織となって「分科大学」に代わって登場し、その学部は必ず「研究科」を置かなければならないということになった。言い換えると、博士学位が「課程修了証明」であるとしても、その「課程」である研究科は学部というものに付設されるのだという建前になった(著者は、この時期以降大学の中に生まれた制度原理を「学部本体主義」と呼んだことがある。寺﨑一九九八)。官公私立を問わず全大学の学部に教授会が置かれることになったのも、この時期である。それ以前は各帝国大学の分科大学に置かれていただけである。教授団(ファカルティ)の自治の思想は、この時期にようやく大学人の倫理《エートス》として定着した。

学位授与権を文部大臣から大学に移す、という案はこのような背景から生まれた。これから生まれた副次的論点の一つは、学位審査が広く大学に拡大されると学位の「濫授《らんじゅ》」(みだりに与えること)が起

きて学術水準が下がるのではないかということであった。第二の論点は、従来の博士学位に権威があったのはそれが「帝室」による承認を経ていたからである、というものである。すなわち、天皇の大権を補弼《ほひつ》する国務大臣(＝文部大臣)が授与するという形式そのものがこの栄称の威信を支えている、という論である。

教育調査会(一九一三～一九一七)、臨時教育会議(一九一七～一九一九)といった審議会がこれらの論題を活発に議論した機関であったが、詳細をここに書くスペースはない(寺﨑一九九二、一九九九を参照)。書いておくべきは、学位授与権の大学への移管については圧倒的に賛同が多かったこと、「濫授」がレベルダウンをもたらすにしても、その判定は結局大学の評価という競争に任せればよい、という結論になったことである。もちろん、私学の関係者たちは各私学に授与権を移すことを強く支持した。

だが帝国大学関係者たちが保守的だったわけではない。東京帝大総長山川健次郎などは、アメリカの「博士」の例を引きながら、

(1)　学位とはもともと若年研究者を激励するための制度である

(2)　博士などという学位はもともと「大シタモノデハナイ」、外国では二年位専門研究をやれば取れるのだ

と当時としては画期的な意見を開陳している。その上で、

(3)　研究成果は必ず公表されるべきだ

と付け加えるのも忘れなかった。

こうした論点は、大なり小なり一九二〇年の学位令の中に生かされた。①研究科在籍二年後の論文提出、②論文博士、という二つの手続きに簡素化され、総長推薦や博士会推薦などの手続きは消えた。授与権はもちろん各大学に移り、論文の公表が義務づけられた。この学位令は、戦後も一九五三(昭和二八)年まで有効であり、これに沿って「旧制博士」が出た最後の年度は、一九六二(昭和三七)年度である。旧制大学から博士が出はじめた一九二〇年から一九六二年度までの授与累計は八万九八五六人にのぼり、うち七七%は医学博士であった。最終時期には「駆け込み提出」が多いという噂も絶えなかったが、日本の「旧制学位」の時代は終わった。

旧制博士が生まれ続けていたころ、新しく導入されたのが、新制学位制度である(第Ⅳ期)。その詳しい経過について記す余裕はない。海後・寺﨑による『大学教育』(一九六九)および『大学基準協会五十五年史』(同協会、二〇〇五年)はいまも最も詳細な記述と思うので、参照していただきたい。

さて、新制学位制度は新制大学院制度と密接不可分の関係のもとに成立した。重要な点だけをあげると、

(1) 中間学位としての「修士」が導入されたこと
(2) 在籍年限だけが決まっていた従来の学位令に対し、修士・博士両学位に対応する大学院教育課程が設定されたこと
(3) 教育課程の前提として単位制度が導入されたこと

の三つをあげることができる。さらにその前提として、

(4)　大学院そのものが学部の付設制度ではなく独立の教育機関として高等教育の最高階梯をなすものとなったこと(学校教育法)

とくに(4)は旧制時代と新制時代を大きく分かつものだった。

こうした戦後大学院を本章の視角から整理すると。中心に来るのはやはり「課程修了証明としての学位」の性格が明確に出現したことである。それは第I期(黎明期)の「学士」号以来、一三〇年間を通じて最も鮮明に浮かんできた。とくに修士論文自体も単位化されたことは、この変化において大学院教育の課程化と学位の課程修了証明性とが密接に結びついていたことをあらわしている。

5　現代改革がはらむ問題

新制大学院発足後の学位制度の変化、とくに表1のV期、VI期の変化は私どもの記憶にも新しいし、また全面的に分析するとすれば独立論文を用意しなければならない。

ここでは、V期、VI期の変動を、先立つIV期における新制大学院が担っていた問題、ないしは未決の課題との関連で記すほうがわかりやすいであろう。

第一に「教育課程修了証明としての学位」という性格を大学院のスクーリング化という原則のもとで最も正確に反映してきたのは、修士学位である。

ただし一九五七年以降の数年間は、要件はきわめてアカデミックなものであった。しかしその基本規定である大学院基準(大学基準協会が制定したもの)は直ちに修正され、応用的能力や実務的能力を評価するものとなった。そして高度経済成長期を経て安定成長期に入ったころから、工・理・農等の分野では、修士学位は事実上学士称号に密接に接続するような形で「大衆化」され、課程修了証明としての性格をいよいよ強めた(海後・寺﨑一九六九、寺﨑一九九九)。

第二に、これに対し、博士学位は屈折を経験している。

工・理・農・医・薬等の分野では、第Ⅳ期終わりごろの傾向を引きついで課程修了証明あるいは教授資格として機能し、のちになるにつれて専門職業資格としての性格も帯びてくるようになった。しかし法・文・経等の分野では、なおⅡ期、Ⅲ期の顕賞的性格、栄称的性格を強く持つものと考えられ、授与数はきわめて少なく、大学院のスクーリング化にもかかわらず、課程修了証明としての性格はきわめて弱かった。大学院基準(同前)も、博士学位の取得要件として、「独創的研究」「新領域開拓」「文化進展への寄与」「専門研究指導能力」等を列挙し、Ⅲ期以前と変わらない要求を課していた。

この点について大きな変革をもたらしたのは、Ⅴ期への転換であり、とくに一九七四(昭和四九)年の改革は大きい。それまで民間専門家団体(大学基準協会)が定めていた「大学院基準」のほかに文部省令「大学院設置基準」を出すという手続き上の問題点はあったものの、博士要件については「研究者としての自立」という、一義的ではないがはるかに理解しやすい目標を掲げ、それを証明しうることだけを要求した。「学術博士」の新設という措置とともに、この改革により七〇年代後半以降博士学位が急速に出やすくなる事態を招き、大学院のスクーリング化に対応しうる体制が、戦後二四年目にようやく出来上ったことになる。

もちろん、前述のような博士学位の問題点は、法制度が生み出したものではない。近代日本の研究者集団中の一部に醸成されてきた学問水準要求と、ある種の特権意識とが生み出したものである。過去二五年の間にこれが徐々に正され、人文系・社会科学系の博士学位授与者数が増加していることは、国際的観点からも歓迎すべきことと思われる。

第三に、これに対し、将来に問題を残しかねないのは表1に第Ⅶ期として加えた最近年の高度専門職業人養成大学院の制度化とそれに応じた学位制度改革の動向である。

最近では、中央教育審議会答申（二〇〇二年八月）「大学院における高度専門職業人養成について」その他によりプロフェッション育成のための大学院制度の創設・拡充が進められ、さらに法科大学院設置の本格化とともに、とくに修士課程の性格変化は激しく、それに伴って学位の在り方にも少なからぬ影響が出つつある。

問題は、①学位を課程修了証明と見る場合、②学位の要求水準から見る場合、の二つに分かれる。

①の場合、すでに学士課程三年次からの大学院進学は一般に法定され、その上専門職業人育成の修士課程はさらに一年間の修学で済む制度が生まれている。しかも修士論文の執筆は義務化されず、論文執筆外の方法による課程修了も可能である。となると、学士課程四年次大学院進学↓一年修了↓論文無しなどといった「修士」が生まれることをどう考えればよいか。これ以外の履修形態を経た者との間の均衡はどうなるか。さらに博士課程の設置も専門職業人育成方策として許容されているから、同

様の問題はドクター・コースにも持ち上がると見てよい。

以上の指摘は、当然②の要求水準すなわちレベル問題とも連動する。簡単に言えば、いったい「修士」とか「博士」とかは何ものなのか、ということである。

もちろん、右のような問題は学位制度そのものから発するのではなく、大学院制度の大改編から発する問題である。しかし、近年のあまりに急速な大学院再編・改革は、学位制度の原理、平明に言えばその水準に対して学界・社会が共有してきた理解を混乱させている。今後も注意深い考察が期待される。

（『日本の科学者』四二四号、二〇〇三年五月刊）

参考文献

(1) 海後宗臣・寺﨑昌男『大学教育』（東京大学出版会、一九六九）
(2) 寺﨑昌男『プロムナード東京大学史』（同上、一九九二）
(3) 同『大学教育の創造』（東信堂、一九九九）
(4) 東京大学『東京大学百年史　通史一』（一九八三）
(5) 寺﨑昌男編『大学院・学位制度に関する資料集』（広島大学大学教育研究センター大学研究ノート一九号、一九七五）
(6) クラーク・カー著、潮木守一監訳『大学院教育の研究』（東信堂、二〇〇〇）
(7) 横尾壮英『大学の誕生と変貌』（東信堂、二〇〇〇。とくに第二章「学位というもの」）
(8) 大学基準協会編刊『大学基準協会五十五年史』（二〇〇六年）

Ⅳ　文書館

第1章　大学アーカイブス
――その意義と新しい役割――

ご紹介いただきました寺崎です。一般的な意味での文書館（アーカイブス）の現代的な役割は、いまお聞きになった小川千代子さん（記録管理学会副会長）のお話のとおりです。小川さんは、アーカイブスのさまざまな形を話されましたが、私は、多種類のアーカイブスの中のごく一部である「大学アーカイブス」に絞って、体験を交えてお話しします。前の話に、私がイラストレーション（挿絵）を提供するという気持ちでお話しいたしましょう。

1　東京大学百年史編纂のころ

約二〇年前、東京大学の百年史の編纂の責任者を一時させられました。そのころから、大学に本格的な文書館を設けることの必要性を痛切に感じるようになりました。

当時、とくに国立大学では、「文書館」を持つことは夢想でしかなく、学内の制度的ランキングではそれより低い位置にある「資料室」をつくる必要性さえほとんど理解されませんでした。

学内の人々が考えていたのは、「今度百年史が出るそうだ。あそこにいる人たちが何かごちゃごちゃ集めているようだから何とかしてくれるだろう」というぐらいのことでした。しかし、この種の事業は、普通、本が出たらそれで終わり、そのあとは集められた資料がどうなるのか、誰もわからないし、気にもしません。この資料がどうなるのかと気が付いたころは、もう遅いのです。たいてい、ダンボールの箱に外側に何も書かずに入れられ、ふたはしますがそのまま積まれます。何が残っているのか、誰も知りません。ダンボールの箱は、長時間悪い場所に置かれて湿ってきて、資料はいつのまにか死蔵されてしまいます。それが実態です。

ある総長に、私どもは「ぜひとも東大に資料室をつくるべきだ」と言いました。私たちは「文書館」と言っていましたが、国立公文書館ができてしばらく経ってからでしたのに、そもそもその言葉すらあまりよく知られていませんでした。まして大学史資料館などというと、もっとほかに新しい施設をつくらなければいけないのにそういうものが必要なのかという顔をされました。私たちが数人で行って「ぜひお願いします」と言うと、ある総長は「その資料は何メートルぐらいあるのですか」と質問されました。学内にはあちこちにたくさん資料があり、私たちが使えない、まだ見つけていない資料もありますから、それらが何メートルぐらいあるかと言われても答えられません。返答につまると、話は大体そこで終わりになります。「百年史の完成はいつですか」という話になって、「がんばってやっていますが、予定より遅れています」と言って、帰って来るという状態でした。

別の総長は、私どもがお願いすると、少し待つように言ったあと、私たちの目の前で文部省に電話をかけ、「文部省ではアーカイブス（文書館）をつくるような方針になっているか」と聞いておられました。文部省は「学術審議会ではそういう予定にはなっていない」とでも答えたのでしょう。総長は「文部省にはそういう予定はないそうです」と言われました。

そういう大学の自主性を疑いたくなるようなシーンにも出合ったあと、いろいろあった中で、なんとか残せたのが現在の東京大学史史料室でした。

一年限りの助手が置かれましたが、やがてその助手のポストも引き揚げられ、普通の職員の人が来られました。部屋だけがあったというのが、初期のころの当初数年間の東京大学史史料室です。長年勤めてきた助手を助教授にしたのが一昨年でしたが、助手はおりません。助教授が全部仕事をしています。

2　京都大学大学文書《ぶんしょ》館

しかし、ここ数年で、状況が変わってきました。いろいろな大学がいろいろな形でアーカイブスをつくりましたが、九州大学は年史の作成が終わったあとに九州大学大学史史料室をつくられ、やがて文書館にしたいと考えておられます（注：二〇〇五年に九州大学大学文書《ぶんしょ》館となった）。大学の中の公文書をきちんとまとめ始めておられます。最近最も注目すべき大学は京都大学です。昨年(二〇〇一年)一一月から京都大学大学文書館がつくられました。そのことに力を注がれたのは、助手からすぐ助教授になられた教官と職員の人たちです。数人の職員が本気になって、京都大学にもアーカイブスをつくるべきだと思い定め、総長を中心にまっしぐらに進んでいきました。私は昨年、そこの記念研究会へ行きましたが、大変な勢いでした。やがて一つの建物を全部もらって常設の展示場をつくるという構想も職員の間にあり、かえって教官のほうが面食らわれるほどの勢いでした。東北大学が、一九六三年からあった東北大学記念資料室を東北大学史料館に変えられたのは、二〇〇〇年一二月のことです。しかし現在(二〇〇二年秋)のところ専任の助教授や講師はいません。でも少しずつ夜明けが近づいてきた感じです。

3　アメリカのSAA大会に参加して

私が大学に文書館が必要だと思い始めた動機は、大変具体的なことでした。年史をつくる仕事の中でわかった、「資料がなければ何も書けない」という簡単な事実です。存在する資料の範囲でしか沿革史は書けないし、そもそも資料がなかったら何も書けません。ない資料を集めるには、常設のセンターをつくってもらわなければ困る、ということでした。

そのころ、私どもは助手や小川さんたちを中心にして世界の大学文書館の調査をしました。『ワールド・オブ・ラーニング』という世界中の大学のリストが載っている本があります。その本の中からアーカイブスのある大学を探して手紙を出しました。「私たちは東京大学でアーカイブスの研究をしている。どのような活動をされているか教えてほしい」と書いて、全世界の大学アーカイブスに発信しました。しばらくしたら猛烈な数の資料が返ってきました。部屋の机の上にいっぱいになりました。私はこの反応を見て「われわれとは違う」と思いました。自分たちがボランティアをしていることが認められて、尋ねられたからうれしいという返事ではありません。普通に問い合わせがあって、その普通の問い合わせに対して「私たちはこういうことをやっている」と、きわめて日常的な仕事として返事が返ってきているのだと、すぐわかりました。世界の大学には文書館が当然のこととして置かれているのだとわかりました。

アメリカには全米アーキビスト協会、すなわちSociety of the American Archivist（SAA）という学会があることを知り、わかった情報にもとづいて、私はその大会に出席しました。大きなホテルを一週間借り切って、全米から約八〇〇人が集まってきています。アメリカからばかりでなく、カナダやメキシコからも来ていました。その人たちの熱気にふれたときに、びっくりしました。とても熱心な人たちでした。

そこにはあらゆる種類のアーキビストが来ていました。当時の日本で文書館というと、国立公文書館を別にすれば、県立の文書館がまず頭に浮かび、次に、もっと小さな市の文書館、それから民間の専門図書館の何々文庫と言われるところなどを頭に置きますが、その大会に行ってみるとまったく違いました。まず中央集権的な空気はありません。たとえば州の文書館やワシントンにある国立公文書館からもアーキビストは来ていますが、他のアーカイブスがそれらの動向を見定めながら動いていくという感じではありませんでした。聞いてみると、教会、企業、銀行、裁判所などいろいろなところにアーカイブスがある。そして、総合大学やカレッジのアーキビストたちは、university and college archivist と言われ、一つの勢力をなしていることもわかりました。日本人は私一人でしたが、八〇〇人が集まって四日間寝食をともにしました。くたくたになりながら、彼らの熱気の中で過ごしてきました。

そして帰りに、そこで知り合った人たちのアーカイブスに寄ってみました。

日本の大学では残る確率の非常に低い資料が、ある大学ではすぐに出てきます。たとえば、ミネソタ大学に行ったときに「昔の生物学部の時間割はありますか」と聞くと、一九二〇何年のホルダーを引き出して、「これがそのときの時間割です」とすばやく出してくれました。時間割などは大学で一番早く消えてしまうもので、誰も去年の時間割を見ようと思う人はいないし、保存しようと思う人もいません。学生は持っていないし、教員に至っては自分の時間以外は知らない人が多い。それがすぐ出てきました。ホルダーを見ると、そのころ生物学部で学生を集めるためにつくっていたチラシや、その先には学生たちの記録が全部残っているようでした。専任アーキビストをしていたのは中年の女性で、ほかに二人ほどパートらしい男女がいました。「私は明日から三週間ほどイギリスでバケーションを過ごしてきます。その間はあの人たちがきちんとしてくれます」と言って、私を歓迎してくれました。

いろいろ思い出すと、あの大会で私の受けたカルチャーショックは大きかったです。先にもふれましたように、ユニバーシティ・アンド・カレッジ・アーキビストと言われる人たちが、その中の一群団をなして熱心な討議をしていました。私はそこで紹介され、「私も日本のザ・ユニバーシティ・オブ・トウキョウ（東京大学）というところで、いまアーカイブスをつくるべきだと運動をしています」と話すと、みんなにこにこして拍手をしてくれ、誰かれとなく、がんばるようにと励ましてくれました。

4　マヌュスクリプト保存の伝統

そのときにまず学んだのは、当然のことですが、近代の大学で文書館をつくっておくことは、タイヤがあって初めて自動車が転がるのと同じぐらいにあたりまえのことだ、ということです。

二番目には、私が最初にヨーロッパに行ったとしたら、カルチャーショックを感じられなかったかもしれません。しかし、アメリカの大学だったので大学アーカイブスの現代的意義をかえってよく知ることができたように思います。

なぜかと言いますと、一つは、アメリカの大学の文書館は明らかにヨーロッパの遺産を受けているということです。ヨーロッパの遺産とはマヌュスクリプト保存の歴史です。「マヌュスクリプト」とは、『文書館用語集』には「手稿のこと」で、「手書き、ないしはタイプ打ちの資料」を指すと書かれています。「タイプ打ちのものを、より正確にタイプ打ち原稿（タイプスクリプト）と言う」とも書かれています。次に「手稿資料」については、「通常、歴史的または文学的価値や意義を保持している手書きの資料。この語はさまざまに使われる。一つは史料であり、二つ目はある収集意図にもとづくが、それは出所にかかわらず、通常さまざまな分野から得られた史料で人手の加わったコレクションのことを指す」と。近代文学館などにある作家の手稿や個人の書簡集のようなものです。三つ目は「その重要性ゆえに、文書館が受け入れた個々の資料のことも言う」、と書かれています。

マヌュスクリプトを保存するというのは、ヨーロッパの大学が九〇〇年の伝統の中でつくってきたものです。それをアメリカは四〇〇年ぐらい前の大学建設時代に、遺産として受け取りました。

しかしアメリカの場合、それにもう一つ、地域に対して大学を開くという新しい伝統が加わりました。私どもが調べたところでは、アメリカの大学の九十数%がアーカイブスを持っています。九十数%を支える全体の中には、日本で言えば小さい大学や新設の大学も全部入っています。時にはジュニア・カレッジも入っています。なぜそういうところが自分のところの文書を保存し、整理し、公開しようとしているかというと、自分たちの大学が地域に対してどれぐらい役に立っているかということを示したいからです。たとえば、「私の大学ではこういう企画をやりました。カリフォルニア州のベイ・エリア（サンフランシスコ湾岸地域）の歴史の中で、私の大学はどういう位置を示すかということをテーマにした展示会をこれからやります」という私立大学のビラが大会で配られていました。これには非常に驚きました。そう言えばアメリカの大学のミュージアム（博物館）も、大学の中の人だけに開いているのではなく、行けばいつでも見られるようになっています。場合によっては、有料化されていて、大学の大事な財源になっている場合もあります。

そういう点から見ると、私たちは大学文書館をつくることも大事だと思いますが、それが地域に対してどういう役割を持っているかを見定めておく必要があると思います。これは、アメリカから学ぶべきことです。

5　大学の財産目録としての文書資料

なぜ、ヨーロッパの大学はいくつもの文書(マヌュスクリプト)を大事に取っておくようになったのでしょうか。その理由ははっきりしていて、中世以来、大学の財産記録を保存しておきたかったからです。私たちが家やマンションを持つときと同じように、「ここからここまでが大学の土地で、ここからここまでが領地たる荘園である」ということを示す権利書、すなわち財産目録をきちんと保存しておく必要があったのでした。

二番目は、誰が学んだかをはっきりさせておく習わしがあったことです。この記録もきわめて大事で、誰が入学して誰が勉強したことがあるのかというアカデミックなレコードです。「マトリケル」とも言われるようです。ですから、パリの大学やアメリカ、ドイツの大学等に行くと、入学者名簿が必ず保存されていて、誰がそこで学んだのかという事実がすぐにわかります。これも一種の財産目録です。そのように広義の財産目録を取っておく伝統が、いまや歴史研究の大事な基盤にもなっているのです。

数年前、明治大学の招待で来日したあるドイツ史の研究者、B・C・L・ミュラー氏がいました。

彼の話によると、たとえば中世ヨーロッパ史を見るときに、パリ大学やボローニャ大学などの年史、さらにもっと新しい大学の年史のようなものは、当然、中世史研究の基本文献なのだそうです。われわれはそれまでそうは思いませんでした。苦労して〇〇大学百年史をつくっても、「ご苦労さんでした。こんなに細かいところまでよく調べましたね。ところで誰が読むのでしょうね」などと言われるのが落ちでした。大学の年史ほど読者の確定しにくい出版物はありません。いまいる教授たちも読まないと思います。「苦労したね。しかし歴史をやっているのだからしかたがない。教育史をしている人が一番損をしますね」などとも言われました。誰が読むのかわかりません。そう考えると、私どもの常識と、たとえばヨーロッパの歴史学界の常識やアメリカの大学アーカイブスを支える条件とは雲泥の差があります。一〇〇年ぐらいの差が優についていると痛感しました。その点で、各国の大学アーカイブス調査は、私にとって大変いい経験でした。

6 アーカイブスの有用性

戦後の日本で教育改革が行われたとき、アメリカから教育使節団としてやってきた二七人の専門家が、一九四六年にマッカーサーに報告書を書きました。この報告書は、いまの学校制度をつくっていくときに基本的な影響を与えたものです。東大百年史が完結しようとしていたころ、その二七人のうちの生存者を全部訪ね、それぞれが持っている個人的な資料、または大学に寄贈した文書を、全米中回って徹底的に探しました。このときの私は歴史家としてマヌュスクリプト類を使う立場にありましたが、これも大変有益でした。マヌュスクリプトというのは、このように採ってあって、こう使うのだと思いました。

名門私立女子大であるウエルズリー大学のアーカイブスを調査するために、私たちは全員三日間ほど泊まり、いろいろ資料を集めてきました。そのときに一番よかったのは、ウエルズリーの元学長であり、アメリカ教育使節団のメンバーであったホートン女史が寄付されたマヌュスクリプトがあったことです。

たとえば、彼女が電話を受けながら書いたメモ一枚からでもすごいことがわかるのです。この人は高等教育改革を担当していたのだ、そのことについて何日にこのようなことを話し合ったのだとわかるのです。それがきちんと残っていました。それを見ると、第一次合衆国対日教育使節団報告書の高等教育(ハイヤー・エデュケーション)という章は、このときにこういうことでつくられたのだ、と初めてわかりました。アメリカで書いて持ってきたのではなく、日本に来て調査をしながら書いたのだとわかりました。たった一枚の電話のメモ用紙が語る事柄ですら、大変大きいものです。

7　研究者への説明責任

同時に思いました。東大にも、「私はドイツのミュンヘン大学のアーカイブスに行って、これだけのことを調べてきました」などという人はたくさんいます。また文学部の先生は、「イギリスの大学のアーカイブスに行ったら、ある作家のマヌュスクリプトが残っていて、それを研究して学位を取りました」とも言っていました。このように、多くの日本人研究者たちは、外国へ行ったらアーカイブスを利用しているのです。しかし、自分の大学にアーカイブスがないことには気が付きません。

ところで、先ほど小川さんからアカウンタビリティ（説明責任）の話が出ましたが、誰にアカウンタビリティを実現するのかという対象の問題があります。

大学アーカイブスの場合、第一の説明対象が歴史家であることは疑う余地もありません。シカゴ大学のアーカイブスを訪ねたときに、このホールの四分の一ぐらいの広さできれいに整理された閲覧室を見ることができました。夏休みで、七、八人の研究者らしき人がたくさんの資料を前に置いて研究をしていました。スウェーデンやドイツ、フランスなどの人たちでしたが、このように全世界からシカゴ大学のアーカイブスに来ていました。当然のこととなっているのです。大学アーカイブスの場合は、全世界の研究者たちが第一番目の説明責任の相手になると思います。日本の科学史の先生が、「科学史の勉強をするとき、アメリカの大学アーカイブスに行くととても助かる。この科学者がどんな環境で研究をやったかを確かめるには、出身大学や勤務大学のアーカイブスに行かないとだめだ」と言っておられました。大学が文書を保存し、整理し、公開していることは何よりの救いです。

8　地域に役立つ大学アーカイブス

二番目の対象は地域の人々です。日本のあらゆる大学も実は地域で生まれ、発展しています。大学の文書を地域を対象としてどれだけ公開できるかということは、これから大変大切になってきます。その地域の産業に対して大学はどう応えてきたのか、地域の企業に対してどのような人材を送り出してきたのか、また十数万人いるその大学の卒業生の中で目立った働きをしている人は、大学で何を勉強していたのか。こういう問いに答えるためには、小川さんが言われていた「ソフト」が必要です。その人がいたときどんな先生がいて、何を教えられ、何を学んだのかがわからないといけません。先ほど出てきた時間割と同じような形の文書収集も、これから行っていかなくてはなりません。地域に役立つ多くの大学アーカイブスは、非常に広いマヌュスクリプトを持っていなくてはいけません。

9　専門職としてのアーキビスト

外国の大学アーカイブスを見るにつけ、図書館と文書館と博物館の三つを現代の大学が備えておくのは当然の責務だということが、だんだんわかってきました。自信を持ってお話しできるようになりました。

学会大会に出たり訪問したりしているうちに、アメリカの大学アーキビストたちが持っている自信をいろいろなところで感じました。たとえば、彼らは図書館のライブラリアンの方たちに対して相当な対抗心を持っています。実際に聞いてみると、先ほどシカゴ大学のアーカイブスには世界中どこからでも調べに来ると言いましたが、アーキビストたちは、三〜四カ国語を自由に話せ、読めるそうです。それができないと分類整理ができないからです。この点でも彼らは非常に強い自尊心を持っています。それから、学内にはマネジメントのスタッフと教員のスタッフがありますが、その中では自分たちは教員のスタッフに近いところの専門職として位置づけられるべきであると考えています。ライブラリアンは専門職として位置づけられているが、自分たちアーキビストはそこまでいっていない。しかし、新興の職種だという気持ちがありますから、アーキビストであることを強く誇りに思っています。

先ほどのウエルズリー大学で働いていた女性は、私が数年前に全米アーキビスト協会でやったスピーチを聞いていたらしく、よく覚えているといって、仲良くなりました。その彼女に「日本のアーキビストに何かメッセージを送ってほしい。三〇分ほどインタビューをさせてほしい」と言ったら、喜んで時間を割いてくれました。彼女はウエルズリーの出身で、母校で働いているのですが、いろいろ話してくれたあと、私が最後に「アメリカの専門職の人たちは自信があると次々に大学を移りますが、あなたもいずれどこかの大学に移りますか」と聞きますと、「いいえ、私はfor ever（いつまでも）ここで働きます」と言いました。「for ever」という言葉が忘れられません。専門職者にはトランスファー（移動）が当然ですが、彼女はこの大学で何かを明らかにするために永遠に働くと公然と言いました。彼らを支えているモラールの高さや専門職者の自信を感じることができました。

10　大学アーカイブスの新しい役割

次に「新しい役割」について考えてみましょう。

大学のアーカイブスは、設置者次第でずいぶん違います。国公立大学の場合は、行政機関として税金によって支えられています。納税者に対する責任として、情報公開をすべきです。京都大学や九州大学や東北大学の動きは、いまのところ情報公開法が追い風になっていることは確かです。これがなければ、先ほど申したような状況の変化はとても考えられません。二〇年ぐらい前とはまったく変わってきています。いずれにせよ、国公立大学では、地域の人々および国民全体に対して、これからアカウンタビリティを発揮する責務を非常に強く負わされることになると思います。

私立大学はどうかと言いますと、これまでのところ、大きな動機は「大学のアイデンティティの確認」でした。アイデンティティを確認するために何が必要かというと、その大学をつくった個人や集団の事績をはっきりさせることです。

よく整った私学のアーカイブスを見てみると、この動機が非常に強い。同志社大学の文書館は立派ですが、あの文書館は、最初は新島襄の文書をどう整理するかということで一つの倉庫を使い、そこへ新島の文書を全部入れて取りあえず保管し、やがて書簡集を出し、著作集を出すといった作業と並行しながら発展していきました。福澤諭吉を抱える慶應義塾大学も、福澤諭吉の著作集・書簡集を確実につくっておられます。今度も新しい福澤諭吉全集が出るところですが、そのバックにあるのは、福澤諭吉のマヌュスクリプトを保存するという大事な作業でした。その発展として大学アーカイブスが生まれています。そして、もともと福澤文書をなぜ保存するかと言うと、それはほかでもなく建学の理念を確認する必要があったからです。私学の場合は非常にはっきりしていて、早くからその作業を行ってきています。

11 年史編纂からアーカイブスづくりへ

いまはだんだん進んできて、国立大学のように情報公開法の影響は直接にないものの、明治大学では、理事側から熱心な意見が出ていて、百年史の成果をもとにして文書館をつくることを本気で考えておられます。

きょうお配りした資料の中に私の小さな論文があります。この論文は『紫紺の歴程』という最近の雑誌に載りました。『紫紺の歴程』は明治大学の百年史の紀要です。私の論文以外にたくさんの人たちが、明治大学は文書館をつくるべきだと言っておられます。非常なエネルギーで進んでおり、実現していくのではないかと思います(注:二〇〇三年四月一日に大学史資料センターが開館された)。その背景となってたのは、かつて明治法律学校をつくっていった一団の法律関係者たちの事績が、全部明らかになってきたことです。つまり明治大学は、年史をつくるということで建学の理念を明確にし、集まった資料をもとにして文書館をつくるという筋道で進んでこられました。

有力な私立大学がつくっている日本私立大学連盟という団体がありますが、『大学時報』という雑誌に、各大学で起きた歴史的事件を一校一つずつ書いてもらう連載が始まります。その第一回に、私は「大学の年史を作る――見直されるべき意義と効用――」という小論を書きました(第二七九号、二〇〇一年七月)。これから一年間の連載で、いろいろな有力大学が自分の大学の歴史上起きた事件を書くことになっています。こうした試みを通じて、だんだん大学の文書館をつくる方向に進んでいくと思います。二一世紀に入って、私は非常に大きな手応えを感じています。かつてのように岩倉使節団が外国に行ってやっと勉強をしてきたように私がアーカイブスを学びに行ったような、そんな時代ではなくなってきています。

もう一つは、いいアーカイブスがないと、いい年史ができないのです。

年史というものは、どうかすると引き出物扱いにされます。せっかくもらったのに「誰が読むのですか」、「あんな重いものをうちには置いておけません」と言う教員もいます。写真集と一緒に配られるから「どうせアルバムだ」と家に持って帰って、本人が亡くなるとすぐお払い箱になる運命をたどります。

しかし私に言わせると、大学の百年史や五〇年史は非常に怖い産物です。なぜかと言うと、それが立派にできるかどうかが、その大学全体の実力をものすごく正確に表現するからです。私は何十冊か読んできましたのでよくわかります。大きくていいと思われている大学が必ずいい年史を出しているとは限りません。その大学にいる先生方の学問的実力や大学への愛着、大学の理事たちの理解、また国立大学ならお金の集め方とつくった体制の善し悪し等が、直接に反映されます。

12 大学評価とアーカイブス

これから大学は評価の時代に突入します。もはや国公私立を問わず、私たちは、社会的評価と行政機関による評価にさらされます。

大学評価・学位授与機構という大規模な評価機構ができ、国立大学の統廃合を促す「遠山プラン」も発表されました。大学に対する評価の新段階が始まったように見えます。そのときに、どのくらいの年史が出せたかも大事な評価の材料になると思います。そして、いい年史をつくるために必要なのは文書の集積と整理です。さらに、出来上がって出た本としての年史が本当かどうか、つまり本に書いていることはこれで充分かと仮に外の人が思ったときに、それを探しにくる場所が文書館です。アーカイブスは年史の確認の場所としても大変必要な場所になってきます。

アイデンティティが求められ、評価の波にさらされようとしている大学にとって、文書館はきわめて大切な施設だと思います。今後その必要性はますます深まってきます。国立大学は法人になることが確実視されていますが(二〇〇四年四月一日、法人化)、国立大学といえども、学生が来るから大丈夫と言ってはいられない時代がきっと来ます。私は、このさい文書館をつくっておくかどうかは、大学の浮沈にかかわってくると思います。これが二番目です。

13　自校史教育とアーカイブス

アーカイブスのアカウンタビリティの対象の三番目は、学生です。私は最近まで気が付きませんでした。

六〇歳から六五歳まで立教大学で教えましたが、その間、立教大学の中には大変進んだ共通カリキュラムができました。この「全学共通カリキュラム」という、新しい教養教育をつくる責任者に私はなったので、一コマぐらい持たなくてはいけないと思い、「大学論を読む」という科目を持ちました。五五人ぐらい学生が集まって始まりました。うち一年生が二十数人、二年生、三年生、四年生はわずかでした。その次の学期に、文学部共通科目を担当しました。このときは文学部の学生だけが六〇人来ました。それを前後期にわたってやり終えてから、定年で桜美林大学に移りました。

全学共通カリキュラムや文学部総合科目で試みたのは、「立教大学を考える」という二、三時間の講義だったのですが、詳しくは他の機会に譲りましょう(本書九一〜一〇〇頁参照)。

結論だけ言えば、立教大学・立教学院の現状と歴史、さまざまな事件への対応などを包み隠さず語る授業を行ってみて、学生諸君がいかに安堵し、またいかに自校への興味をかき立てられるか、よくわかったのです。他方、学生たちは自分のいる大学のことについていかに知らないか、ということも思い知らされました。

いいことも悪いことも話す中で、学生たちは自分を発見しました。自分の居場所と自分自身とがわかったのです。こういう回路を、自分の大学の歴史が彼らに準備しました。そのためには正確な歴史が最も必要でした。それを保障するのが立教学院で当時出された『立教学院百二十五年史 資料集』であり、その基盤となったのが資料収集作業であり、そうした制作物や作業が、のちの「立教学院史資料センター」開設へと発展していったのです。

この「正確さ」は、残念ながら総長の訓示などでは求められないものです。大学の光と影の両方を含めて、自分のいる場所はここなのだと学生たちにわかったときに、彼らは安心をし、自分を発見し、そして勉強しようという気になります。これはまさに教養教育だと思います。「教養」の第一歩が自分の発見であるとすれば、まさに自己の発見のための機会を、自校史の授業が与えてくれるのです。このことに、私は自信を持ちました。

聞いてみると、すでにこの名古屋大学でも、自校の歴史についての教育が行われているそうです。ほかでもたくさん組まれています。私はたんなる思いつきで始めましたが、そのあと立教では「立教科目」というのができまして、「大学の歴史」「立教の歴史」「戦争と立教学院」といった科目が出されています。これはいいことだと思います。予備校の偏差値や入試難易度だけが学生たちの大学選択の基盤で、彼らはたまたま立教に来たのかもしれない。その彼らに対して、まったく違う形で「居場所」を教えるのはまことに大事なことです。その基礎になるのが、文書館だと思います。

14　大学改革論としての大学アーカイブス論

いろいろな点で、大学アーカイブスはこれから新しい性格を持つと思います。『紫紺の歴程』にも書きましたが、従来の大学文書館論は編纂始末論、資料収集始末論でした。私たちは昔、この発想でしか東大でも論議できませんでした。「この資料をどうしますか。大学が何もしないのなら私たちが外に出しますよ」と脅かさないとだめでした。しかし、これからは、いままでと違うと思います。大学文書館論というのは大学改革論の一環だと思います。それぐらいの認識を持って、このことに当たるべきだと考えています。

ご静聴、有難うございました。

（平成一三年度名古屋大学史資料室公開シンポジウム報告書『開かれた大学』とこれからの文書資料管理・情報公開」、二〇〇二年一二月）

第2章　大学アーカイブス私見
――九州大学大学史料室に寄せて――

「ユニヴァーシティ・アーカイブス」という言葉を聞いたのは、四〇年以上前、大学院生時代だった。研究助手としてチームを組んでいたアメリカ人教授の口から聞かされた。しかし、何とも得体の知れない言葉だった。

ライブラリーという言葉は、もちろん中学生のころから知っていた。一方、アメリカ帰りの教授から「〇〇コレクション」という言い方があることも聞いた。

たとえば、「スタンフォード大学にはフーバー・ライブラリー」という元大統領が寄付した図書館があって、戦争と平和と革命に関する図書や文書を収集している。その中のアーカイブスに寄贈されているトレイナー・コレクションは、戦後日本の教育改革を知るにはぜひ見ておかなくてはいけない。

何しろ占領軍の教育担当課長だったマーク・トレイナーの文書だからね」というように語られる。

「ははあ、『コレクション』というのはどこかが集めた資料という意味ではなく『誰々の手許に集められていた文書群』のことなのだな。日本でいえば「○○氏文書」というのに近いんだ。それを図書館が入手したのだ」。そう想像した。一九七〇年代末、実際にスタンフォード大学でトレイナー・コレクションを利用してみて、理解は間違っていなかったことがわかった。

これに比べ、「アーカイブス」のほうはわからない。

最初に大学院生、のちに教官になった東京大学を見渡しても、それらしき設備はない。「文書倉庫」のようなものだろうか。弥生門という校門のそばに「通信倉庫」というプレハブ倉庫があって、事務の文書がおいてあるそうだ。安田講堂の地下も文書置き場になっているという。どちらも事務の人たちがときどき使っているようだ。ああいうものなのだろう、と想像するのがやっとだった。

歴史学専門の方々なら、ずっと早くから知っておられたに違いない。また文学史や法律史・政治史などの専門家でドイツ大学のアルヒーフ、フランス大学のアルシーヴなどを利用された向きは、「大学アーカイブス」などまったく既知に属するものだったろう。科学史研究家から、アメリカの大学アーカイブスがご自分の科学史研究にいかに貴重不可欠だったかを聞いたのは、のちのことである。

私は日本の近代大学史の研究を細々と続けていたが、あのころは、この言葉に対応する実体も浮かばず、イメージもなかった。海外で大学アーカイブスを利用した学内の教授諸氏からも、「東大にアーカイブスがないのはおかしい」という声を聞いたことはなかった。

日本でこの施設の重要さが理解されるようになった経過は、長い話なのでここには書けない。だが結果を言えば、二一世紀に入ったいま、大学のアーカイブス（大学文書館）は、日本の多くの伝統的私立大学・そして国立大学にも続々と姿をあらわしている。

早稲田、慶應義塾、同志社などの伝統的私学が一歩先んじていたが、国立、とくに旧帝国大学も、最近では追いついた。東北大学が記念資料室をつくったのは早くも一九六三年だったが、二〇〇〇年一二月には「東北大学史料館」と改称されている。東京大学が東京大学史史料室を開設したのは一九八七年のことだった。二〇〇一年に、京都大学は京都大学大学文書《ぶんしょ》館を立ち上げた。九州大学大学史料室も、発生としては七五年史編纂の副産物だったかもしれない。だがいまや日本における大学アーカイブスの元気な「新生児」の一人である（注：二〇〇五年四月から九州大学大学文書《ぶんしょ》館となった）。

一九八〇年代はじめ、『東京大学百年史』のメンバーが中心になって、世界の大学アーカイブス調査をやったことがある。

調査結果や文献研究をもとに纏めてみたところ、大学アーカイブスはとくに次のような史料を集め、整理保管し、そして広く閲覧に供し、同時に研究にも当たっているのだということがわかった。

①大学の管理運営の歴史を示す公的文書、簿冊、事務記録その他の文書
②大学内諸機関の議事録、意見書、答申、報告書など
③大学や各学部などの刊行する年報、要覧、履習要項、授業時間割、雑誌、新聞、広報誌など行政・

教務学務に関する資料類
④卒業生の在学記録、アルバム、講義ノート、伝記、書簡など
⑤学長、学部長、教授、職員などの私蔵する、あるいは生前に私蔵していた文書類のうち、とくに大学に関係するもの
⑥大学設立者、寄付者、卒業生など関係者の文書
⑦大学の記章、門標、記念品、トロフィー、旗、制服制帽、印爾印章などの物品
⑧大学に関する写真、ビデオ、テープ、フィルム、その他の電子媒体記録など
⑨学問史的意味を持つ実験器具、研究室製作品、報告書など

どの国の大学のアーカイブスも、右のような類型の史料を、それぞれ個性を発揮しながら収集し、利用に供している。八〇年代はじめにアメリカを訪ねてみると、たとえばシカゴ大学アーカイブスはとくに①に重点を置き、理事会・学長等の記録の完全保管に力を注いでいた。それが「売り」となって、広い閲覧室には、ヨーロッパ各国の研究者が集まっていた。ミネソタ大学は④に関する資料が豊富なようで、でたらめに頼んでみた五〇年前のバイオロジー学部の時間割と学部案内のパンフレットを、ポンと見せてくれた。日本の学部事務室に同じものがあったら、とっくに廃棄されただろう。

全米アーキビスト協会の年次大会というのに出席したら、ＭＩＴアーカイブスの責任者というアラブ系とおぼしい堂々たる女性が、いかにして学内資料を集中させるかを熱心に講義していた。図書館

司書や博物館学芸員と同じく、この職場がめざましい女性プロフェッショナルズの職場となっているかもわかった。そして、短期大学も含め、アメリカの大学の九〇％以上がアーカイブスを持っていたのである。

先のリストに帰ると、注目を引くのは、⑦⑧⑨のような「文書」ならざる物品・資料も大学アーカイブスの大切な収集・保存対象だという点である。もし大学博物館があれば収集が重なりかねない。だが実際は、物に即して収集を分担していることもわかった。

なるほど、このリストに書いたようなものが集められるのなら、そしてそれが手続きを経て自由に閲覧できるのなら、歴史研究には大いに役立つはずだ。

「ウィーン大学のアルヒーフには日本にはない伊藤博文の書簡があります。それは憲法調査に渡欧した伊藤が師事した元教授ローレンツ・フォン・スタインの文書の中に、スタイン宛の手紙が保存されていたからです」。かつて憲政史研究者からぼんやりと聞いていたそんな情報も、アメリカを訪ねてから一挙にリアルに思い出された。

大学アーカイブスの内容・役割・使命は、近世までの史料研究に当たる史料編纂所とも総合資料館や図書館とも違う。東大の史料室を学内措置で開設してもらうとき、それをわかってもらうのにも苦労した。

たかが百年前後しか経っていない大学の史料、それも多くは行政文書を、史料編纂所が取り扱ってくれるはずはない。他方、附属図書館と史料室とでは、収集文書の質、分類保存のやり方その他がまったく違う。外国の大学では図書館の付置付設となっている例もあるが、本筋は独立施設である。司書とアーカイブス責任者とは専門性がまったく違う。また総合資料館という名の博物館とは、収集物がまったく違う――。そんなことをわかってもらうにも大汗をかいた。

だが最近の趨勢を見ると、ようやく大学関係者や行政当局の理解も育ってきた気がする。「国際社会の大学を見てください、アーカイブスは、ライブラリー、ミュージアムと並ぶ、近代大学の必置施設ですよ」。一昔前なら絶叫しなければわかってもらえなかった、いや、叫べば叫ぶほど怪訝な顔をされかねなかったこういう話も、やっと聞いてもらえるようになった。加えて国立大学にとっては情報公開法の要請も見逃せない。開示を求められるのは現用文書だけではない。歴史文書もまた保管整理しておかなければ社会的責任が果たせないからである。今日の現用文書は、明日には歴史文書になるのである。

さらに言えば、大学激動期のいま、最も求められるのは各大学の個性とアイデンティティーの確認と、学内外におけるその共有とである。アーカイブスという組織は、その拠点になる。

また、アメリカの大学アーカイブスがとくに地域と協力して熱心に行っている公開・展示行事などを見ると、アーカイブスは、地域と大学の関係づくりに有効なだけでなく、大学自身の広報活動にも不可欠で、時には最良の施設であることがわかる。国立大学が行政法人化すると、現在と違う形の「自立性」とアカウンタビリティーが求められるようになる。そうなれば、一見地味に見えるアーカイブスは、逆に大学サバイバルのための重要な働きを分け持つ部署になろう。

二〇〇一年の秋、京都大学には本部直轄下に大々的に大学文書館が開設され、いま日の出の勢いで整備が進んでいる。そこへ旧帝大の大学史文書館や史料室のメンバーが集まって、二月（二〇〇二年）には全国研究会を開いた。その他の旧帝大にも、次々にアーカイブスができるだろう。

九州大学でも、史料室が脱皮・成長を遂げて、他大学と同様、基礎を固められるよう祈りたい。

（九州大学『大学史料室ニュース』第一九号、二〇〇二年三月三一日）

第3章　こういう日がやっと来た

――京都大学大学文書館の成長を祈って――

二〇〇二年二月二〇日、諸大学から京都大学大学文書館に大学史関係教官が集まり「大学アーカイヴズに関する研究会」を開いた。それに先立って、楽友会館(同窓会館)一階の書庫に案内された。著者は一行の最高齢に属する。足許を心配してくださる向きもあったかもしれない。でも勇んでついて歩きながら、心中何度もつぶやいた。「こんな日がやっと来たのだ……」。

できたばかりの書棚群は、すべて木造である。厚さ二センチ強はあろうという底板にはトガの集成材が使われている。どれほど重い文書が載ろうとも撓《たわ》みそうにない。

職員の人の話では、部材と部材との間はすべてホゾとくり抜きのホゾ穴とが組み合わせてあり、柱埋込式棚算工法という伝統技法なのだという。釘も金板も一切使われていない。「昔は町家《まちや》でもこれが普通の工法だったそうですが、いまは宮大工の作業を除けばほとんど使われないそうです。つくった人は、久しぶりに町屋三軒分ぐらいの仕事をさせてもらったと喜んでいました」「そのかわり、材木に穴を欠き込む作業は大変で、腱鞘炎になりかかったそうですよ」

すでにかなりの非現用の公文書が配架されている書棚の間をめぐりながら、「国立大学の中でこんな説明を聞くなど、夢ではないだろうか」という思いに浸っていた。棚板の全長は二二八三メートルになるという。当分は大丈夫である。

＊　＊

「文書館建設」という目的に即した、見通しに満ちた配慮と工夫がなぜ生まれえたか。

まず、大学の明確な意思があったからである。行政文書を責任をもって保存し、かつ活用してゆくという意思である。それだけではない。その意思を支える教官と職員のエネルギーがある。そのエネルギーが職員の人たちに共有されている。国立大学の中では稀に見る奇跡に思われた。もちろん、同窓会その他の協力も、不可欠のものだったに違いない。

著者は、京都大学における大学文書館《ぶんしょ》の開設は、日本の国立大学における、いや、公私立大学を含めた日本の近代大学の歴史における、画期的な出来事だと書いたことがある(明治大学大学史紀要『紫紺の歴程』第五号、二〇〇一年五月『大学教育の可能性』所収)。まだ館が発足したばかりの時期だった。決してほめすぎではないと信じてきた。あれから一年しか経っていない二月の施設見学は、改めてそれが間違いでないという確信を得させてくれた。

日本の大学には文書館(アーカイブス)が必要だ、それは図書館(ライブラリー)、博物館(ミュージアム)と並んで、世界の近代大学の必置機関なのだ――こう唱え始めてから二〇年にはなるだろう。その意見が通るまでには長い年月がかかった。

著者たちだけではない。若い研究者の中には賛同してくれる人がしだいに出てきた。他方、アメリカ・ヨーロッパの諸大学への留学や在外研究の際、アーカイブス、アルヒーフなどのお世話になった人文・社会科学の教授たちも、潜在的な同調者になってくれた。

やがて、各地の国・公・私立大学で創立百年史や五〇年史などの編纂が始まると、それに駆り出された広報課や総務課といった部署の職員の人たちが、学内に歴史資料がない、収集はおろか保存もされていない、ということに気付き始めた。彼らと教官との大学史編纂担当者の協議会が、西日本と東日本につくられ、やがてそれは全国組織になった。

さらに、一九九一年以降、大学の自己点検・評価活動が努力義務化された。建学の精神や歴史をまとめておけるかどうかは、最も息の長い自己点検・評価のメルクマールになる。そのためには少なくとも史料室ぐらいなくては済まない。こうして大学、とくに自己点検・評価の波に直面した国立大学には、アーカイブスの必要性がしだいに醸成されてきた。

つまりアーカイブスは、近代大学理念の側からでなく、実際の(行政上の)必要性の側からも、少しずつ見直されてきたように思われる。

ただし伝統的な私立大学は違った。福澤諭吉、大隈重信、新島襄といった高名な創立者を持つ私学では、早くから関係文書の研究や集成が図られていた。そうした大学の多くは、何らかの文書館を持っていた。国立は、はるかに遅れをとっていたのだ。

* *

京都大学大学文書館は、こうした遅れを一挙に取り戻す意味を持っていた。だがそれだけではない。それは新しい時代の大学のミッションとかかわらせて構想され、またミッションに即して、つくられたように見える。

第一に、大学のアイデンティティがいまほど求められるときはない。国立大学は設置主体すら変わろうとしている。「京都大学とは何か」。それを尋ねる史料さえないようでは、話にならない。

第二に、「行政機関の保有する情報の公開に関する法律」(情報公開法)がある。少なくとも公の機関である大学、とくに国立や独立行政法人にとって、大学内情報の公開、地域の行政情報公開と連動した情報公開が義務化され、それが不可能なようでは責務を果たせない時代になってきた。

第三に、自分のいる大学とは何かを求める声は、教職員や卒業生だけでなく、在校生の間にも高まっている。

こうした要請は、確実に一〇年前と違う。その中で、京都大学の学内意思が固まり、しかも事務局の応援のもとに着々と基礎が築かれている。両者の時間的因果連関は必ずしも前述のとおりではなかったにしても、大いに称《たた》えられて然るべきことだと思うのである。

＊　　＊

北大から九大に至る旧六帝大と広島大学、それに二私立大学からの参加者を得て開かれた「大学アーカイヴズに関する研究会」は熱気のこもったものだった。

名古屋大学は資料室から文書館への発展を図っている。合言葉は、「名大にLMAを!」である。LMAとは、ライブラリー、ミュージアム、アーカイブスの三つである。

昨年九月、同大学の大学史資料室が地域の行政情報関係者にも呼びかけて開いた公開講演会『開かれた大学』とこれからの文書資料管理・情報公開」は、空前の三〇〇名近い参加者を集めた(本書Ⅳ第1章参照)。

九州大学大学史料室折田悦郎助教授(当時)は、大学アーカイブスの必要性が年史編纂の苦労と抱き合わせに語られることには、違和感を覚える、と言う。

確かに、いい沿革史を書くには、また百年史編纂等で集まった史料を分散させないためには、史料室・文書館の設置が必要である。だが今後、アーカイブスは新しい大学をつくっていくための、未来に向けた不可欠の機関として考えられるべきだ、というのが同助教授の主張である。著者も同感である。

大学アーカイブス論は、沿革史編纂始末論や、歴史研究施設論ではない。大学改革論の一環として論じられ、実践されなければならない。その時期はもう来ている。

京都大学大学文書館のさらなる発展を祈るや切である。

（京都大学『大学文書館だより』第二号、二〇〇二年四月三〇日）

第4章　沿革史編纂のスタート地点に立つ大学へ

――九州工業大学に寄せて――

お呼びいただいて恐縮です。実はついこの前、会津若松市に招かれまして、「山川健次郎先生顕彰会」の公開シンポジウムで講演させていただいたのです。その直後のお話でした。山川健次郎氏は明治後期と大正期の二度にわたって東京大学総長だっただけでなく、何しろ九州工業大学の前身である明治専門学校の「総裁」をされた方ですから、これはご縁が重なったと思い、すぐにお引き受けしたわけであります。

こんなに大勢の教職員の皆さんがお見えになる講演会とは存じませんでした。もう少し小さい数人の会かと思っておりました。驚いていますけれど、考えてきたことを肩肘張らずに話させていただきたいと思います。

1 法人化のもたらすもの

この四月(二〇〇四年)から、ご承知の国立大学法人化の大きい流れがありました。いまのところ、どの大学の現職教官に聞きましても「思ったほどの変化はありませんね」というふうに言われるのですが、私の見るところ、五、六年後あるいは一〇年後くらいになると、変化の影響が相当に出てくると思います。その中でもとくに求められるのは何か。

「うちの大学はこういう大学である」ということを自他ともに認めさせる、自分たちもそれを確認することだと思います。この作業なくしては国立大学法人の衰退は避けがたい、というのが私の観察です。

話がずれますが、私の現職は立教学院本部調査役という珍しい役職です。立教学院は、小・中・高・大の四種の教育機関を持っておりますが、それらを含む全「学院」を活性化していく教育改革の相談役というのが職務です。

その役割の中で、私学の危機というものを目の当たりにいたしております。消えていく大学だって当然ある。ほとんどの大学があと三年ぐらいで勝負はつく、いや、すでについている、というのが玄人筋の観測ですらあるのです。

二〇〇七年、すなわち希望者全員が大学に入れるという「大学全入」の年までに、どの大学が残るか、それほどに厳しい状況です。そのサバイバル競争の中で死命を制するポイントの一つが、「その大学が『自分の大学らしさ』というものをはたして出しえているかどうか」ということであります。とくに学生や父母の目線においてそれが実現しているかどうか。これがどの大学にとっても、生命線になっていくわけです。

今日お話ししたいと思っております沿革史編纂という非常に地味な仕事も、実はそういう確認作業の一環だと思っております。そういうつもりで話を準備してまいりました。

ただし、かなり具体的な技術的な話も望んでおられますようで、そういう点にも重点を置きたいと思います。

2　大学史編集の体験から

私は、立教学院の百年史、東京大学の百年史、東洋大学・拓殖大学の各百年史というように、これまで四つの大学の年史編纂に直接かかわってまいりました。それぞれの経験の中から、いくつかの教訓を学ばされました。

まず、立教学院百年史です。まだ三〇歳代の終わりごろで、非常勤講師でしたが、このときは、「編集される先生の見識がその年史のレベルや質を決める」ということをわからされました。作業は一九七〇年代はじめに始まりましたから、大学紛争の直後で、大学にも相当疲れが見えました。その中でようやく作業が始まりましたが、その出発のさい、委員長であった日本キリスト教史の著名な専門家だった先生（海老澤有道教授）は、「学術的なものをつくりましょう」ということだけをおっしゃいました。「皆さん方は、どうか自分の論文を書くつもりで担当の個所をお書きください。それで結構です」というのです。さらにその当時非常に珍しかった、出典注のついた年史を書かせてもらえたのです。委員長の言葉に励まされて、私も自分の担当部分はまるで専攻の教育史の論文を書くようなつもりで書いてしまいました。紛争後でもあったし、アカデミックにやる、ということが唯一のエクスキューズだったということも否定できませんでした。

その次の東京大学百年史、これは一九八七年に全一〇巻が完成したのですが、最後の胸突き八丁の段階で私は第三代目の委員長をさせられ、刊行終了までの四年間の運営が私の責任になったのです。このときの心構えは、それまでの経験とか、日本のほかの大学史の出来具合とかを踏まえて「絶対にあとで参照されるような本格的な歴史書をつくりたい」ということでした。

前後一二年間にわたる作業だったのですが、百年記念基金をベースにする作業でありました。やはり、金と人と物、この三つが比較的潤沢だったからこそ突っ走れたのです。もちろん、できたものは相当評判もよく、歴史研究上の重要参考文献になりました。このほか、あとにも申しますようないろんな教訓を得たわけです。

三番目の東洋大学百年史、これは私立大学の沿革史の中では、相当充実したトップレベルに近いものだと言えるでしょう。このとき学んだのは、「三〜五人ぐらい熱心な方がおられたらどんな年史もできる」ということがわかったことです。経過は複雑でした。ある部局で最初は請け負っていたものの、途中で投げ出されてしまって、別のセンターに回ってき、それから私のところに頼みに来られ、ついに学外からの外人部隊としてセンターの先生方をお助けに行ったというような、簡単に言えばそういう経過ですけれども、私を呼ばれた方たちの数は五、六人ぐらいでした。それでも、非常に長い歴史の学校、すなわち明治一八年にできた「哲学館」から始まる東洋大学の歴史が、完成しました。

あのとき思ったのですが、百年史の仕事とかに全員がものすごく熱心になるということはありえないことなのです。そのことに悩んでいるほうがむしろ疲れる。現実には、熱心な方、義理で参加している方、役目で参加している方というようにさまざまな方がおられて、その方々が相互に協力しながら、ともかく完成まで持っていくということになる。それらを含んだマネジメントこそが、非常に大事になってまいります。ただし、マネジメントが成功するためには、やはり芯になるエネルギーが必要なのです。「中核となる方数人が、どうしても必要だ」ということ。これが三番目の教訓でした。

四番目は拓殖大学。これは現在進行中です。私は直接には関係しておりませんが、教え子がお手伝いをしております。いかに古い歴史を持つ大学であっても、中央部分の資料が押さえられない限り歴史書は書けない、ということを痛感いたしました。私立大学の場合は、理事会とか常務会とか評議員会とかいう一番大事な部分の記録が残されていない場合があるのです。不思議なことですけれど、立教も探し出すのに苦労しました。芯の部分の記録がなかったり見当たらなかったりする。教授会の記録のように当然保存されておくべかりしものがないというふうな、そういうことが、とくに私学の場合は往々にしてあります。それを補わなくてはなりません。がんばってどこかにあるものを探し出す。

探し出すことによって大学という組織の骨格がいかによく書けるか、これをいま拓殖大学で痛感いたしております。もっとも、同大学では探索や学内協力の結果、いままでに立派な資料集が三巻まで出まして、これなら大丈夫、という見極めがつきました。

3 資料の収集

(1) 資料の収集

次に資料の検索や収集ということから入りたいと思います。経験したことから申しますと、まず学内資料だけでは書けないということです。学内の資料に限らない広範囲な資料収集が要るということです。そのための予算と人手をぜひ確保なさる必要があると思います。

たとえば内閣文書、これはいま東京の国立公文書館にありますが、そこの関係資料等は重要です。探していけば、こちらでも、創設以降の初期のことなら私立学校関係書類の中にあるでしょうし、その後官立や新制大学になってからでしたら、もちろん国立大学文書の中に、ぽっと出てくるんですね。それらは徹底的にお集めになっておかないと、学校の姿が見えない。

二番目は予算に関係しますが、とくに議会議事録です。これもやはり関係したところはご覧になっておいたほうがいい。幸いにしてマイクロフィルムでも見ることができますから、昔よりはるかに容易になりました。

もう一つは、新聞です。新聞資料は、最後になると意外に頼りになることがわかります。全国紙、地元紙双方です。それからこちらのような場合でしたら、専門の学会誌や専門雑誌があります。いろいろな分野の工学関係専門誌の中に、明治専門学校や九州工大の情報がぽっと出るのです。ある年の、たとえば橋梁関係の学会の専門誌の「彙報」欄のところなどに、ぽっとこの大学のことが出たりします。これはやっぱり調べておかないといけない。

東大の場合、一つは『学士会会報』がとても役に立ちました。それから工学部の先生方が、一番役に立ったとおっしゃっていたのは『丁友会会報』つまり同窓会会報です。もう一つは『東京大学新聞』です。大変貴重な資料がいっぱい載っている。こういうのは徹底的に手を伸ばして当たっておくべきものであります。それから、事件などがおきますと、総合雑誌、戦前では『中央公論』『改造』その他の諸雑誌に記事が出ます。これも大事なものです。

ちなみに、山川健次郎氏の文章などは学士会会報にはたくさん出ていると思います。『山川先生遺稿集』はありますが、『全集』はない。集めきれないで抜けているのがいっぱいあるだろうと思います。あの方が発言された事柄、それから政府関係のいろいろな会議でお話しになった記録、こういうものは実はまだまだいっぱいあります。まじめに取り組んで集めていけば、相当なものがあると存じます。「談話」などという聞き書きもある。こういうＶＩＰたちは、思いがけないとき思いもかけない意見を述べているものです。

(2) オーラルヒストリー

二番目は、できればこの機会にオーラルヒストリーというものをお集めになってはどうかと思います。簡単に言うと、お辞めになった名誉教授とか、あるいは昔の事務局長の方とか、図書館長の方とか、こういう方たちのヒアリングの記録、これはいまならできるのです。

ちょうどいま、世代交代期に入っておりまして、私どもの上の世代からは、もう話が聞けない恐れがある。私は七一歳、一〇年上の方はもう八一歳になられる。そのさらに一〇年上の方たちが戦後の新制大学をつくってこられたわけです。そういうような方たちのお話はかなり聞きづらくなっております。八〇代の方たちが九〇代の方から聞かれた伝聞も聞き取ることができます。いまは、幸いCDとか立派な録音保存の機具もできておりますし、テープのように頼りなくないですから、しっかり録音してとっておくことができます。オーラルヒストリー・ライブラリー、これをおつくりになっておいたらどうかなと思います。七、八人から一〇人くらいで結構です、お元気で昔のことがちゃんと語れる先生方、これを各学科から推薦してもらって、担当の方がオーラルヒストリーをおつくりになる、というようなことが必要だと思います。

私は東大でやっておりましたころに、工学部の委員の方たちが昔の方の話を聞くというときに参加させてもらったことがあります。古賀逸策という電気工学の先生がいらっしゃいました。その先生のお話を工学部の先生方が聞かれるのを、委員長として傍聴いたしました。そのとき古賀先生の言われたことは、いくつかとっても面白いものがありました。この先生からでなければ聞けないな、と思ったことが多々ありました。戦後最初の工学部のカリキュラムをどうやってつくったのか。私など、どうせあんまり考えられてなかったのではないかと思っていましたけれど、それは大変な間違いで、充分工夫されていたのだということがよくわかりました。

オーラル・ヒストリーの収集を、一つのプロジェクトとしておつくりになっておいたらどうだろうか。「九州工大オーラルヒストリー・ライブラリー」、こういうのがあれば何よりの貴重品になります。

(3) 卒業生から

三番目は、卒業生に対する呼びかけです。大変大事な戦略です。不可欠です。

こちらのように明専会(明治専門学校以来の卒業生による同窓会。戦前戦後を通じている)があって、全国的に卒業生の方がいらっしゃる、そして結合の力が強い、しかも毎月同窓会報が出ています。全国でも例のないことだと思います。そういう組織があるのですから呼びかけはむしろ簡単だと思います。これをなさっておきますと、いいことがいろいろあるのです。

また東大のことになりますが、東大の同窓会というのは脆いもので、どこに誰がいるかわからない。これまで誰も愛校心など持っていなかった大学です。はなはだ頼りないんですけど、百年史をやっていたころ、次のようなお申し出がありました。

「祖父が亡くなりましたが、若いころ授業料の催促を受けたようです。その通知があります。要りますか」。大正時代の授業料催促の手紙でした。早速飛んでいきました。そしたら、授業料だけじゃなくて、アルバムとか写真とか、二、三のおまけもあったのですが、付帯資料の中には「各学部別授業料一覧」とかも入っていたんですよ。こんなものは遺族にとってみれば紙屑同様の、すぐ捨てたいものですけれど、こちらから見ればきわめて大事な資料です。早速、押しいただいて帰ってきました。

同窓会筋の話にはそんな利点があるわけです。いま、核家族化がどんどん進んでいますし、おじいさんの遺品などというものには、誰も関心を持たなくなっている、二番目は、住宅事情の変化です。建て替えが進む、そうするといよいよ廃棄が進んでいくということになります。ですから、呼びかけは同窓会メンバー当人よりは、むしろご家族にまで行っておいたほうがいい、というのが私の得た教訓です。

4　紀要・ニューズレター・展示会・シンポジウム

二番目の話題は、景気づけのことです。数年間――こちらは確か五年後の刊行とうかがったんですが――やっていくうちに編纂の事業はどうしてもテンポが緩んでくるんですよ。東大も一二年間やったんですが、途中でかなりだれました。そういうときはリーダーが非常に大事な役割を果たします。すなわち勢いをどう保つかということです。

理想的に言いますと、「紀要」を刊行していくのも効果があります。多くの大学が刊行しております。『明治大学大学史紀要』『早稲田大学大学史記要』、これらは古いほうですが、立教学院も最近創刊しました。東大はもうずっと前から出し続けています。その利点は、見つかったものをすぐ印刷しておける、ということでありまして、加えて紀要を配るとそれが編集事業の宣伝になるということもあります。割に書きやすく、出しやすいものなのです。

紀要が無理だったら、少なくともニューズレターをお出しになる必要があると思います。編集委員会の名前で結構です。七、八ページ程度で結構です。たとえば、きょうお手許に配ったものの一つに『九州大学大学史史料室ニュース』というのがあります。この程度の量のものでいいのです。八ページくらいあれば相当のことが書けます。これを半年に一度くらい出して、同窓会にも学内にもお配りになっておくと、「ああ、こういうことが進んでいるのだな」と皆わかってくれます。ぜひお出しになるといい。いまはこういうのを出すのも簡単で、それこそパソコンで入れてしまえばいい。ちょっと上手にパソコンのできる職員の人、そういうことが趣味という方もいらっしゃいますから、担当してもらうのもいい。あそこでこんなことをしている、こんな作業が進んでいる、うちの学科からはこの先生が出ているのか、こんな資料でも集めれば役に立つんだ、じゃあ持っていこうかと、そういうふうになるといいのです。つまり紀要とまで張り切らなくてもニューズレターで結構ですから、何かお出しになる必要があると思います。

もう一つは、同窓会誌や学内の新聞・雑誌に連載記事をお出しになるのもいいことです。学科ごとにローテーションを組んでもかまわない。いまこういうことをやっている、こういう方にこの前話を聞いた、そういうことでいいのです。そういうのを、連載記事の枠で報道する。

あとは、二年後ぐらいを目指して、記念展示会をいっぺんやってみる。これもいいことです。結構皆さん見に来てくださったりするし、あわせて記念シンポジウムをなさってもいい。

私は何を言いたいかと言いますと、編纂の作業をやっていくときに、数人が引き受けてただシコシコとやっていますというのだと、弾みがつかないし、周りが乗ってきてくれない。それを避けようということです。つまり「発信しろ」と申し上げたいのです。これからの作業は、これを怠るとしぼんでしまいます。

エネルギーの要る、そして事務局の方の協力が必要な作業ばかりですけれども、あえてお勧めいたします。

5　沿革史編集の専門家等の配置

二番目は、一貫して編集・執筆作業を担当できるような若手のパワーが要るのです。多くの大学が非常にここで苦心しております。空きポストを回して年限つきの助手ポストにしたり、年限つきの講師ポストを用意したりして、苦労しておられる。

従来の体制ですと、編集室といったところで何年間か働いた方たちは、事業が完了すると失職なんですね。先生のつてでなんとか近くの研究所や自治体にもぐりこむ、というようなことが普通でした。これからは法人化でその辺の運営はやや変わってくるかもしれません。ともかく、専任者が誰かいないと無理だという気がいたします。その人は歴史研究の素養があったほうがいいと思います。昭和何年と言えばぱっとその時代の背景が頭に浮かんで、きちんとこの大学の流れがつかめるという、そういう人です。

明専ができた明治の末から、第一次世界大戦、それからその後のデモクラシーの時期、昭和のはじめの大不況、戦中・戦後、戦後もまた敗戦直後の改革期、占領下の改革期、その次の高度経済成長期、相当な変化の中で、大学は発展してきております。そのあたりを読み抜くためには、どうしても歴史学研究の素養が必要な気がいたします。マンパワーの件は、知恵を絞ってがんばられることをお祈りいたします。

職員としては、一貫して担当できる若手のパワー、それから事務局が重要です。事務局は若手でなくて結構、ベテランの方がよりよい。途中で移動したりしないで編集室にきちんと付いておられる方、責任を持ってサポートされる方が重要です。とくにこの点には、金と物が関係してきます。物としては、まず場所です。金は予算で、資料収集のための予算、人件費、あるいはニューズレターなどを出す予算、その他です。とくに資料調査の予算はきちんと付ける必要がある。事務局の方で、歴史に関心があり資料収集などで自分も働けるという方があったら、当然働かれて結構です。基本的に欠かせない部分だと存じます。

6 執筆、編集等について

(1) 調整のための権限

三番目は、出来上がってくる原稿についてです。

昔と違って、印刷事情が変わってきました。私どもが一九八〇年代半ばに東京大学百年史をつくっておりましたころは、まだワープロは工学部の物好きな一部の先生が使って宣伝しているくらいでした。われわれは全員縦書きの原稿用紙に手書きしました。それだけでは校訂はできませんから、それをタイプ印刷に回して「タイプ稿」というのをつくり、それを数通コピーして数人の専任者が校訂していました。いまはこれと違います。誰だってパソコンで寄稿することができるし、家からメールを送ることもできるし、まったく違ってきました。

ただしその分、逆に怖いと思うのは、全体の工程というべきものが雑になる恐れがあるんですね。昔は書くほうは一字一字書き、それをまた一字一字読んで校訂を加えました。いまは、原稿そのものがばっと変わる、変わりうる。つくるほうも見るほうも、簡単に言うと、雑になっている面があるのです。とても怖いことです。

それをカバーするためには、最後の調整のための権限というのを、編集委員会の中の校訂委員(会)が持つ必要がある。その前提として、調整のための権限を編集委員会(あるいは委員長)が確保しておられること、これは大事なことです。

というのも、執筆者によっては「俺の書いた原稿を一字たりとも直してはならない。文句を言う奴があるか」と言う人がたまにはあるんですね。変更は絶対許さないと。「このパラグラフ一つにも命をかけている」などという先生も出てくるのです。委員会も口を出せない。ところがそういう先生の原稿ほど直したくなるのです。

また、そういう先生でなくても、人間一般に、原稿を書くときは、不思議なもので、自分はたとえば、ある学科、ある教室のことを担当したとしても、つい「そもそも」というところから書き始めたくなるのです。戦後のその学科の歴史を書けばいいのに、山川先生から始まったりするわけです。調整するほうはその部分を切らないといけない。そういうことがざらにあるわけです。ダブリとか文体の調整とか。執筆者の生《なま》の主張を抑える措置をとっておくことが、不可欠です。

(2) 執筆要項、著作権

欠陥の二番目には、当然言及されるべきことが言及されていない、という問題もあります。年号の間違い、これもざらです。西暦と元号との関係等々についてなど、調整は絶対必要なのです。

東大のときに一番困ったのは、学部ごとに、誰々教授と書いてある学部と、誰々氏と書いてある学部、また誰々と呼び捨てている学部と、そういった違いが出てきたことでした。文字遣いについても、人名だけは旧字体でいきますと主張する学部があったりする。そうしたら大変です。伊藤の「藤」という字で、草かんむりの真ん中が切れているのとつながっているのと、人によって違う。旧字体に限るなどという原則を立てたら、大変なことになります。そういう原則は立てないほうがいい。全部新字体でいきますといっておけば諦めがつきます。

そういうことも含めて調整は絶対必要ですが、これがうまくいくためにはやはり「この本は個人的著作とは別のものです」ということを徹底しておく必要があるのです。先生ご自身が原稿を書かれるのだけれども、私どもが手を入れさせていただくことがある、その代わり最初の原稿は事務局なり図書館なりがきちんと保管しておきます、ご必要なら先生のところにお返しいたしますと公言しておく。つまり著作権を否定するわけではないけれども、本の中では抑制してください、ということを言っておく。これが大事です。ここに失敗されると、担当した人がひどい目に遭って、途中でやめたいと言い出したりするのです。充分考慮しておくほうがいいと思います。

(3) 編集は大学で

年史編纂は、最後の追い込みになればなるほど、本当に厳しい仕事になってきます。字の使い方、数字の使い方等々の問題も続出します。

まずいのは、こういうときに「お金があるから」というので出版社に頼むことです。もちろんある限定された部分の仕事ならいいのですが、出版社のほうもいまや大競争の時代です。ちょっとでも儲けたいとなると、「編集は全部担当します、うちに任せてくれませんか」というところがいっぱいあるのです。そうすると、忙しいのに年史なんてやっていられないというような大学は、全部そこに頼んでしまうわけです。

私たちは、読むとすぐわかります。ああこれは何々社に外注したものだな。会社にはベテランの書き手がいますから、サーッと書いて本にして持ってきてくれるわけです。その代わり莫大な金を取られるけれど、お金にかまってはいられないということで、大学史や学校史に限らず会社史などでもやるわけです。

こちらの大学はもちろんそんなことを考えておられないでしょうが、おやめになることをお勧めいたします。どんなすばらしいライターのいるところにまわしても、所詮、外部者は外部者だと思います。文章に愛情や実感というものがこもらない。たくさんの会社がありますが、やはり自前で書くべきだと思います。

(4)　他大学の沿革史を参考に

以上が、きょうお話ししようと思っていた大まかなことですが、これに加えて少し細かいことを付け足しておきます。

一つは、他の同種類の大学の沿革史をたくさんご覧になるほうがいいということです。日本で大学沿革史が一番集まっているところは、もちろん国立国会図書館です。ところが時としてものすごく待たされて、腹が立つようなこともある。で、私がお勧めしますのは、財団法人野間教育研究所(東京都文京区大塚)というところです。以前、私はそこに勤めておりましたころに、大学・学校沿革史の収集を始めたのです。四十数年の間に、ちりも積もれば山となる、で、いまや全国で一番たくさん沿革史が集まっております。加えて、実に自由にいろんな年史を見ることができます。

いま総計で五五〇〇冊ほど集まっておりますが、大学沿革史がかなりの部分を占めておりますから、あそこにたとえば三日間くらいお出でになったら、あらゆる種類の工業大学や工業専門学校等々の年史をご覧になることができます。これは有効ではないでしょうか。

国会図書館とまったく違って、開架式でとても見やすいです。お出でになってみてください。お勧めいたします。

(5)　九州大学の例

この近くでは九州大学の史料室と私も大変親しくしておりまして、そこができるころに、応援団に加わりました。ここは七十五年史をつくられたあとでできた史料室です。その前は資料が保存されていなくて、やはり苦労されました。その後、こんなことを繰り返しちゃいけないというので、おつくりになったと聞いています。担当者ともよくお付き合いいただいています。意外にこういうところに九州工業大学の資料があったりするのです。

たとえば戦時中の東大の資料が一番あったのはどこだったかというと、京大でした。京都大学は戦時中の資料を、学内公文書としてきちんと保存しておられました。東大はその辺がかなり曖昧でしたね。

このように、大学ごとの違いがある。大学によって、担当者の違いによって、保存資料の内容や精度が違うんですね。そんなことがありますから、こちらの資料が九大で見つかるということがあると思います。ぜひ連絡をおとりになるといいと思います。とても役に立ちます。

(6) アーカイブス

補いたいことの二番目は、『九州大学大学史料室ニュース』の三頁目をご覧ください。アーカイブスという施設はどんなものを集めるのかを纏めてみました。

①から⑨まであります。

①大学の管理運営の歴史を示す公的文書、簿冊、事務記録その他の文書
②大学内諸機関の議事録、意見書、答申、報告書など
③大学や各学部の刊行する年報、要覧、履修要項、授業時間割、雑誌、新聞、広報誌などの行政・教務・学務に関する資料類
④卒業生の在学記録、アルバム、講義ノート、伝記、書簡など
⑤学長、学部長、教授、職員などの私蔵する、あるいは生前に私蔵していた文書類のうち、とくに大学に関係するもの
⑥大学設立者、寄附者、卒業生など関係者の文書

⑦大学の記章、門標、記念品、トロフィー、旗、制服制帽、印爾印章などの物品
⑧大学に関する写真、ビデオ、テープ、フィルム、その他の電子媒体記録など
⑨学問史的意味を持つ実験器具、研究室製作品、報告書など

ヨーロッパ・アメリカ等々の大学文書館を見ると、だいたい右のようなものが集まっています。①は、大学の管理運営の歴史を示す公的文書や簿冊・事務記録。これは当然の保管物です。行政機関としての役所の働きは、こういうものによってしか見ることができない。どのアーカイブスにもだいたい集まっている。さっき拓殖大学の例で申しましたが、私立大学の場合はこの公的記録がほとんど整理保存されてないこともある。

いい機会なので、ちょっとこぼれ話をします。

私はアメリカのシカゴ大学に行きました。シカゴ大学は実に、この①「大学の管理運営の歴史を示す公的文書等」を中心に集めているんです。私立大学ですから、理事会がある。理事会関係の記録だけを集めていまして「アドミニストレイティングなレコードがうちの売りだ」と言うんですね。シカゴ大学で起きたこと、理事会で話されたこと、理事会宛ての手紙等々が保存され、頼むと、あっという間に出てきました。私は本当に驚きました。

あそこにはジョン・デューイという教育学者がいまして、一九二九年に付属小学校で実験教育を行いました。それがアメリカの新教育(new education)のモデルとなったのです。私は、訪問したときに

「デューイという教授が理事会に出した手紙はないか」と、それだけ聞いてみたんです。そしたらパパッと調べて、あっという間に出してくれました。アーカイブスには公文書保存を「売り」にしている大学もあるという一例です。

②は大学内諸機関の議事録・意見書・答申・報告書等ですが、これも本気で探すと結構あります。いろんなときに大学は会議を開くわけですが、個人の書いた意見書も出てくれば、答申もあり、報告書もあるということがあります。

③には、大学や各学部などの刊行する年報・要覧・履修要項・授業時間割・雑誌・新聞・広報誌、等々とありますが、年報とか要覧とか履修要項は割に集めやすいものです。アプローチもしやすい。もっとも日本では履修要項なんか危ないです。「五年前のものはありません」という学部・学科がいっぱいあります。これは気を付けなければならないものです。

時間割、これも意外に残らないものなんです。私のいました東京大学教育学部でも、時間割の六年前のものはもうだめでした。そんなものはありませんと。ところがその学年度には、それこそ一番大事な情報だったわけです。でも日本の大学ではほとんど保存されていません。ミネソタ大学アーカイブスに行ったときに、バイオロジーの学部の時間割はあるかと試しに聞いてみましたら、あると言います。では一九二三年のものを出してほしいと言いますと、さっと出してくれました。それこそ大学の重要な沿革資料なのですね。こういう資料が案外、さっき申しました卒業生の遺族から出てくるのです。おじいちゃんの遺したものの中にこんなのがありました、という感じで提供してもらえることもあります。

④卒業生の在学記録・アルバム・講義ノート、伝記・書簡。これなどは、学校に残っていたりするものがあれば、大事に取り扱う必要があります。また同窓会の協力を得るということが必要になってくる部分です。

⑤の学長・学部長・教授・職員などの私蔵する、あるいは生前に私蔵していた文書類のうち、とくに大学に関係するもの。これなども大事であります。

これも東大のときの経験ですが、ある事務局長が亡くなられまして、未亡人が友人の教授のところで研究生をしておられたおかげで、「夫が残したものが柳行李に二つ残っていてどうしようかと思っております。東大についてのもののようですがどうでしょうか」という連絡がありましたので、早速、その教授と箱根の山の先に住んでいた方でしたけど、箱根の山の上までもらいに行きました。そうしたら、故人の手帳が出てきたのです。それに在職中、大学であった会議のことなどがずっと書いてあります。何気なく読んでいたら、昭和三九年くらいでしたか、ある日の記事に、東京大学教育学部の処遇について、「総長と懇談」と書いてある。あの学部はとても学部の体をなしてないから廃止したらどうかと書いてあるんです。びっくりしました。附属学校は東京都に譲り渡したらどうかと。あのころ僕らは人づてに聞いていたのですが、本当だったんだとわかるんですね。時にはこういう重要なことが出てくることがあるのです。

「学長・学部長・教授・職員などの私蔵する、あるいは生前に私蔵していた文書類のうち、とくに大学に関係するもの」と書いた背後には、私の実感がこもっています。

⑥は、大学設立者・寄附者・卒業生など関係者の文書。さっき申した授業料催促状等はこれです。

⑦の記章・門標・記念品・トロフィー・旗・制服制帽・印爾印章、これも大事なものでありまして、使わなくなった判子はすぐ捨てられるんですが、そういうものこそ大事なんです。京大で聞いた話ですが、事務の方が、ほこりをかぶって捨てられそうになっていた判子を何気なく裏返してみると、「京都帝國大學之印」と書いてある。これこそ昔の京都帝大の正式な印だということがわかって、いまは京大の時計台の下の展示室に堂々と飾ってあります。

トロフィーは大体とっておくでしょうが、記念品・門標・印爾などというのは、要らなくなったら捨てられるのです。

⑧は、大学に関する写真・ビデオ・テープ・フィルムその他電子媒体、これはこのところどんどん増えています。これなどもやはりアーカイブスにとっておくものです。

⑨は学問的意味を持つ実験器具、研究室の製作品・報告書、この辺になるとだんだん博物館と近くなってきます。博物館と文書館はどこが同じでどこが違うか、境界線は、実はその道の人に聞くとかなり曖昧で深刻な議論にもなるようですが、博物館がない大学だったらなるべくアーカイブスに納めておくことですね。ヨーロッパでもこういういうものは、アーカイブスの中にきちんと保存してある例が多いようです。

ヨーロッパと言えば、何しろ歴史の長さが違います。「ローマ法王がうちの大学に与えたチャータリング（開設認可）の文書」などというラテン語の文書が、一二、三世紀のものであってもきちんと飾られている。その大学の最高の宝物です。またその年に学長が着ていたガウンなども保存されているといいます。

こちらの九州工大にも資料館、記念史料室があるのを、この前来たとき見せていただいたのですが、物品も大事にされることが好ましいと思います。

7 大学評価と大学のアイデンティティ

(1) 大学評価

さて、一時間という時間はもう残り少なくなりました。最後に、いま大学の歴史を明らかにしておくことがなぜ大事か、どうして私はそう思っているかということを、最後にお話しして終わりにしたいと思います。

まず、周りの状況です。ご承知のとおり、日本の大学自体が大激変を遂げつつあります。中でも「評価と業績の時代」「成果と評価の時代」が始まったことが大きいのです。

評価は六種類ぐらいあって、大学は自己点検・評価から始まって、相互評価、外部評価、認証機関評価、社会的評価等、五重、六重の評価の波の中で生きていかなくてはならない、ということになっています。しかしそういう中でも、大学はいったいどこで評価されるか、これを意識しておく必要があります。

大学評価と一口に言われますけれども、私に言わせると、中身には相当の違いがあります。一つは自己点検・評価、これはいまや義務とされていて、どの大学でもやっている。こちらももちろんなさったと思います。

その次に出てきた――出てきたというよりとみに重視されるようになってきた――のは、相互評価です。これは大学基準協会等の専門団体がやる評価です。いまのところ第三者評価とも言われています。その第三者評価はどこが担うか。大学基準協会のほかに大学評価・学位授与機構が担うのだということになりました。ほかにも続々とできそうになっています。次には、もう一つの外部評価というのもある。大学や学部が、自分のところを評価してほしい学外の専門家を選んで、評価してもらう。ここまでですでに四つある。

しかしあと二つある。私の言葉で言うと、行政機関による事前評価です。これは大学を設置するときに使われる評価で、設置審査とも言われ、行政機関主体の評価の典型的なものです。最後は何かというと、社会的評価です。これは昔々からあって、新聞や雑誌が、「危ない大学」とかいうのを取り上げるのは、皆、社会的評価です（本書Ⅱ第1章参照）。

以上のように数え上げただけで、六種類の評価が私どもを取り巻いています。それにどう応えるかが見つめられています。以上にプラスして、最近はＣＯＥ（二一世紀ＣＯＥプログラム）と特色ＧＰ（特色ある大学教育支援プログラム等）のようなものも入ってきた。われわれはそういう中に叩き込まれてしまっています。また工学系では、ＪＡＢＥＥの評価も、第三者評価の一つです。いやむしろ相互評価の一つと言っていいかもしれない。

というわけで、私たちは油断できない時代に生きています。その中だからこそ、さっき申しました「大学アイデンティティを確立し、それを表示・共有する」ということがたいへん大事になってきているのです。

ところが、これは易しいようで気が付かなければできないことです。そして大学沿革史をつくることは確かに最も本質的な長期の自己点検・評価作業であり、大学アーカイブスは大事な表出機関であり、その次に来るのが「自校教育」だと私は考えています。

(2) 大学のアイデンティティと自校教育

大学アイデンティティをきちんと出すというようなときに、私が最近力を入れて説いておりますのが、「自校教育の勧め」です。すなわち「自分の学校についての教育をやりましょう」ということです。こちらの大学にもそういう科目があるでしょうか？「九州工大を考える」「九州工大の歴史と現在」、題は何でもいい、そういう科目をつくることが、ものすごく大事なことだと思うのです。

どうしてそれがわかったかというと、立教でやったからです。立教には「全学共通カリキュラム」という教養科目群がありまして、その中の一科目を私は受け持ちました。自分が全学共通カリキュラム運営センター部長という肩書きのもとにカリキュラムづくりのお世話をしたものですから、何にもしないのは先生方に悪いと思って、一科目を担当したのでした。「思想の現代的状況」というカテゴリーの中で何でもやっていいという話です。私が掲げたテーマは、「大学論を読む」でした。

詳しい話は、ほかの機会にお話しした実践の思い出に譲りましょう（本書九一～一〇〇頁参照）。学生たちは、おどろくほど自分のいる大学について知りません。しかし歴史や成り立ちを含めて教えられると、大変満足し、生きがいや学びがいを見つけます。そのとき話すのは、偏差値の上下や入試難易度のことではありません。大学の特色、強い部分と弱い部分、すなわちありのままの実態や課題でいいのです。そういった点をキチンと話すと、びっくりするほど喜びます。そして、そういった話をするときに、しっかりした沿革史を出しておくこと、また、アーカイブスを整備しておくことが不可欠の重要事となってきます。

自己確認、そのために必要な居場所の確認――。このために「いまいる学校に関する教育」はすごく役に立つ。その基礎を支えるのは、きちんとした沿革史研究です。これがきちんとあるということが大切です。

どこの大学もいまアイデンティティを固めるためにアーカイブスをつくり、いい年史をつくることに努力されるようになりました。明治大学はその一典型例であります。年史の編纂をやっていく傍ら自校史授業を立ち上げられて、年史の編纂が終わった年から文書館をつくられた、というふうな流れになっています。みんな大学アイデンティティという言葉に結びつきます。

最後に

拙い話で申し訳ありませんでした。終わって改めてわかったのですが、今日お話ししたかった基本的なテーマは、結局、「いい沿革史をつくるというのは大学の体面の問題ではなく、未来に向けて不可欠の、大学改革の一環なのだ」ということでした。ご健闘を祈ります。

暑いさなかのご清聴、まことに有難うございました。

（九州工業大学における講演「年史編さんと望まれる体制」、二〇〇四年七月六日）

Ⅴ　存在としての私学、歴史としての私学

第1章　私立大学
――歴史が残した問題、今後の課題――

1　「貧乏物語」から「生き残り談義《サバイバル》」へ

ひと昔前まで「私立大学問題」とは「貧乏物語」にほかならなかった。日本の私立大学は、帰属収入の根幹を学生納付金すなわち授業料その他に頼っている(平均でほぼ五五％程度。七〇％にのぼる例もある)。誇張を恐れずに言えば「その年暮らし」の状態が、明治時代以来一世紀以上続いてきた。いまも、そして今後も、貧乏物語は消えることはないだろう。最近ではこれに「サバイバル」が加わった。学生の定員割れが三年以上続いたら国庫助成を打ち切る、という総務省・文部科学省の方針さえ報じられている。

こうした事情を背景に否応なく加わったのが「生き残り談義《サバイバル》」である。四年制大学・短期大学の苦悩は、開業以来の債務にあえぎながら経営革新を強いられる中小企業の苦闘に似ている。大学「全入」が統計上現実化するのは二〇〇七年になると言われるが、それまでの間、さらにその後の数年間、私学の苦闘は深刻化こそすれ弱まることはない。

最近ではさらに、二つの新しい問題が加わっている。

第一の問題は、本章を記している二〇〇三年四月には立法直前にまで進んでしまった国立大学行政法人化である。公立大学も含んで進行しつつあるこの動向が私学に与える影響は、二つに分かれる。

一つは、これが実現すれば志願者集めの大競争の舞台が改めて設定される、ということである。もっとも、私学関係者の間では影響の有無について、観測が分かれているようだが、著者は危機感を持つ。

二つは、この措置が一三〇年間続いてきた日本の大学の「設置者別」カテゴリー編成を根底から崩すことである。少なくとも「国立大学」というカテゴリーは行政上も制度上も消える。「公立大学」もまた同じになろう。となると、問われるのは「大学一般の存在理由」だけになり、「私学の存在理由は何か」という問いは意義を失いかねない。各私学はどのような発想でレーゾン・デートルを見出していけばよいか。

第二の問題は、私学が果たすべき学術研究上の役割は何かということである。「学術政策と私学との関係」という課題は、これまで比較的等閑に付されてきた。しかし、それでよいか。

2　人材供給という「公共性」

日本の全四年制大学のうち私立が占める比重は学校数の七六％、学生数の七七％である。短期大学になると比重はさらに増え、それぞれ八九％、九三％になる（二〇〇三年現在）。

大学レベルに限らず、小中学校を含めて私学の在り方を決めているのは「私立学校法」（一九四九年一二月制定）だが、その第一条が示す二本の柱は「自主性」と「公共性」である。「自主性」はともかく、「公共性」を仮に「国・公立学校とともに日本の公教育を担ってきたこと、現に担っていること」と解するとすれば、日本の私学、とりわけ私立大学ほどその役割を健気に果たしてきた機関は珍しい。

「健気に」というのは、明治以来、政府は財政上私学をまったく放置してきたからである。私学国庫助成が本格化したのは、大学紛争後一九七〇年から今年までのわずか三四年間にすぎず、それは近代私学一三〇年の歴史の四分の一にすぎない。例外は大正期の高等教育機関拡張政策当時、一時的に国庫補助が行われたことだけである。つまり、貢献の多大さにもかかわらず文字通りＮＧＯとしての苦難の道を歩んできたのが、日本の私立大学だった。私学問題の半ば以上が財政問題となるのは、この事情の正直な反映である。

私学の量的拡大は、私学が「高等教育学歴人材」と言われる若者たちを恒常的にかつ大量に生み出してきたことを意味する。戦前には、この役割は、量的には私立専門学校や私立大学専門部が果たしていた。だが、高度経済成長の開始期を境にこの役割は飛躍的に増大し、現在もその勢いを保っている。

「大卒現場時代」と言われた高度経済成長期の人材需要は、大学進学者の急増を受け入れた私学の存在なしには満たされるものではなかった。さらに、一九九〇年代はじめから決定的になった女性の大学進学志望者の急増、二〇〇〇年代に入っての大学院拡大の進行や専門職大学院の拡大など、すべての高等教育計画は私学の協力なしには考えられない。

こうした観点から見るとき、私学に対する公費助成は不可避的かつ不可欠である。最も重要な視点は、もちろん高等教育機会の均等化とそれを受ける権利の保障という原則である。二七〇万人を超える大学就学人口の拡大は、前記の原則の普遍化をますます強く求めている。年間三一〇〇億円台という助成額の過不足はさておくとしても、助成そのものの必要性と意義について異論が出る余地はない。

「私学がもしなかったとしたら」という仮定は歴史的に無意味であるだけでなく、未来的にも成り立たない。日本の私学は、少なくとも前述の意味での「公共性」を担保する役割を、それこそ十二分に果たし、しかも財政難を免れていない。

3　もう一つの「公共性」

だが「公共性」は、もちろん人材供給という側面だけを意味するのではない。

私立学校法が制定された当時、この言葉は、官・公立教育機関と対等な、その補助機関ではない地位を私学に保障すべきだという改革原則を意味した。

学校の運営それ自体が民主的なものになっていなければならない。また、教育の方針や内容編成は自主性と公共性の原理のもとに行われ、私的利益の追求や非科学的言説の教授に堕すようなことがあってはならない。他方、学校運営が創立者ないしその同族の私的支配に委ねられるようなことがあってはならない――。

戦後の私学の経営主体が財団法人でなく学校法人になったのも、管理運営機関として理事会と並んで学外者に開かれた評議員会を置くことになったのも、この精神の表現であった。そしてもちろん、教学部門では、学校教育法の規定に即して、教授会が「重要な事項」を審議する機関として常置された。多くの学則が「教育基本法の精神に則り」独自の教育目的を遂行するという規定をうたっているのも教育基本法が国家教育行政権と学校経営の自主権との関係についての基本原則を定め、さらに憲法の「学問の自由」規定を受けているからである。

4 脅かされる「公共性」

「私学の多様性の承認」というもう一つの理念にもふれておきたい。

理事会、理事長、評議員会、学長等の管理運営機関相互の権限関係は、いまでも私立大学ごとにさまざまだが、それは私立学校法が不備だからではない。各学校の歴史や事情を生かしながら教学に独自性と個性を発揮するよう期待するという立法趣旨が、底流にあったからである。つまり、管理における民主制、運営における開かれた自主性と公共性、教学の学術的真理性と教授の自由とを基本としながらも、大学・学校のありようが多様であることを認め、公共性を保ちながら絶えざる自主的イノベーションを期待する、という時代精神があったからである。これもいま振り返るに値する。

だが、「サバイバル」や「リストラ」が云々されるに伴って、前述の意味における公共性には新しい脅威が立ち現れてきた。すなわち、理事長や理事会の経営判断力、学長のリーダーシップ等の重要性が無原則的に強調され、経営判断の重要性だけが重視されるようになってきた。

その半面、「教授会は万能でない」「経営判断を誤らせるのは経営に無関心な教員たちである」といった言説が、往々にして多くの大学で聞かれるようになってきた。場合によっては、かつて学内合意の基盤であった教員および職員の意向が無視され、すべてがトップダウンで決定され、その結果、経営危機の時期にこそ不可欠な、ボトム・アップのエネルギーが失われるという事態も生まれる。産業界では、危機感の共有や情報の透明化などが企業危機を救う肝要な手法だと言われる。その手法よりもはるかに低レベルの大学運営状況が、今後私学に広まる可能性がある。こうした状況が強まれば、経営・管理の側にいない「普通の」教職員にとって、大学自体の経営的浮沈はあくまで「ひとごと」となる。そういう事態こそ、まさにサバイバル（生き残り）を危うくする最も致命的な危機である。

少なからぬ私学経営者が、大学を「企業」化する必要を学内に向かって喧伝し、外からも要求されている。だが大学はもちろん「非営利企業」であり、絶えざる創造性喚起を要求される。それをどのように維持発展させるかについての専門的判断は、産業界の見識からさえもまったく学ばれていないのではないだろうか。大学における「市場原理」の無原則的導入を危惧する意見が、かえって産業人から発されることも最近は少なくない。私学経営者の識見が、いま大いに試されているのである。

5　国立大学法人化の影響

先にもふれたように、法人化措置の影響についてはまだはっきりとした見通しは立てにくい。発展成功している私立大学の経営者の中には「法人化が進むといってもせいぜい『国鉄』が生まれるようなものでJRができるわけではない。競争の相手としては恐れるに足りない」といった判断を下す向きもある。だが、少数の人々と同じく、著者はやはり大きな競争場が設定され、その分、私学の苦闘は強まると考える。

私学にとって致命的なのは、歴史的に蓄積されてきた「資源」の差である。ハードの面を見ても校地、校舎、実験設備、厚生施設といった面で、たとえ最も条件の悪い国立大学の場合でも、大多数の私学との差は歴然としている。もし本気で整備が図られることになれば、差はますます開くだろう。

ソフトの面で最も深刻なのは、FS比と言われる教員一人当たり学生数である。有数の私学の場合でも、社会科学・人文科学系ではほとんどが一教員当たりの学生数は三〇人を上回る。国立では社会科学系で稀に二〇人を超す場合もあるが、たいていは一〇人台あるいは一ケタである。理工系では国・私の差はもっと開く。この差を持ったままで仮に国立大学の教育改革がさらに進めば、勝負は明らかだと言わなければなるまい。

最後に重大なのは学費の問題である。数字をあげる余裕はないが、仮に教育条件の差が埋まったとしても、学費の差は、致命的な志願者の差となってあらわれるのは言うまでもない。出発点を同じくする「競争」が生まれるとすれば、国立大学(法人)の授業料が私立のそれとイコールになるときである。もちろん視点を変えて客観的に言えば、学ぶ者の側にとってこれらの「私学の危機」は全面的に否定されるべき事柄ではない。法人化を機に、もし国立大学の教育改革が進めば、学習する側の福利は増進される。その場合に、私学は教育改革の終末的試練に立ち向かわざるをえないことになる。

6　私学問題と学術政策・行政

これについて書く紙数は尽きた。先に本誌『学術の動向』二〇〇一年五月号に掲載された拙稿(「学術的活動と高等教育のデザイン」)で論じたことを補っておこう。

第一に、「学術」という言葉は、狭義の「プロフェッション(研究職者)による科学研究」としてだけ捉えられるのでなく、ラーニング(learning)すなわち市民による広義の学習探究という側面を含めて捉え直されるべきである。もともとlearningという英語の第一の意味は「学習」や「知識の探究」ということであって、「学芸・技術」は第二義である。学校教育法は「大学は学術の中心として」研究教育に当たる、と記しているが（第五二条）、立法当時の英文では"as a center of learning"となっていた。この原義にもどって捉え直していかなければならない。そう見ることによって、私学が送り出す教養ある市民は、学術のもう一つの主体となる。すなわち、まさに学習主体供給の機能において、私学は広義の学術研究に対してすでに貢献している。

しかし第二に、それは狭義における学術研究に対する私学の責任を免除するものではない。その保障に必要なのは言うまでもなく公費による援助・支援の拡大である。

ただし、文部科学省のいわゆるＣＯＥで実現されつつある奨励策は、評価が「従来の実績」を重視するものである限り、国立優先とならざるをえない。現にそうなっていることは、発表された結果を見ても明瞭である。格差の上に格差が重なるという事態が、評価方式によっては充分に起こりうる。言い換えれば、私学にとって「歴史が残した問題」が、なお将来に向けて再生産されようとしているという疑問を否定することはできない。

（日本学術会議フォーラム『学術の動向』第八巻七号、二〇〇三年七月刊）

第2章　戦前私学の位置と存在理由

——立教の中で考える——

1　財政補助から見放されてきた私学

戦前に日本の私学が置かれていた地位を考えるとき、見過ごすことのできない一つの事実がある。それは、明治期の政府も、大正・昭和期の政府も、私学に対して財政補助をしなかった、という事実である。いや、正確に言えば、まったく補助・助成をしなかったというのではなく、ごく特定例外の私学には、それを行っていた。

その数少ない例外の一つは、一八八三(明治一六)年に創立された獨逸學協會学校であり、他の一つは、日本法律学校(日本大学の前身)であり、最後の一つは、皇典講究所(國學院の源流)であった。いずれも明治政府が、みずからの必要に応じて、いわば民間人に創立させた学校である。

これらの私学のうちで、とくに獨逸學協會学校の例を見てみよう。

この私学は、英米フランス流の立憲議会主義思想、とりわけフランス流の自由民権思想に脅威を感じた政府が、学術・思想・教育の「ドイツ化」を図るために獨逸學協会に設立させた学校だった。獨逸學協会は一八八一(明治一四)年に設立されたのだが、その性格は〝政治的な文化団体〟というのが適切であろう。会長には北白川宮能久親王を仰ぎ、委員長には長州系の実力者品川弥二郎を戴いていた。獨逸學協會学校は、この協会が、定款に定めていた主要事業の一つ、「獨逸学校ヲ設ケ学士ヲ養成スル事」という目的に沿って設立されたのであり、校長には、当時屈指の洋学者西周が座った。

こういう創立事情を持つこの学校が、当時の国権主義的な風潮に沿ってドイツ学術書の翻訳と強力なドイツ学教育のルートになったことは疑いない。やがて官立東京大学が帝国大学になり、第一高等中学校(旧制一高)が設置されると、この獨逸學協會学校の卒業生は、推薦で一高に進学する特典を与えられた。初期の帝国大学の学生の少なからざる部分が獨逸學協會学校の卒業生で占められたのである。これより先、政府と皇室はこの学校に異例の財政補助を行った。「(明治一六年)十月二十四日、本校設立ノ挙上聞ニ達シ、向フ十カ年間毎年金二千四百円下賜セラル。十九年十一月、文部省ヨリ補助金トシテ毎年金一万円ヲ下附セラル。二十年四月、司法省ヨリ補助金トシテ毎年金二万円ヲ下賜セラル」『獨逸學協會學校五十年史』にはこのように記されている。このほかに、内務省からは、機密費が直接同校関係者に手交されていたとも言われる。

2 同心円的な授業序列

こうしたことを細かに書いたのは、決して獨逸學協會学校をおとしめようとしてのことではない。この事例を通じて、近代日本の私学と国家の関係を考えてみたかったのである。

建前からすれば、民間の一私学に過ぎなかった獨逸學協會学校が、このように手厚く遇されていたころ、福澤諭吉が創設した慶應義塾は、開塾以来最大の財政危機に見舞われ、福澤は、伊藤博文に借金を申し入れたが、ニべもなく断わられている。早稲田のはずれに大隈重信が別邸を開放して東京専門学校を創設したのは、獨逸學協會学校設立の一年前、一八八二(明治一五)年のことであったが、のちに大隈が政府に返り咲くまで、同校は、絶えず官憲の圧迫におびえなければならなかった。また、官立学校教官の出講(いまで言えば非常勤講師としての勤務)は、政府が通達を出して禁止したため、専任教員だけで授業をやりくりせざるをえず、その専任教員たちの給料も、官立学校の五分の一程度だった。

一方、帝国大学を見ると、少なくとも一八八七(明治二〇)年ごろまでの教育水準は、分野によっては慶應義塾などの私学より見劣りする程度のものだったにもかかわらず、文部省全経費(官立学校経費)の四〇%以上を支給され、法科大学・文科大学の卒業生は高等文官試補試験を免除され、高給を受ける外国人教師を多数雇い入れていた。

つまり、日本の政府には、一つの明確な私学政策があったのである。

帝国大学は、「国家ノ須要ニ応スル」学術研究と教育のためにつくられたものである。それに対しては惜しみなく財政援助をする。そして私学でも「国家ノ須要」に応じることのできる学校には、それ相応の保護を与える(ただし、役に立たなくなったら、その時点で切り捨てる)。「国家ノ須要」とは無縁に私人が勝手につくった学校には、保護は一切与えない。こうして、天野郁夫氏の言葉を借りれば「国家ノ須要」を中心に「同心円状に広がる学校分布図」があって、中心から遠くなればなるほど放置され、時には痛めつけられるというのが、日本の私学の国家に対する位置だったと言えよう。

3　抑圧のもとの私学——立教と同志社

はからずも『立教学院百年史』(一九七四年刊)の編纂のお手伝いをすることになって、著者はこの学園の歩みの中に、以上見たような近代日本の私学と国家との関係が色濃く影を落としているのを、きわめて具体的に知ることができた。それは一私学のモノグラフィーを通じて、たんに法令の沿革や、統計上の数字を追ったのではわからない、「特殊の中に普遍を見る」とも言うべきいくつかの生《なま》の史実に接することができたからである。

＊その後立教学院からは『立教学院百二十五年史 資料編一—五巻』(一九九六〜二〇〇〇年)が刊行されている。

たとえば、聖公会宣教師で事実上の創主者であったC・M・ウィリアムズ主教(Williams, Channing

Moor）が、一八六九（明治二）年大阪に主教座を設け、翌七〇年与力町にささやかな礼拝堂を設け、七一年アメリカ伝道局からA・R・モーリス師の派遣を得て学校設立に力を尽くしていたころ――すなわち現在の立教学院の源流の一つである「大阪英和学舎」が生まれようとしていたころ――の記述（海老澤有道教授執筆）を読むと、おどろくべき資料が引用されている。

それは、当時ウィリアムズ主教の身辺に篤信者を装って接近し、その動静を探索していた伊澤道一という太政官諜者の報告である。

「ウリヤムス近日神戸ニ行〔ク〕積リナリ」

「近日学校ヲ開ク積リナリ（略）コノ学校ニ来ル人々、最初金一両ヲ出サシメ　寮ヲ建ル入費ニ充テ夫ヨリ後ハ決シテ謝金ヲ取〔ラ〕ヌ由ナリ〇其入門ノ子共《ママ》ハ少シニテモ蘭佛等ヲ学バザル者ヲ好メリヨク〱音ヲ正シテ教授スル由ナリ」

このほか、ウィリアムズ主教の動静、主教を中心とする学校建設の模様、集まってくる子どもの人数や教育の内容などが綿密に記され、逐一報告されていたことがわかる。こういう綿密さのゆえに、この諜者の日記は皮肉にも、いかなる公式文書よりも生き生きと立教学院生誕の環境を伝える文書になっているのである。

伊澤はまた、キリスト教布教の目的を次のように記している。

「彼《かの》天主教ハ当時帰向ノ者多ケレトモ皆蠢々《しゅんしゅん》ノ徒也　此耶蘇教師ハ期スル処甚遠大ニシテ　教ヲ

中人以上ニ施シ　或ハ幼稚ニ学術ヲ施シ　遂ニ其心髄ニ染着セシメント欲ス　或ハ医術ヲ以《もっ》テシ
或ハ金米ヲ以ス　千計万謀　尽サザル莫《な》シ　若シ是ノ如クナラハ数十年ノ後ハ必闔国《かっこく》ニ弥漫《びまん》シ
挽廻《ばんかい》ス可カラサルニ至ラン　悲シム可キナリ」

「蠢々」とは「無知でおろか」、「闔国」とは「国内のこらず」、「弥漫」とは「わたりひろがる」という意味である。

布教と学問の普及とに対する綿密な探索の眼と、教義と布教方針に対する危機感。この太政官雇い入れの諜者の二つの態度は、形を変えてその後の明治政府に引きつがれていったと言うことができよう。

立教だけではなかった。一八七五（明治八）年に新島襄が京都に同志社を創立したときも、状況は似たようなものである。著者は同志社文書を検索したときに、いかに彼が京都の行政当局の忌諱にふれないように苦心を払ったかを知ることができた。

たとえば、同志社に残されている京都府当局への開学願書の草案には、開設学科目の一つとして「聖經大意」という科目があげられていた。しかし、実際に提出された文書には、これが消えている。少なくとも表面上はバイブルの講義をしないこととして、初めて「官許同志社英学校」は陽の目を見たのである。また当時新島は、アメリカの学校の例に倣って、学校の始業終業の合図に、鐘を鳴らしたいと考えていた（多くの学校では板木が使われていた）。しかしこれにも、市当局から禁令が出た。火事を知らせる鐘楼の合図と混同するからというのである。嫌がらせの一つであった。

4 存続を求めて

ウィリアムズの立教開校は禁教高札の撤去(一八七三)の前であり、新島の同志社開校は、そののちである。このような違いはあったが、キリスト教系私学の開校は、多く茨の道を経ている。その後一八八〇年代後半からの欧化主義の風潮の中で、キリスト教系私学には、明治政府とのいわば〝蜜月の時代〟が訪れたかに見える一時期もあったが、やがて国権主義の強化、教育勅語の発布などを経て、政府は圧迫を強める。

教育勅語の発布(一八九〇)、内村鑑三の不敬事件(一八九一)、「教育ト宗教トノ衝突」論争、学校での宗教教育を禁じた訓令十二号発布(一八九九)等々、これらの宗教教育政策がいかに立教学院の発展とかかわったか、学院がそれらの力に、どのように対応したかなどの詳細は、ここに述べる余裕がない。『百年史』の記述に委ねたいと思う(その後の資料集も参照されたい)。

はっきりしていることは、一九二二(大正一一)年、立教は同志社に次いでキリスト教系私学としては二番目に大学昇格を認可されるまで、同志社その他のキリスト教系私学と同様に、「国家ノ須要」という同心円の中心から最も遠い一隅に位置していた、ということである。「大日本帝国」の領土内に、政府認可の学校として制度的存在を許容されるためには、この円の外に、その円周そのものを打ちくずすような仕方で存在することはできなかった。

超歴史的な判断をもってすれば、学院の歴史には国家権力への妥協・屈服と見られる事件もないではなかった。しかし、歴史に即してみる場合、著者はそのようにだけ評価することはできない。訓令十二号事件にさいしても、立教学院がとった措置——訓令が命ずるとおり学校における宗教教育はやめる、しかし寄宿舎においては、宗教的会合と礼拝への出席を義務づける、そして立教中学校長は寄宿舎の舎長を兼ねる、寄宿舎は文部行政の管轄外であることを確認させる、という措置——以外に、実質的に学校を存続させる途はなかった。そして教育史が示すところによれば、当時訓令に敢然と抵抗した他のキリスト教系私学の中にも、円周そのものを打ちくずすような動きが起きたわけではなかったのである。

5　私学の存在理由への問い

「私立立教学院立教専門学校」が、大学令による大学となり、天皇の勅裁を経て文・商学部（のちに経済学部）の二学部と大学院を持つ総合大学への歩みを始め、立教中学校がこれに即応してさらに発展したのは、大正後半から昭和にかけてであった。

著者は、立教に限らず、日本の私学が真にその存在理由を問われるようになるのは、これ以後の時期ではなかったかと思う。多くの私学、とくに私立大学は、大正末から昭和期はじめにかけて、大学令のもとに大学として認められるために、その独自の在り方を放棄ないし稀薄化することを迫られていった。

たとえば、大学令下の大学として認可されるためには、大学はすべて昼間部授業を建前とすることが要求された。

法政大学・立命館大学など、明治時代にはもっぱら夕方から夜間にかけて開講していた私立学校は、大学への昇格を機に、すべて昼間授業の形態に切り換えさせられた。すなわち、それまで勤労青年のための高等教育機会を提供していた役割を大学レベルでは放棄して(ただし、専門学校部分すなわち「専門部」では、夜間授業をしていたが)、それと引き換えに、「大学」としての制度的地位を獲得したのである。立命館大学総長であった中川小十郎は、これでは本学の特色はなくなるといって、みずから大学昇格の申請を抑えるという稀な行動に出たが、数年後には、校友の要望を無視することができず、立教と同じ一九二二年についに「昇格」した。

大正の末までに昇格を果たした私学は、宗教系では國學院、同志社、立教、大谷、龍谷、立正、駒澤、高野山、大正の九校、非宗教系では慶應義塾、中央、日本、法政、明治、早稲田、東京慈恵會醫科、満州醫科、東洋協会(拓植)、立命館、關西、東京農業、日本醫科の一三校の合計二二校であるが、これらのそれぞれ歴史と背景と特色を持つ諸学校が、大学令の体制のもとで多少とも変質を余儀なくされたことは否定できない。これらがどのような形で以前の特色を喪失ないし変質させていったか、そこに働いたのはどのような制度的要因や実態的条件だったかなどは、日本私学史の一つの重要な研究テーマである。

立教大学の場合も、この後、世間的にクローズ・アップされてくるのは、特色あるキリスト教系私学としてのイメージよりも、たとえば英語に堪能な学生を送り出す大学、というものであったと見られるのである。私学の地位の向上の背景には、日本資本主義の発展があり、高等教育人材への需要の増加があった。多くの私学は、この需要に支えられて、またその需要を先取りした政府側の政策に沿って、大学としての地位を得、そしてその需要に応えて、卒業生を送り出すようになる。

「官立以外の経済科、商科卒の待遇ぶりを見ますと、まず第一に慶應(義塾)……設備の点および教授のよいのがそろった点では、京大とならんで日本においての二大経済研究所ともいうべきでしょう。卒業生はどこでも優遇されてゐます。ことに三井、鐘紡あたりでは大勢力をもってゐます。……商科の方面では近頃立教大学の卒業生が非常に優遇されます。この学校の特色は英語です。銀行、会社の外国課または外国商館に行きます。三井物産では入社した時慶應の次になってゐます」

これは大正後期の受験雑誌の記事である(尾崎盛光『日本就職史』一九七六年、文藝春秋刊より引用)。帝国大学にしても、この時代になると民間会社へ直接多数の学生を送り出し、早、慶その他の私学も、従来から見られていたこの傾向をますます強めるようになる。すでに大学令自体が、帝国大学令に倣って、その第一条に「国家ノ須要ニ応シ」て学術技芸を教授研究し、とくに教育面では「国家道徳ノ涵養ニ努」めるという文言を加えており、私学はこの文言を認めて大学に昇格していたのであった。

この国家原理に重ねてあらわれたのが、産業化のもとでの人的需要への適応という要請なのであった。国家の財政的補助が期待できない条件のもとでは、経営上の必要のためには、私学はこの二重の要請に応えていかざるをえなかった。その過程で、二重の側面から建学の理念と独自性(存在理由)が問われる、という事態が生まれていたのである。

6 戦前と現代を通じる問題

戦前の歴史をピック・アップすることで、ほとんどの紙数を費やしてしまった。

しかし著者の見解からすれば、近代の日本における私学(大学だけに限らない)の置かれてきた位置は、学校教育法のもとで全学校の法制的位置が変化した今日も、戦前の前述のような条件と基本的に異なっているとは思えない。むしろ、より強い力のもとに、同質の問題がなお続いていると考えられるのである。

私学に籍を置くものの一人として、今後の私学の課題はどう考えられるかについて、一般的な形で記しておきたい。

(一) 近代日本の私学は、私学としての「存続」を果たすためには、多くの圧迫や抑圧を甘受させられてきた。そこには官立=悪、私立=善というような単純な図式では割り切ることのできない日本近代史そのもののゆがみが反映されている(次章参照)。

私学の歴史は、日本近代学校教育史・大学史の構造的な一部分なのであり、それゆえにまた、私学問題の解決は、日本の教育問題全体の解決と結びついてしか行われえない性質のものである。私学関係者にだけ私学問題解決の課題が課せられていると考えることは一種の独善であるし、他方、それ以外の人々がその課題から免れていると考えることも、また一種の怠惰であると言えよう。

(二)　しかし日本の私学は、明治以来、相対的に見れば、官公立学校に比べて、とりわけ財政面で多くの苦しみを味わってきた。いまもそれがいかに深刻なものであるかは、言うまでもないことである。にもかかわらず、明治以来、私学の建設とその維持への努力がなかったならば、日本の近代教育がいかに貧しいものとなっていたかも明らかである。私学は、困難な条件にもかかわらず、「学問をしたい」と考える日本の青年たちに学習の場を提供し、その学習意欲に応えてきた。公教育(公立教育ではない)の中において私学の果たしてきた役割の大きさは、誰も否定することができない。

(三)　問題は、その維持と発展とを、私学関係者の努力だけに委ねてきた政策にある。第二次大戦によって国家主権を原理的に否定した今日、私学が、その「公共性」を主張することはまったく正しい。私学への公費助成は、私学が国民の教育を受ける権利を保障する一つの制度であるという意味においても、また私学が量的に教育の不可欠の部分を占めているという現実からしても当然の方策であって、助成はむしろ国家の責務と言い得ることである。

(四)　しかし、私学が教育・研究という仕事を通じて公共性を持つことと、おのおのの私学が掲げる独自の教育理念、建学の精神とをどのように論理的・実践的に整合させるかという問題は、なお私たちに、とりわけ私学関係者（私学を選んで子弟を入学させる父母も含めて）に残されている。

明治以来の日本社会は、教育を、もっぱら「公」的なものとして、「公」のために行われる営みとして認めてきた。そしてその「公」は、そっくり「国家」のことと理解された。しかしこの呪縛から解放されている今日、私学の性格をその公共性において主張しようとする立場に対しては、公共性の中にいかにして私的なものの意義を含みこむことができるかが問われる。

具体的な言い方をすれば、私学がその経費の大部分を公費によって賄うべきだと主張することは、まさに「公共性」の立場から正しい。しかし、ではなぜその学校（たとえば立教学院ないし立教大学）は私立でなければならないのかを立論することは、たやすくないのである。もちろん、これを実践によって証明することはさらに困難なことである。経営難を乗り切ったのちに生まれるこの問題こそ、歴史を負った日本の私学の最大の問題であると著者には思われる。

（『立教』創立一〇〇年記念号（七四号）、一九七五年三月刊）

第3章　私学と官学
――ライバル発生の起点から――

1　東京専門学校の創設

(1)　稲田の中に

一八八二(明治一五)年一〇月、当時の東京府南豊島郡下戸塚村早稲田の稲田の中に、一つの私立学校が開かれた。

「東京専門學校」というのが、この学校の名称である。これより一カ月ほど前から、東京の『朝野新聞』『郵便報知新聞』などには、「今般東京府の認可を得来《きたる》十月二十一日開校す　但地方入学志願者ハ臨時試験すべし　右広告候也」という開校広告が載せられていた。

広告に応じて集まってきた受験者の中から七八人が選ばれた。学科としては政治科、法律科、理学科の三学科、そして別科として英語科が置かれていた。

言うまでもなく、これが現在の早稲田大学の創立当時の姿である。一面の稲田の中の土地にある校舎は、実は大隈重信の別邸であった。ただし校主(校長)には、重信ではなくその養嗣子大隈英麿が就任した。

東京専門学校の教育の実際面のリーダーは、小野梓であった。小野は、開校式の終わり近くに開校祝賀演説を行った。

その中で、彼は次のように主張している(要約)。

大隈侯の意をうけ、この東京専門学校を開校したのは、実に後世の人を利することを願うためである。学校が後世の人を利することができるために必要なものは何か。それは「学の独立」である。「学の独立」とは何か。第一に、外国語に依存して専門教育を行うのでなく、日本語による専門教育を行うことである。第二に、学問を政党の影響から独立させることである。この二つの意味を持つ「学の独立」を達成し、やがて十年後には、この学園を大学校に仕上げてゆくことが、私の理想である。

この小野の演説筆記の全文は、『内外政党事情』紙に収められているが、右の要約では尽し切れないほど豊かな内容を持つものであった。たとえば、「学の独立」の第一の意味について、小野は、たんに日本語で専門教育を行うことの実利性だけを強調しているのではなく、次のような学問論を展開しているのである。

(2)　学の独立

原文のまま引用してみよう。

「王仁《わに》儒学ヲ伝ヘテヨリ以来、今ニ至ル迄デ《ママ》凡ソ二千年ノ間、未ダ曽テ所謂《いわゆる》独立ノ学問ナルモノアリテ我ガ子弟ヲ教授セシヲ見ズ。或ハ直チニ漢土ノ文学ヲ学ビ、或ハ直チニ英米ノ学制ニ模シ、或ハ直チニ仏蘭西ノ学風ニ似セ、今ヤ又独逸ノ学ヲ引テ之ヲ子弟ニ授ケント欲スルノ傾アリ。其外国ニ依頼シテ而モ変転自カラ操ル所ナキ、此ノ如シ」

次々と外国の学制を模倣し、外国の学風に模した輸入学問を切り売りすることが「学問の独立」を図るゆえんであろうか、ということの指摘は、もちろん、官立東京大学の実情を念頭に置いてのものであった。これより先、一八七二(明治五)年、新政府は全国に五万三〇〇〇校あまりの小学校、二五〇校あまりの中学校、七つの大学校を置くと決めた「学制」を公布していた。小学校・中学校には学区制を採用したが、それは、アメリカの制度を取り入れたものと言われる。大学校は同時に大学区の教育行政機関を兼ねたが、それはフランスの教育行政組織を取り入れたものである。その五年後の一八七七(明治一〇)年四月には、東京大学が設立される。しかしその東京大学では、少数の国語漢文関係学科を除いて、主な学科の教育には英・米人を主とする外国人教師たちが当たり、大部分のテキストは英書であった。授業も、たとえ日本人教師が当たるものであっても、英語で行われるのが通例であった。一八八二年ごろ(明治一〇年代の半ば)から、のちに述べるように、政府はドイツ学の振興に本腰を入れはじめた。これに応じて、東京大学法学部では、フランス語、フランス法の比重を大幅に減らし、ドイツ語、ドイツ法の比重を増やしはじめていた。

こうした動きの背後にあったのが、岩倉具視・伊藤博文を中心とする薩長藩閥政権だったことは言うまでもない。

このように見ると、「学の独立」の第二の意味、すなわち学問を政党の外に置く、という小野のテーゼの意味も明瞭になろう。それは、単純かつ抽象的に学問・大学の政治的中立性を論じているのではない。まず、この新しい学校は、決して政治党派の後継者育成のために開いたのではないぞ、と主張している。具体的には、小野と大隈とがこの年二月に結成した立憲改進党党員の養成所ではない、ということである。そして次には、政府とはいえ一種の党閥的な結合にすぎない政府がこの学校を圧迫することは許さない、という宣言なのであった。

(3) 抑圧

「学の独立」という言葉で小野の主張した二つの意味は、ある意味で彼の主張通りに実現していった。東京専門学校は、若い教授陣(その中には、東京大学文学部を卒業した高田早苗、坪内雄蔵(のちの逍遙)、天野為之らが有力なメンバーとして加わっていた）のもとに政治・法律を中心とするカリキュラムを組んで出発したが、イギリス立憲主義の路線に立つ小野の指導理念のもとに、英文科も併置された。また事物の本質を見きわめるためには自然科学も必要だという小野の考えにもとづいて理学科も置かれ、やがて「大学校」となるための素地が築かれた。

他方、不幸にして、先に述べた第二の意味も〝実現〟した。大隈の下野、立憲改進党結成の動向に神経をとがらせていた政府は、陰に陽に東京専門学校への圧迫を行った。最初の入学生の一人である都留某は警視庁の密偵の一人で、寄宿舎にまで入寮したが、途中で露見し学生たちの袋叩きにあったと言われる。また、政府は官立学校教官が講師として出講することに対しても陰に陽に抑制した。

このように、「学の独立」の前途はきびしいものであった。

(4)　官学と私学の分岐点

東京専門学校を「私学」の代表と見なし、これを政府＝官立の東京大学と対比させ、その両者を、〝ライバル〟というふうに押さえることは、少なくとも教育史的な見方としては、あまりに単純である。のちに見るように、近代の日本、とくに明治期の官学と私学の関係は非常に複雑で、かつ入りくんだものであった。官学的私学もあり、私学的官学もあったというのが、明治期を通じての両者の実態であった。

にもかかわらず、著者がまず東京専門学校の創設期の実態と精神を述べたのは、明治一〇年代半ばの時点での両校の位置づけが、その後およそ一世紀にわたる日本の教育・学問の在り方を先取り的に象徴していると考えられるからである。その在り方とは、一言で言えば、政府＝官の主導による教育体制の整備が強力に進行し、その主導性を基軸として、全学校が構造的に位置づけられた、という教育史の流れである。

東京専門学校の創立時点は、「明治一四年の政変」の直後であり、明治政府がようやく絶対主義的な集権制を確立したときに当たっている。この時期から五年後の一八八六～八七（明治一九～二〇）年ごろにかけての時期の特徴は、視点を〝官学と私学〟というポイントに絞ってみると、次のように言うことができよう。

（一） 教育とくに高等・中等教育の段階では、維新以来の私学・私塾の学校群がなお量的には中心を占め、大きな比重を失っていなかったこと。

（二） にもかかわらず、というよりむしろそれゆえに、政府の教育政策の中に私学を抑制し、官公立学校を強行的に整備しようとする、さまざまの動きがあらわれていたこと。

（三） そのような動きの極点として、帝国大学をピラミッドの頂点とする、一定の階層秩序（ヒエラルヒー）を持つ学校体系がつくられたこと。

つまり、官学にとってみれば、学校体系の中に最もレベルの高い学校、しかも青年たちが進学してゆく梯子段の最も高い位置に押し上げられた時期であり、私学にとってみれは、逆に否応なく教育の自由と個性を失い、しかも学校体系ピラミッドの比較的下の部分に位置づけられるようになった時期だったと言える。

こういう分岐点のような時期に生まれたのが東京専門学校だったから、その創立の精神、およびそれをめぐる四囲の状況、その時期の政府の動きを見ておくことは、最も象徴的な時点で近代日本の「私学と官学」の関係を考えることになるのである。

2　一八八〇年代前半までの私学

(1)　専門学校の群れ

明治一〇年代の半ば、すなわち一八八〇年代の前半まで、高等教育・中等教育はどう分布していたろうか。手短に見るために、明治一五年度(一八八三)に文部省が出した『文部省年報』を見てみよう。

この年、文部省が「専門学校」という名称で認定して『年報』に記載した学校は、公立四六校、私立四〇校である。この場合、私立というのは現在の私立の概念とほとんど変わらず、私人が設置した学校という意味であるが、「公立」というのは、現在の公立という意味ではなく、官立すなわち政府直轄学校と府県立学校との双方を含んでいた。

その官立学校のうち最も大規模なのは東京大学であり、生徒総数約一八〇〇人(ただし、うち五八〇人ほどが予備門生)にのぼっている。しかし、「公立専門学校」はこれに尽きるものではなかった。府県を見ると、最も目につくのは府県立の医学校であり、京都府・大阪府の二つの府のほかに、兵庫・長崎・新潟・北海道・千葉・茨城・三重・愛知・山梨・岐阜・長野・宮城・福島・岩手・青森・秋田・石川・鳥取・岡山・広島・和歌山・徳島・高知・愛媛（掲載順）の二四道県が、計二七校の医学校を設けていた。その生徒数は合計三一〇〇人であり、この年の公立専門学校生徒数四〇三〇人のうちの七五％がこの府県立医学校の生徒で占められていたことになる。ちなみに、東京大学医学部の生徒数は約八七〇人となっているから、これを三一〇〇人に加えると、三九七〇人、つまり、官公立専門学校の生徒数の九二％が医学校の生徒であったことになる。言葉を換えれば、政府・道府県は、この時期に医学専門教育に大いに力を注いでいた。

(2)　法律私学

私立専門学校に眼を移すと、様相は大いに異なる。前にふれたように、四〇校が記載されているが、その学科分布はきわめて広かった。

医学ももちろんであるが、そのほかに、商業学、航海学、数学、経済学、法律学、建築学、化学、理学、文学というように、実に多岐にわたっていた。

その中でとりわけ注目されるのは、法律学の専門諸学校である。その中には、一八八三（明治一五）年設立の東京専門学校のほか、次の諸学校があがっていた（カッコ内は創立年および設立者）。

明治法律学校（明治一三年・岸本辰雄）　専修学校（同・小川盛重）　東京法学校（明治一五年・薩埵《さった》正邦）

泰東法律夜学校（明治一五年・島巨邦）　弘文館（同・嘉納治五郎）

このうち、泰東法律夜学校と弘文館を除けば、あとはそれぞれのちに明治大学、専修大学、法政大学になる諸学校である。こうした私立法律学校群が、いずれも一八八二(明治一五)年までに生まれていたのであった。なお、以上の学校はすべて東京にあった。その在籍生徒数は計一二〇〇人、私立専門学校生徒数約三五〇〇人の三分の一強にのぼった。この年、東京大学法学部は生徒数わずか五五人であった。

法学専門教育の中でこのように私学が量的に圧倒的な優位を占めていたこと、また、私立専門学校の中でも法律学校が非常に大きな比重を持ちはじめていたこと——この事情が、一八八四(明治一七)年以降の高等教育政策に対して無視できない影響を与えるのだが、それはあとで述べよう。

(3) 仏学塾

この年の私立専門学校は、実に多様であった。多様というより、さまざまな個性ある学校があった。その二、三をあげてみよう。

東京専門学校と並べられているのが、「仏学塾」である。創立は一八七七(明治一〇)年、設立者は中江篤介となっている。所在地は麹町区五番町で、言うまでもなく中江兆民が設立したフランス語学校である。在籍生徒数一一二人とあるが、これは、私立専門学校四〇校の中で一〇位以内に入る規模であった。

この仏学塾は、一八七四(明治七)年八月、フランス留学から帰朝した篤介が、六番町四五番地の自宅で開いた家塾・仏蘭西学舎に由来するものであった。この家塾が一八八〇年前後になると隆盛を迎えていたのである。

創立当時、中江篤介が東京府に提出した開業願によれば、教授学科は「仏文学」となっていた。まず文法書、地誌、史書などを課するとともに、フランスの中等学校で使用される一八、九世紀の諸文献を読む、というのである。しかし、最隆盛期を迎えた一八八二、三年当時には、文法書、地理歴史書のほか、ボルテールの『査理十二世紀《シャルル》』『路易十四世紀《ルイ》』、モンテスキュー『万法精理』、ルソー『民約論』などをテキストとして届け出ている。

仏蘭西学舎を開いたときの篤介は二八歳、『東洋自由新聞』主筆となった一八八一(明治一四)年には三五歳、仏学塾が廃校となったのは一八八八(明治二一)年、四二歳のときであった。

仏学塾の実際の授業の実態や生徒たちのその後の動きなどについては、まだまだ調べなければならないことが多いけれども、右のような書目から見ても、この私学がたんなるフランス語の教授機関ではなく、語学修練を通じてのフランス自由民権思想の有力な学習・普及機関であったことがわかる。

ルソー『民約論』の最初の翻訳である『民約訳解』を連載した『政理叢談』、あるいは兆民(篤介)の校閲になる『仏和辞林』なども仏学塾から出版された。

兆民と親交のあった渋江保(羽化仙史)は、明治一五年当時、愛知県の中学校長をしていたが、同年秋、牛込神楽坂で偶然見かけた兆民と仏学塾生のことを次のように記している。

「……十月末といふ薄寒の時候にも拘はらず、古ぼけた浴衣を着て、古褌《ふんどし》のやうな帯を締め、薄っぺらな下駄を穿いて、七、八人の書生を連れた男が向ふからやって来る。何者だらうと思って物好きにも跡を蹤《つ》けて行くと、一同は唯《と》ある穢《きたな》い蕎麦屋へ這入《はい》ったので、自分も続いて這入る。見て居ると彼是《かれこれ》十人ばかりの同勢が車座になって飲む事、食ふ事、それに四辺《あたり》かまはぬ大きな声で議論を闘はす事、実に凄まじい許りだ。私は其の気焔に呑まれてそこそこに蕎麦屋を出たが、あとで聞くと其れが実に兆民居士と其の書生とであったのだ。書生と言っても別に居士に対して敬称を用ひて居たのではない。やはり『君』とか『お前』とか対等の言葉を使って居たのである」

（渋江保民談話「中江兆民博士」松永昌三編集解説『中江兆民集』、一九七四年、筑摩書房刊所収）

兆民を囲む雰囲気が伝わってくるようである。

(4)　東奥義塾

自由民権の思想運動との関係で言えば、同じく「私立専門学校表」に記載されている弘前の東奥《とうおう》義塾もユニークな私学であった。

この私学の源流は旧津軽藩の藩校稽古館にさかのぼる。東北地方でも有数の大規模な藩校であったこの学問所の中にも、安政年間以来蘭学堂が設けられていた。維新後、右のような動きを背景に、青森・弘前に洋学校が設けられ、紆余曲折を経たのち、一八七二(明治五)年、東奥義塾として創立された。

前述の『文部省年報』には、学科は「文法学」、創立は一八七二(明治五)年、所在は青森県陸奥国弘前下白銀町、生徒数一六〇人というように記載されている。教員数は一二人、東京以外の私学の中では規模の点では最大のものの一つである。

『文部省年報』では、同塾の設立者は珍田捨巳《ちんだすてみ》となっている。しかし、同塾の創立・創成に最もあずかって力あったのは、旧津軽藩士の菊池九郎や、同じく旧藩士で熱心なクリスチャンであった本多庸一(のち青山学院二代院長)らであった。彼らに指導された東奥義塾は、一八八〇年代になると整備され充実した。一八八二年には、文学専門科および法学専門科が設けられ、中学校段階はその予科となっていた。

東奥義塾が、弘前を中心とする津軽地方の文明開化と近代化に果たした役割は非常に大きかったと言わなければなるまい。地域の物産を展示する博覧会を開き、また関係者を中心とする啓蒙誌『開文雑誌』を刊行し、付属の図書館「博覧書院」を、住民に有料で開放した。さらに、この東奥義塾と密接な関係のもとに政治結社「共同会」が設立され(明治一二年)、菊池・本多らが国会開設請願運動に乗り出した。

しかし一八八三(明治一六)年になると、同塾は衰退に向かう。『東奥義塾年表』は、明治一六年一月一三日の項に次のように記している。

「『義塾は自由民権を主張し基督教的色彩濃厚にして、我が国体を毀損《きそん》する危険思想あり』との非難多く、津軽家より出資されていた義塾運営の基金である毎年三千円の補助を中止され、一時金として一万円を受ける」

このような〝非難〟と関連したのであろうか、同じ一月には開設後一年にならない法学専門科が廃止された。

(5) 攻玉社商船黌

文科系学校でもなく、自由民権運動との結びつきもなかったが、東京の攻玉社商船黌《こう》も、ユニークな私学であった。『文部省年報』には、学科として「航海測量」を主とし教員四人、生徒二〇人を持つ二年制の専門学校として記載されていた。

この学校の創設者は旧鳥羽藩士近藤真琴であった。村田蔵六の塾で兵学を修めたのち、軍艦操練所を経て一八六三(文久三)年家塾を開いたのが攻玉社の淵源である。維新後の発展について詳しく述べるゆとりはないが、数学、測量、航海術などの特色ある教育を行った。一八八一(明治一五)年の時点では、中等部と青年部を置き、創成期の海軍に多くの人材を送り込むことになるのである。日清戦争中海軍に従軍した将校総数六〇六人中一三四人がこの塾の出身者であり、出身者のうち海軍大将になった者一五人、将官級になった者を加えると二〇〇人近くにのぼった。

以上三つの私学について見てきたが、それはこれらがこの時期の私立専門学校の典型であったからというわけではない。ただこの時期の私立専門学校がいかに多様で個性的な基盤と特徴ある教育を行っていたかを示したかったからである。

これらのほか、福澤諭吉の慶應義塾、新島襄の同志社、長谷川泰の済生《さいせい》学舎（医学）など、さまざまの分野で独自の個性ある教育を行う私学があった。そのような状態を許す政治的・社会的条件が存在したのである。

(6)　一八八〇年代の東京大学

一八八〇年代半ば以前の、私学と官学の全体のありさまを一言で言うなら、さまざまの風姿、樹相を持った山々が、あちこちに点在し、立身を求め「学問」にあこがれる青年たちをそれぞれに惹きつけていた、ということができよう。

青年たちほまた、一つの尾根から次の尾根へ移ったり、ある山の山頂から尾根づたいに別の山頂を目指したりすることもできた。

著者は私学のことだけを述べているのではない。官立の高等教育機関についても、同じような状況を指摘することができる。

一八七七（明治一〇）年四月に政府が官立東京大学を創立したことは先にもふれたが、一八八〇年代前半あたりまでの東京大学の地位・威信を一八八六（明治一九）年帝国大学令以降のそれと同じように考えることはできない。

はっきり言えば、この時期までの東京大学は、「最高学府」という名に価するものではなかった。もともと明治政府は、どのような形で「大学」をつくるか、という構想を明確に持っていたわけではなかったし、官立の東京開成学校と東京医学校とを合併して「東京大学」を創設したさいも、一方で千葉県真間郡国府台に、日本人教師が日本語で専門学を教える「大学校」をつくろうと準備を進めていたほどである。やや大げさに言えば、創立前後の東京大学は、とりあえず専門学を外国語で学ぶほかない当面の状況に応ずるため、語学訓練を中心として速成的に「専門学士」を育成する専門学校をつくっておく、といった意味合いのもとに創立されたものである。政府の側から言えば、その専門学校の管轄については、それまでの行きがかりもあるので、当面文部省に任せておく、といったところだったのではあるまいか。

それというのもこの当時、高度の専門学の教育は何も文部省の専売品ではなかったからである。

(7)　工部大学校と司法省法学校

工部省は、すでに一八七二(明治五)年以来、工学寮を設けていた。それは東京大学創立と同じ一八七七(明治一〇)年には、工部大学校と改称されるまでに成長していた。教師はすべてイギリスから招いた第一線の技術者たちであり、工部省の土木・電信・建築などの事業と提携しながら一種の現場修練を伴う高度の工業技術教育を、優秀な青年たちに与えていた。司法省は、やはり一八七二(明治五)年に明法寮という法学教育機関を発足させていた(明治八年から法学校となった)。この法学校は、フランス法に重点を置いた高度の法学訓練機関であり、英米法を中心とした東京大学法学部とはまったく異なる特色を持つ、しかも高度な法学教育機関であった。このほか、のちの札幌農学校となる開拓使仮学校や、のちの駒場農学校となる内務省勧業寮農事修学場(のちに農商務省に移管)などの農業専門教育機関が生まれたのも一八七四(明治七)年から七五年にかけてのことであり、それらの語学校は、一八八〇年代前半にはほとんどすべてが全盛期を迎えていたのである。

こうした官立専門教育機関の配置図の中で見ると、東京大学は、いわばワン・オブ・ゼム(one of them)つまり〝多くの官立専門教育機関の中の一つ〟と言うほうが正確であった。東京大学の中で例外的に高い教育水準を持っていたと見られるのは医学部であったが、それを除けば、法・理・文学部等の分野で、東京大学がとくに他の学校を抜きん出るほどの教育水準を持っていたとはとうてい断言できない状態であった。

3 帝国大学の成立

(1) 帝国大学令

このような高等教育の状況に、測り知れないほどの変化を与えたのが、一八八六(明治一九)年三月に公布された勅令「帝国大学令」である。東京大学の歴史にとっても、また日本の近代教育体制全体の歴史にとっても、この勅令制定の意味はきわめて大きかった。

東京大学を「帝国大学」と改称させることになったこの勅令は、まずその第一条で、「帝国大学ハ国家ノ須要ニ応スル学術技芸ヲ教授シ及其蘊奥ヲ攻究スルヲ以テ目的トス」という有名な文言を掲げている。

実際に筆を下ろしてこの文言を書いたのは誰なのか、いまのところそれはわからない。しかし、この短い文言の背後にかけられた期待が何であり、そのような期待を東京大学に対して抱いたのは誰か、という問題は、ほとんど疑問の余地なくはっきりしている。

すなわち、この文言は前年の一八八五(明治一八)年、太政官制度を廃して内閣制度をとり、対外的には不平等条約の改正を急ぎ、対内的には憲法の制定を目前にしていた伊藤政府が文部省と東京大学にかけた期待をあらわすものであった。大学が存立しうるのは「国家」の需要に応ずることによる、というのがその内容であり、このような期待を満たすような制度と教育・研究内容を大学は備えるべきだというのである。具体的には総理大臣伊藤博文と初代文部大臣森有禮の二人が、こうした大学の構想を立てたと見られる。実際に筆を執って帝国大学令の案文を起草したのも、この二人ではなかったろうか。

(2) 伊藤とスタイン

伊藤は、先にもふれたように、一八八〇年代のはじめから、私学の動き、とくに広義の自由民権の思想・運動と私立学校の関係について神経を尖らせていた。しかし、憲法取調べのためヨーロッパへ旅立つ一八八二(明治一五)年の三月ごろまで、彼の頭の中にどれほど明確な大学のイメージがあったのか、非常に疑わしい。

しかし、ヨーロッパとくにオーストリアでの憲法学習と政治状況の見聞とを通じて、彼は「大学」というものについての、はっきりとした考え方を身につけていったようである。

当時ヨーロッパで有数の国法学者、行政理論家であったオーストリアのウィーン大学教授、スタイン(Lorenz von Stein)——彼は伊藤ら一行がめぐり合った最良の「師」であった——は、とくに伊藤の大学観に決定的な影響を与えたようである。

スタインは、伊藤に要旨次のように説いている(口語訳)。

人民一般のための普通教育と、新聞紙等の世論をつくる言論機関、そして高等専門教育機関、この三つが「教育」というものを形づくる手段です。このうち、とくに高等専門教育は、重大な「公益」に結びついています。すなわち、それは一切の学問を含むものですが、それがかかわる公益には二種類のものがあるのです。一つは精神上の公益、もう一つは工業上の公益です。工業上の公益にかかわるものは工芸学ですが、精神上の公益にかかわるのは、法学、理学、化学です。この二つの領域の学問は、実に国家が精神的・物質的に発展していくさいの二大要因ともいうべきものです。そして、大学というのは、この二つの領域の学問から構成されるものなのです。

このような大学観は、伊藤に大きな示唆を与えたに違いない。すなわち、大学というもの、およびそこで与えられる学問が、日本の産業化にとって重要な意味を持つばかりでなく、エリートの教育を通じて一国の思想・文化にとって重大な影響を与えるものなのだ、という知識である。この知識は、多分、伊藤にとっては、たんなる知見にとどまらず、一つの衝撃ですらあったであろう。

なぜなら、それまで伊藤を中心とする開明派官僚たちは、「其身を修め知を開き才芸を長ずるは学にあらざれば能はず」(「学制序文」)という実学主義・主知主義の教育理念に立って、国民皆学の方針を推し進めてきていた。そこには、国民一人ひとりが「才芸ヲ長」じてくれれば、それが必然的に国家の富強すなわち産業の進展と治安の確保に役立つのだ、というオプティミズムがあったと言える。しかし、すでに伊藤らが痛みを体験したように、教育の普及や青年たちの知識の増大は、確かに産業のための有用な人材をつくり出しもするが、また一方では、政権の基礎を危うくするような〝知識青年〟も生み出す。この矛盾をどう始末したらよいか。

(3)　学内と思想

そこのところへ、スタインは明快な答えを与えてくれたのである。すなわち大学は、「工業上」重大な役割を果たすだけでなく、「精神上」重要な影響を及ぼすのだ、法学などのいわゆる文科系の学問だけでなく、理学、化学などの学問においてすらそうなのだ、と。伊藤は、スタインの講義から、いわば学問の思想的陶冶性を学んできたのである。

伊藤はスタインの所説にすっかり共感したようである。すでに滞欧中から、本国の山田顕義（当時参議兼工部卿。のちに日本法律学校の創設者となる）宛ての手紙で、この大学者をぜひ政府顧問として雇い入れたい、そして学問・教育の仕組みを全面的に組み替えてゆきたい、また、大学長の役割もさせたい、と書き送っている。そのころすでに七〇歳以上の高齢であったスタインは、さすがにこの申し出を断ったが、「知識の発達を図るためには大学を興すのが一番良いことです。もしあなたの国に大学が興隆すれば、その好影響は、必ず東洋の全土に及ぶことでしょう」と言って、伊藤を励ました。帰国後二年、政権を手中にした伊藤が「帝国大学」を創立した素地は、実にこのときにできていたと見るべきであろう。

(4)　森有禮の役割

森有禮は、薩摩出身の開明思想家であった。若いころからのイギリス留学や滞米外交官生活等を通じて、当時の日本では有数の国際感覚を身につけていた。と同時に、国際感覚の鋭さや国際情勢への認識の正確さが、森の場合、逆に日本の国際的地位の向上への焦慮につながり、結果として、彼を熱烈で献身的なナショナリストに仕上げていた。実際、明治前期の思想家の中で、森ほど、「国家」という語を、純粋な意味をこめて用いた者も少ないであろう。森にとって、「国家」とは、実態としての藩閥政権ではなく、また伝統主義者の唱える「国体」でもなかった。教育哲学者・勝田守一の言葉を借りれば、それは、むしろ抽象的とさえ言える規範、ないしは理想的な存在そのものであった。

しかし彼はまた、思想家であると同時に野心的な政治家であり、伊藤に選ばれた初代文相であった。外交官・森と伊藤との邂逅は、伊藤の滞欧中の一八八二(明治一五)年のことである。二人はパリのホテルで、日本の将来と、その将来にかかわる教育の在り方について論じ合ったという。このとき以来、伊藤は森を高く評価し、政府部内の疑惑や宮中派の元《もと》田《だ》永孚《ながざね》らの反対を押し切って、文部省に迎え入れ、やがて初代文相に任命した。

森は、守旧的な伝統主義者ではなく、また絶対主義的な専制家でもなかったが、政治的には日本国民の統合シンボルとしての「国体」を無視しては新しい国民教育は創り出せない、という考えを持っていた。彼の書いた意見書の一節に、国体は「無二ノ資本」だ、という大胆な一句がある。それは、森が「国体」に対する物神的な崇拝感情を持っていなかったこと、むしろ逆に、そのシンボルを手段視する醒めた目を持っていたことを示している。

このような醒めた、しかも情熱的なナショナリストであった森有禮は、文相の座に就くと、誰よりも熱心に、かつストレートに、「国家」を口にした。

帝国大学の任務について、森は次のように述べている(口語訳)。

「そもそも政府が文部省を設立して教育行政の責任を持たせ、そればかりでなく国庫の支出を許してさまざまの官立学校を維持しているのも、つまりは国家のためであるとすれば、教育行政の目的も、また国家のため、ということになる。

たとえば、帝国大学の事業を行うのに、学術のために行う事業と国家のために行う事業との二つがあるとすれば、国家のために行う事業こそ最も優先的に、かつ最重要視して行わなければならない、というのと同じである。教育上のことは、すべて生徒その人のために行うのでなく、国家のために行うのである」

(5) 帝国大学の組織

このような伊藤と森との期待のもとに出発した帝国大学は、どのような大学だったたであろうか。まず、当時の感覚としては「帝国」という言葉そのものが珍しかった。「帝国議会」や「大日本帝国憲法」などはまだ発布されていなかったころである。日本のことを形式張って呼ぶとき、当時の人たちが好んで使った言葉は「皇国」や「皇朝」などであった。これを「帝国」という言葉に代えて大学名に冠したところに、プロイセン・ドイツの影響と、憲法制定と帝国大学建設とをつなごうとする伊藤や森の期待とを読みとることができる。

帝国大学には、総長が置かれた。その総長は「文部大臣ノ命ヲ承ケ」て帝国大学を総轄する。総長の下には五人の分科大学長が置かれるが、この分科大学長も、「総長ノ命令ノ範囲内ニ於テ」主管の分科大学を管理する。このほか、今日の評議会に当たる評議会が設けられたが、そのメンバーである「評議官」は、主として学内の教官の中から、文部大臣が直接に任命する。評議官たちは、総長および文部大臣の諮問に応えて、学内の事項を審議する。総長は、評議会の議事の結果を必ず文部大臣に報告しなければならない。今日の学部教授会に当たるような分科大学教授会はない――。

これが発足当時の帝国大学の管理運営の在り方であった。

これを見ただけでも、初期の帝国大学に対して政府・文部省当局者が抱いていた〝あるべき大学のイメージ〟が、想像される。それは、厳格に政府の統制下に置かれ、政府が望みさえすれば国権主義的な行政規制をいくらでも及ぼすことのできるような研究・教育機関としてつくられたものであった。

(6) さまざまな特権

政府は、この帝国大学に、さまざまの特権を与えた。まず、一八八七(明治二〇)年、学位令とその細則を制定して、初めて欧米的な意味での博士学位制度を導入した。その博士学位の種類は法学・医学・工学・文学・理学の五種類であり、それは、帝国大学の五つの分科大学に正確に対応していた。やがて一八九〇(明治二三)年、帝国大学に農科大学が設置されると、農学博士が追加された。

欧米の場合、学位授与権は大学にあるというのが常識であったが、学位令では博士学位の授与権者は文部大臣であった。しかし授与資格そのものの審査権は、実質的に帝国大学の評議会が持つ制度となった。すなわち、学位を受ける資格を持つのは、(1)大学院に入って定規の試験に合格した者、(2)それと同等以上の資格があると文部大臣が見なした者、のいずれかであったが、その双方について、文部大臣は必ず帝国大学評議会の「議ニ付シ」て定めることという規制を設けた。さかのぼって、一八八六年以前は、博士という学位はなく、東京大学あるいは工部大学校の卒業資格である「学士」が学位であった。ところが、学位令によって、学士号というのは単なる称号になり、「博士」だけが学位ということになったのである(このほかに「大博士」という学位も法文化されたが、授与された者は誰もいない)。

このように学位令によって博士学位は非常に高い威信を持つものとして設けられ、しかもその種類、授与について、帝国大学は絶大な関与を行うことになった。形式上はともかく実質上、学位授与権はその後、京都・仙台など各地に設けられた諸帝国大学に独占されることになった。この独占状態を崩すためには、私学は大正期の後半まで待たなければならなかったのである(以上については本書Ⅲ第2章「日本の学位制度」参照)。

行政官・司法官の任用制度について、帝国大学の与えられた特権も大きなものであった。

政府は、学位令公布と同じ年の一八八七年七月、「文官試験試補及見習規則」を制定した。このころまでは、政府の官吏になるための明確な方式がなく、情実や縁故による採用が支配的であった。「文官試験試補及見習規則」は、この官吏採用制度の近代化・合理化を目指したものと言えるが、この改革は、直ちに帝国大学の特権化と結びついたのである。

すなわち、この規則によれば、①三年以上帝国大学分科大学の教授を経験した者は、文官高等試験と実務練習を経ないで、直ちに本官に採用される。②法学博士・文学博士号をそれぞれ持っている者は、高等試験を受けずに「試補」になることができる。③帝国大学法科大学と文科大学の卒業生も同様に、直ちに高等文官試補になることができる。④旧東京大学法学部と文学部の卒業生も同様である。

(7) 法科大学の発展

これらがいかに大きな特権を帝国大学とくに法科大学卒業生に与えたかは、容易に想像できる。とくに、右の③によって、帝国大学法科大学の卒業生は、帝国大学法学士の称号を持ちさえすれば、諸官庁の「試補」つまり実務練習生になることができ、地方官庁一年半、中央官庁一年半計三年の試補期間を終わって高等文官試験（本試験）を受け、その席次によって官界での出世が約束される、というルートが開かれたのである。このような特権を享受したのは、後々になるまで、東京をはじめ京都その他につくられた帝国大学の法学部だけであった。

法科大学の学生は、帝国大学が生まれてから増え続けた。帝国大学が生まれた一八八六（明治一九）年には、卒業生総数七五人のうち、法科大学の卒業生はわずか一〇人にすぎなかった。一番多く卒業生を出していたのは工科大学で三五人である。ところが、その後法科大学ではジリジリと卒業生が増える。一八八八（明治二一）年には全一八〇人中六〇人でトップに立ち、以後その座を譲らず、一九〇〇（明治三三）年には三八九人中一二九人、すなわち帝国大学卒業生中の三分の一は法科の卒業生ということになる。つまり、帝国大学令以後、法科大学の学生定員は、絶対数の上でも学内の比重の点からも、飛躍的に増えたのである。

(8) 総長への批判

こうして、〃法科万能〃の時代が始まった。民友社を起こした徳富蘇峰（猪一郎）の雑誌『国民之友』の一八九〇（明治二三）年六月の号には、次のような論説が載っている（口語訳）。文中「渡辺」とあるのは、伊藤らが送りこんだ帝国大学初代総長渡辺洪基のことである。

「これまで帝国大学はさながら伊藤伯の子分製造場のようなものだった。渡辺洪基氏は大学の四方に網を張って、少しでも頼もしげな人物があると、ことごとく官吏に登用し、伊藤伯の子分にする、鳥網の番人のようなものだったが、今や突然、外務省に転じて無任所大使になってしまった。伊藤伯の籠絡《ろうらく》主義は敗れたと言ってよい。渡辺氏の後には、学者肌の加藤弘之氏が総長になったが、たとえ加藤氏がやや学者肌で世事にうとく、従ってその下で教育をうけた学生たちが空想家肌で実際家でないというような恐れがあっても、渡辺氏のように伊藤伯の子分の口入れ屋を自任していた人物に比べれば、大学教授としてはまだましであろうと信ずる」

渡辺洪基は外務省畑を歩いてきた行政官であり、東京府知事の経験はあったが、学者としての業績はまったくない人物であった。他方、加藤弘之は、一八八一（明治一四）年に有名な転向宣言を発して天賦人権説から社会進化説へと転じ、自由民権運動批判のイデオローグに変節していたとはいえ、ドイツ学の創始者の一人として高名な学者であり、同年以後一八八六（明治一九）年まで東京大学総理の職にあった。帝国大学創設後、この加藤は元老院議官に転じて、渡辺が初代総長に就任した。その間の経過については、まだよく真相のわからない面もあるが、しかし、先に述べたような伊藤らの期待をある意味で最も端的にあらわした出来事であった。

右の論説は、この渡辺が退任し、もう一度加藤が返り咲いたときのものである。少しずつ国権主義的な傾向を持ちはじめていた『国民之友』でさえ右のように評したということに、初期の帝国大学の性格があらわれている。

(9) 私立法律学校の監督

一八八六年から約一年半にわたって行われた帝国大学による私立法律学校の監督ほど、帝国大学と私学との関係を象徴的に示すものはなかった。この制度は、同年八月二五日付の「私立法律学校特別監督条規」という法令によって実現したものである。

もともと、帝国大学令のもとでは、大学総長は法科大学の学長を兼任するという異例の制度になっていた。法学教育への対策である。右の「条規」では、この総長＝法科大学長つまり渡辺洪基が、東京市内の私立法律学校のうち五校を監督する責任を負うことになった。その五校とは、専修学校、明治法律学校、東京専門学校、東京法学校、英吉利法律学校である。同年一一月二九日にこの五つの学校が「監督学校」として指定されているから、実際の監督の開始はその後のことであると見られる。

右の「条規」によれば、私立学校の校主は毎月その月の課業時間表を帝国大学に「差出ス」べしということになっていた。また帝国大学総長は、私立学校校主にその学科課程や教授法の改正などにつき「諭告」することもできる、ということになっていた。

この「条規」の示すとおりの、強力で深部におよぶ監督が、実際に行われた。帝国大学側では、法科大学教頭であった穂積陳重、同教授であった富井政章、木下広次、助教授の植村俊平の四名が監督委員(穂積は委員長)ということになり、実際に翌一八八七(明治二〇)年一月ごろから監督業務を開始した。

監督は微細をきわめた。私立法律学校の校主らは、学則を変更したら一々その内容と理由を監督委員に届けた。学科課程も同様であり、たんに学科目の名称だけでなく、誰が担当しどのような時間割で授業するかということも、一々届け出なければならなかったのである。

この監督事業の総仕上げは、同年一〇月二四日から帝国大学で行われた試験である。

この試験は、五つの法律学校卒業生のうち帝大総長が優秀と認めた者に対しての口述試問であり、二四日から二九日までの六日間にわたって行われたというから、相当に大がかりなものであった。試問は、前記の監督委員四人のほかに、大審院検事長の名村泰蔵が加わって行われた。民法・商法・訴訟法・刑法・治罪法・「一般ノ法理」の六科目にわたる受験者は六七人で、すべて当該学校校主から推薦された法学書生たちである。六七人中及第した者は一八人である。この成績優秀者は明治法律学校の卒業生に最も多く、東京専門学校すなわちのちの早稲田大学に最も少なかった。試験証書の授与式には帝大総長のほか大審院検事長も立ち会った。

この私立法律学校監督が法学教育史の上でどのような位置を占めるかは、今後なお検討の余地があろう。ただ、官学と私学の関係という点から見れば、帝国大学創立後の官学と私学の位置をこれほど象徴的に示す制度はなかった。

すなわち、一八八〇年代に星雲のような形で都市に生まれ出ていた法律私学と東京大学法学部との間には、実態上の水準の違いはともかく、法制上の上下関係はなかった。ところが、この制度によってその上下関係が強権的に設定された。仮に今日、東京大学法学部の教授が早稲田大学政経学部のカリキュラムを監督し、卒業生を試問し評価するというようなことが行われたとすれば、どうであろうか。法制上ありえないことであるだけでなく、私学の自治の観点からも、大学の対等性の原理からも、大問題となるに違いない。「私立法律学校特別監督条規」はこのことを帝国大学に許したのであり、憲法制定を目前にした明治政府と文部省とが、それまでの高等教育の構造を大きく変えようとしたことを象徴していた。

(10) 焦点としての法学教育

これまで見てきたところからも推察できるように、法学教育をどのように再編成するかという問題が、当時の政府当局者にとって帝国大学制度を創始するさいの重要な政策目標だったことがわかる。そして、それと裏腹の関係で私学への政策も進行していた。

もともと、自由民権運動と教育の関係を深刻に憂える動きは、政府部内に一八八〇年前後から芽生えはじめていた。その最初のあらわれとして著名なのは、一八七九(明治一二)年の夏に明治天皇が発した「教学聖旨」をめぐる伊藤博文と元田永孚との間の「教育議論争」である。

その後の日本の公教育の分岐点を占めるこの論争において、伊藤も元田も、「政談ノ徒」が全国に満ちることに対してあからさまな警戒の念を示している。しかしそれに対応する方法としては、元田が「国教」の樹立と道徳教育の強化を唱えたのに対し、伊藤は、「科学教育」の振興を説いた。その部分で、法学教育の問題が出てくる。伊藤は主張する(口語訳)。

「高等教育をうける生徒を教育する際には、生徒たちを〝科学〟に進ませるべきであって、決して政談に誘うべきではありません。その〝科学〟というのは〝工芸技術百科ノ学〟のことであり、この学問を広め、学生が心静かに長い年月をかけて学問するよう導いて、浮わついた政治論議にふけることを防がねばなりません。とりわけ法学や政治学を学ぼうとする者には、きびしい試験を行い、定員を限定し、健全かつ優秀な生徒だけに入学を許すべきです」

右にいう「科学」とはサイモンスのことでなく、文中にあるように、専門分化した技術学のことである。この意見書を実際に執筆したのは、二年後に「明治一四年の政変」のさい伊藤の最有力のブレーンとなる井上毅《こわし》であった。右の意見書末尾のエリート主義的な法学教育論は、七年後の帝国大学法科大学の構想を暗示するばかりでなく、明らかに、そのころ東京に満ちはじめていた私立法律学校書生たちの姿を頭に置いたものである。

他の学問はともかく、法学が私学で野放しに教えられるのは治安上非常に危険であり、とくに外国法中心の教育が政治理念の混乱をもたらす、という認識は、何も政府支配層だけが持ったのではなかった。一八八三(明治一六)年、東京大学法学部の中に速成課程的な意味を持つ別課法学科が設けられたが、その際、穂積陳重らの七教授たちの建議書では、私立法律学校の隆盛が強く意識されていた。次のような個所がある(口語訳)。

「近年、東京府下には東京専門学校があり、専修学校があり、また明治法律学校があり、その他法律を教える私学がはなはだ多く外国にも例を見ないほどである。

これらの私学は概して資金乏しく規模が小さく、とうてい世間の需要に応えることができない。とはいえ、今の状態で放置しておくなら、わが国の法学部(=東京大学法学部)は、必ずイギリス大学の法学部のように衰微してしまうであろう。私どもが別課法学科を設けようという計画を立てたのもこの現状を憂慮するためである。この計画について、あるいは官の手で法学教育を独占し、私学を圧迫しようとするものだという非難が起きるかも知れない。しかし私たちの立場からすれば、このような非難は目先のことだけに捉われているのであり、永遠の利益をはかってのことではない。大学の法学部は国家の法学教育を掌《つかさど》るところである。そうであるからには、なるべく広い範囲の法律を教え、一人でも多くの法学徒を出すことに専念するのに何の憚《はばか》るところがあろうか」

この建議書は、東京大学当局者の焦慮をあらわしている。しかしこの焦慮も、三年後の帝国大学の私立法律学校特別監督制度によって早くも癒されることになったのである。

(11)　ロエスレルの私学論

一八八一、二年からしだいに数を増してきたドイツ人教師や政府雇のドイツ人顧問らも、折にふれて法学教育の重要性とこれを私学で行うことの問題性を指摘したようである。中でも、のちに憲法制定に深く関与することになる政府顧問ヘルマン・ロエスレルは、最も戦闘的にこの問題を論じた。文部省にあった江木千之《かずゆき》(のち枢密顧問官、臨時教育会議委員など歴任)に宛てた私的意見書で次のように論じている。一八九〇(明治二三)年のことである。

ロエスレルによれば、学問の在り方を論じるさいに最も大切な観点は、学問が「国民ノ精神界」に「際涯ナキ影響」を及ぼすという点である。学問の在り方が国民の精神界に影響し、国民の精神界は学問や技術・宗教に影響する。それが各国固有の文化・思想を生み出す。ここまでについて言えば、それは伊藤がスタイン等から聞いてきた学問論・大学論と骨格において同じである。要するに、学問を技術的有用性においてだけでなく、その思想的陶冶性において捉えよ、という議論である。

ロエスレルの論が戦闘的であるのは、その次にある。彼は、この前提から出発して、だから私学の存在を許すべきではない、と論じる(口語訳)。

「学問の本質から論じるならば、学問の教授を目的とする施設(大学)は、私人の企業として許すべきものではない。また一私人が法律事務所を設けるのと同じようなやり方で開設するのを許すべきではない。もし国家が私人の大学開設を許すなら、学問の「公共的需要」と、国民の精神界の正しい関係のために必要な営造物(＝官立大学)の確実な存立とは危くならざるをえないし、高等教育の程度を画一・平等に維持することも困難になるに違いない。また、私企業として設けられる大学は相互に競争し、時には政党の抗争の具となることを避けられないであろう。そのような事態になれば、国民の精神界は四分五裂して動揺を免れることはできない。

さらに、欧米の例に徴しても、教会が設立する私立学校を除いて、私学は概ね宗教を批判し、政権を批判する唯物主義の傾向に走るものである」

この意見が、伊藤や井上毅が憲法起草のさい最も重要な諮問相手としていたドイツ人顧問の手に成るものであることに注目しておく必要がある。

この意見書の訳者である江木千之は、当時この意見書を秘かに蔵しておき、のち一九一三(大正二)年すなわち二三年後になって私学の大学昇格要求を無視できなくなったとき、印刷して当局者たちに配布した。

いずれにせよ、一八九〇年という時点での右のロエスレル意見書の中に、〝帝国大学〟創設の一つの思想的背景を見ることは容易であろう。私学の黄金期は、急速に過ぎ去っていたのである。

4 帝国大学令以後の私学

帝国大学創立後の私学が、全体としてどのように変化したかについては、なお解明されるべき点が多くあり、マクロな見通しと、ミクロな――つまり一々の私立学校の変化についての分析との双方を今後突き合わせた上でなければ、変化の全体的な構造を見ることはできない。ここでは、まずマクロな変化を大づかみに述べ、次いでミクロな変化の一、二の例を紹介するにとどめよう。

(1) 法制の整備

明治後期の教育の流れを「官学と私学」という角度から見ると、二〇世紀のはじめ、つまり明治三二、三年あたりの段階で、官学優位の体制がほぼ決定的になったことが注目される。

まずこの段階になると、戦前日本の国民教育制度を規定する法令がほぼ出揃ってしまう。高等学校令(一八九四年)、高等女学校規程と高等女学校令(一八九五年・一八九九年)、中学校令改正(一八九九年)、師範教育令(一八九七年)、実業学校令(一八九九年)、専門学校令(一九〇三年)などがそれである。このうち、森文政期のいわゆる「諸学校令」と名称において同じなのは中学校令だけであり、他はすべて新規に制定されたものであった。一九〇〇年を中心としたこの日清・日露両大戦の中間の時期が、いかに戦前日本の国民教育制度形成の上で重大な画期だったかわかる。

一九〇〇(明治三三)年の学校系統を示したのが次ページの図であるが、高等小学校以後の諸学校は

明治33年（1990）の学校系統図

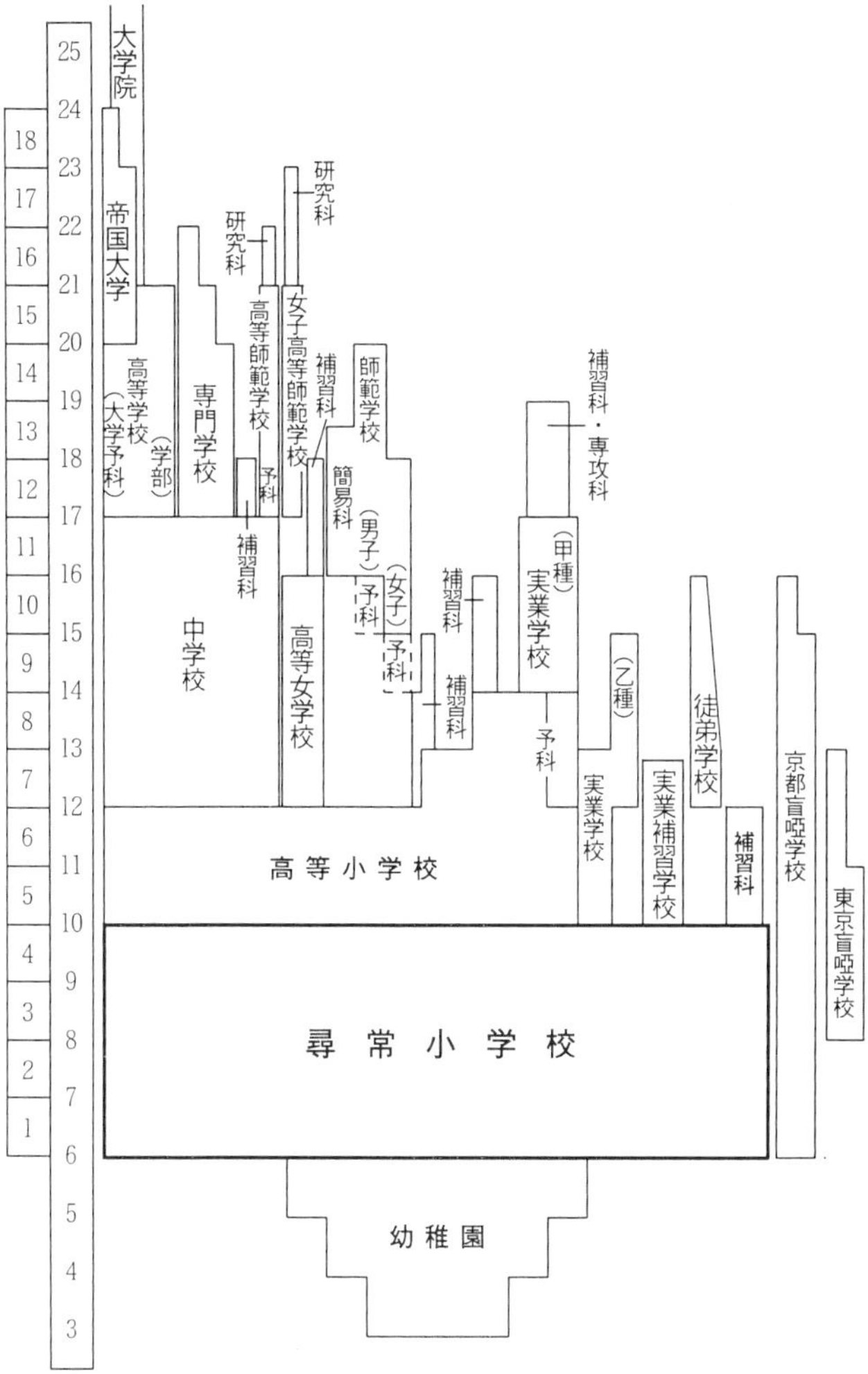

文部省『学制百年史』より

さまざまな種類の学校に分岐し、いわゆる〝複線型〟の教育体系が完成するのである。

第二に、このように複雑多岐に分かれた諸種の学校類型の内部で、官学優位の体制がほぼ固まったのも、この時期であった。学校類型の中には、はじめから官立ないし公立しかないものもあった。帝国大学・高等学校・高等師範学校・女子高等師範学校・師範学校の五種である。これらは、比較的年長の学生・生徒を収容する高度の学校であったから、すでにそれだけでも官公立優位の体系がつくられていたことになる。

それだけではなかった。同一の学校類型の中でも、日清戦争前の私学優位の状態がくずれ、官公立優位の形態に転じたものがある。高等女学校はその最も典型的なものであった。

(2)　高等女学校

高等女学校つまり女子のための中等教育機関に対して、政府は、一八九〇年代の末あたりから、初めて本格的な法制化作業に着手し、一八九九年に勅令で高等女学校令を制定した。この前後にかけて政策的意図的におし進められたのが私立女学校とくにキリスト教系女学校の抑圧と、府県立高等女学校の設置促進である。

後者のほうから見ると、一八八八(明治二一)年には、高等女学校の総数は一九校、そのうち一二校が私立で、官立は一校、公立(府県立)は六校にすぎなかった。ところが、一〇年後の一八九八(明治三一)年には、総数三四校の内訳は官立一、府県立二五、私立八となり、さらに五年後の一九〇五(明治三八)年になると、総数は九一校に激増するが官公私立の内訳は一対八二対八というものになる。一九〇〇年段階をはさんで大波のような勢いで公立高女が普及し、私立高女が衰退していったことがわかる。

この時期以後に増えた府県立高等女学校は、地方都市の名望家層や地主層などの子女を入学させて、男子中学校と明確に異なるカリキュラムのもとに学習させる教育機関となった。

男子の中学校でとくに重視された国語漢文・数学・理科・英語といった〝基本教科〟の比重はきわめて軽く、代わりに作法・家事裁縫といった教科目の比重は高かった。中学校で「倫理」と呼ばれた教科も高等女学校では「修身」と呼ばれ、良妻賢母主義の教育理念がこの高等女学校を通じて全国に浸透させられていった。

消滅した私立高等女学校の中には、たとえば明治女学校のような学校があった。熱心なキリスト者木村熊二らによって一八八五(明治一八)年に創立され、のちに『女学雑誌』の主宰者として著名な巌本善治も教頭・校長としてこの学校を指導した。教師・講師陣には島崎藤村、北村透谷、戸川秋骨らが参加し、藤村が小説『桜の実の熟する時』でふれているような自由で開放的、しかもキリスト教精神に溢れた学校であった。この学校の卒業者の中に羽仁もと子、大塚楠緒子、相馬黒光らがいたと言えば、その雰囲気は充分に想像できよう。

しかし、この学園も、一九世紀末から二〇世紀に入ると急速に衰退してゆく。もともと経営基盤がぜい弱だったところへ、公立高等女学校が普及して生徒が集まらなくなかったのが直接の原因であったが、それに加えて、キリスト教主義女子教育への抑圧が大きい影を落とした。一夫一婦の倫理を説くキリスト教の精神が、「家」の存続を基本とする体制の側からの抑圧を招いたのである。巌本善治は『女学雑誌』誌上でも官学批判を説き、「明治女学校の生徒の風紀は乱れている」といったいわれなき中傷に対して、反批判の筆を執って応戦したが、強まってゆく国権には抗し切れず、火災の影響もあって、日露戦争後の一九〇八(明治四一)年、明治女学校は二三年間の歴史を閉じた。

(3) 新しいタイプの私学

明治女学校のようにドラスティックな形でこそなかったが、官公立学校の整備の陰で多くの私学が消滅し、また変質を余儀なくされ、あるいは新しい時代即応的な新私学が生まれてきた。

いまその一々をあげる余裕はないが、新しいタイプの私学としては、欧化主義への批判、国家主義の流れに乗って一九九〇年前後に登場した日本法律学校や國學院などの、のちの専門学校をあげることができよう。また、日清戦争後になると、海外膨張のムードの中で、台湾、中国大陸への進出を目指す臺灣協會学校(拓殖大学の前身)のような私学もあらわれた。一方、一八八〇年代半ばまでにつくられた私学も、二〇世紀が近づくと、国民教育体系の中に生き残るための〃適応〃を強いられる。それは、具体的には大学昇格を求める動きとなってあらわれる。

(4) 法政大学の改称

左に掲げたのは、すでに京都にも帝国大学が生まれていた一九〇三（明治三六）年八月、当時の和仏法律学校（法政大学の前身）が専門学校令による専門学校のままで「大学」という名称を自校に冠したさいのいきさつを述べた『法政大学参拾年史』の記述を口語に直したものである。私学人のうめきが伝わってくる。

「近年高等専門教育の場としては東西二京の帝国大学があるが、わが国土の拡大と人口の多さから見て二大学では到底足りない。また官立大学は体制整備に力を尽すが、それだけに、画一性に陥る弊害がないわけではない。本校は、水準において帝大に劣らず、しかも個性ある私学を作ろうと志して、鋭意充実に努めてきた。ところが、明治三十五年以降、「大学」と改称した私学は二、三に止まらない。しかしその学科程度を見ると、単なる法律学校と大差なく、本校が目ざした大学とはいささか異なっている。本来大学とは巨万の富をもち、碩学を集め、一朝一夕には成り難いほどのものであるはずである。にもかかわらず、このように各校競って「大学」と称し、文部省もまたそれを認めている。とすれば、右のような「大学」でも、やはり一種の大学と考えざるをえないのであろう。しかも本校は、これらの学校と比較して決して優るとも劣らないと信ずる。それゆえに、本校も学則を整え予科を設ければ、大学と称して何の差支えがあろうか。ここに於て、遂に組織を変更し法政大学と改称したのである」

この文章が悲痛なのは、当時の私学人が、それなりに持っていた私立大学形成の理想――ここでは水準の高い専門学を教授する個性ある大学を創り成していくという理想――をいったん棚上げにして、「大学」という肩書きをとりあえず付けてゆく、という趨勢に抗することができなくなっている状況を語っているからである。

右の文章が言うように、『大学』という名称を付けることを望んだ学校は和仏法律学校だけではなかった。東京専門学校も、英吉利法律学校も、すべてそのことを望んだ。文部省は、一年半程度の予科を付けることを条件として、専門学校が「大学」と改称することを許した。ただし、それは法制上の大学ではなく、たんに「そう自称してよい」というものであった。したがって、帝国大学の特権が侵されたわけではない。帝国大学卒業生以外は、「学士」と称することは許されなかったのであり、私学には博士学位の授与権もなかった。

言い換えれば、政府・文部省は、私学の大学昇格要求に対する緩衝装置として、私立専門学校が「大学」と私称することを許したのである。これらの学校が、制度上「大学」としての地位を獲得するのは、ようやく一九一八(大正七)年の大学令によってであった。

(『ライバル日本史5「近代日本の二人の主役II」』評論社、一九七九年)

追　記

発表当時、本文には申し合わせにより参考文献は掲載しなかった。しかしその後、いくつかの直接的な参考文献が出ている。その中から、学校沿革史を中心に掲げておこう。

(1)『東京大学百年史』通史編一(一九八四年)
(2)『明治大学百年史』第三巻 通史編一(一九九二年)
(3)『中央大学百年史』通史編(二〇〇〇年)
(4)『法政大学一八八〇―二〇〇〇 その歩みと展望』(二〇〇〇年)
(5)『東奥義塾百二十年史』(一九九二年)
(6)『攻玉社百二十年史』(一九八三年)
(7)寺﨑昌男『日本における大学自治制度の成立』増補版(評論社、二〇〇一年)
(8)寺﨑昌男『プロムナード東京大学史』(東京大学出版会、一九九一年)
(9)佐藤能丸『近代日本と早稲田大学』(早稲田大学出版部、一九九一年)
(10)服部禮次郎『慶應ものがたり』(慶應義塾大学出版会、二〇〇〇年)
(11)藤田美実『明治女学校の世界』(青英社、一九八四年)

第4章　私立大学の歴史的特性

一九七五年から七七年までの三年間、大学院の学生たちと「近代日本の私学」というテーマでゼミを続けてきた。立教大学文学部教育学科の「日本教育史特殊講義」という時間枠の中でである。オーソドックスに、まず日本の教育史書の中で私学史についてふれているものを、かたっぱしから検討してみた。もちろん、「私学の歴史」といった題名で書かれている書物の類――決して数は多くないが――も総当たりした。この仕事と併行しながら、いくつかの個別私立大学のモノグラフィックな歴史を調べた。

この授業を通じて、著者自身も相当学ぶところがあった。その中から、私立大学の歴史的特性にかかわる論点を紹介してみたい。

1　私学史をどう捉えるか

まず、先行研究を検討して気付いたことは、第一に、これまで私学の歴史を正面から叙述した著述には、特徴的な共通の図式があることである。図式の出発点は、単純な言い方をすると、日本近代を通じて私学は国家権力から絶えず圧迫され抑圧されてきた、という前提である。この前提の上に、官公立学校への不当な保護育成、それらの均衡を外れた発展が、マイナスの叙述対象として浮かび上がる。こうして結局、近代日本の官公立学校と私学の歴史は、前者を悪なるもの、後者を善なるもの、として描き出されることになる。

「私学＝善」という場合のその「善」の内容をどう見るかは、もちろん、論者によって違う。ある場合には、個別の私学の創設者の偉大さやその理念の先駆性、はるかな昔の「文明開化」に果たした役割でもあるし、またある場合には、「私学の民主主義」であったりもする。とくに、私学こそ近代日本の民主主義的理念の担い手として出発し、この理念に立って天皇制と闘い、かつ敗れてきたのだ、という図式は、戦前の私学の歴史を記す最近の著者のかなりのものに共通して採用されている。だが、この図式は、虚心にかつ具体的にいくつかの私学の歴史を見ていくと破綻する。

確かに、この図式は、一八八〇年代前半すなわち明治一〇年代までくらいの日本の私学、それも特定の少数私学には、当てはまる。たとえば弘前の東奥義塾、土佐の立志社、東京の東京専門学校、仏学塾といった特定の私学・私塾にやや当てはまる。「やや」などというあいまいな言い方をするのは、創設当時はあるいは自由民権思想の、また反藩閥的・反国家主義的運動の担い手ではあったのに、創立後しばらく経つと、さまざまな事情のもとでそうした輝きを失ってしまったものが少なくないからである。

さらに、同じ時期、東京・大阪・京都などの都市部だけでなく、広く全国の町や村には、おびただしい数の「私学」が簇《そう》生していた。その中のある部分は文部省の統計に「私立専門学校」「私立外国語学校」「私立中学校」などという区分けで登載され、年度統計の基礎になったりした。しかし、かなりの部分は、はじめから統計にも拾われず、拾われたものもしだいに統計面から姿を消してゆく。それはともかく、特定少数の自由民権私学の周辺には、こうした膨大な数の私学・私塾群が生まれ、かつ消えていった。

「民主主義」を軸とした「私学＝善」の図式では、たとえ一八八〇年代に限定しても、右のような私学の全体の歴史像を描き出すわけにはいかない。前述の少数の私学が、こうした全私学に対して典型性を主張しうるか否かさえ、今後の研究課題であって、決して自明なことではないのである。

この図式の破綻は、一八八〇年代末から九〇年代以降、そして明治後半期に入ると、いよいよはっきりしてくる。この時期には、かつて永井道雄氏が「適応型」「国粋型」と名付けたような新しい私学群が続々と生まれる（永井『日本の大学』、一九六五年）。その中には、設立は明治一〇年代のことになるが、明治政府のドイツ学導入政策に沿ってつくられ、第一高等中学校――帝国大学の人材供給基盤になっていった獨逸學協會学校、同じく第一高等学校（旧制第一高等学校の前身）への入学者の推薦枠を確保していた日本中学校その他の私立中学校などがあった。また、「臣民休戚《きゅうせき》の繋《つなが》る所自国の法律より大なるもの無かるべし。……我日本の如き、建国三千年、亦其の法律あり。……日本臣民たるもの豈《あに》奉して之を修めざるべけんや」として司法大臣山田顕義の後押しで創設された日本法律学校や、國學院などが発足したのもそのころである。これらの学校も、やはり紛れもない「私学」であった。

一方、東京専門学校や同志社、慶應義塾といった一八八〇年代の前半期またはそれ以前に生まれた私学も、この時期になるとさまざまの形で経営危機を乗り越え、整備され大規模化してくる。しかし、これらの学校の運営方針が、建学の「民主主義的」な理念などからはるかに遠いところにあった、というのが正確である。

私学が明治後半期から大正期にかけてどのように変質していったかという研究課題もまだまだ充分には達成されてはいないが、あえて一例だけあげると、たとえば早稲田大学（一九〇二年改称）は、その大学開講記念祝典に、日銀総裁山本達雄、侯爵伊藤博文らを主賓として迎え、同じころ東京市内のどの私学よりも多くの清国留学生を受け入れる。やがて一九一〇（明治四三）年には、他の私学に先がけて大学部に理工科を開設したのは周知のとおりである。

卒業生の進路を通じて慶應義塾が財閥系企業との関連を深めていったのも、この時期のことであり、要するに、明治後期の産業の進展と「大日本帝国」の帝国主義的膨張に対して、私学は批判勢力であるよりもむしろ積極的な支持勢力として機能していたと言ったほうが正しい。たとえば拓殖大学（東洋協会学校）や、東亜同文書院（日清貿易研究所）のように（後者を「私学」とすることはやや疑問であるが）、この時期の国家政策をむしろ先取りする役割さえ果たした。帝国大学が「国家ノ須要」に応ずる役割を期待され、その期待のとおりに機能した、というのが事実なら、少なくとも明治後半期以後の私学も、やはりこれと遠く隔たるところのない役割を果たした、というのが真相であると思われる。

　このような経過とその歴史的起因について先の図式に立つ研究は、ほとんど説明していない。場合によっては、明治初期の美しい私学の叙述に終始して、ほとんど無視している私学史もある。この図式ではまた、いわゆる「学問の自由」の事件史の舞台が、権力から遠いはずの私学だったことは少なく、官立大学でより多く起きたのはなぜか、というパラドックスも説明しきれないのである。

2　抽象的私学像が見落としたもの

ゼミを進めながら改めて気付いたことの第二は、私学の歴史とひと口にいっても、それは決して直線的、同質的なものではない、ということである。

　先にもふれたように、一八八〇年代前半まですなわち明治一〇年代まで、私学とそれ以後の私学とでは、個別私学の違いを捨象して共通のいわば抽象的な「私学」像を描いてみたとしても大いに違う。また、一八九〇年代以後一九二〇年あたりまで――すなわち一九一八(大正七)年の大学令発布の直後――の私学とそれからあとの大正末から昭和戦前期の私学も、大きく違ってきているのではないだろうか。

　一八八〇年代前半までの私学の特質は、私学そのものの様態からばかりでなく、私学全体の置かれていた学校体制の全体的な構造とのかかわりで見なければならない、というのが著者の得た一つの観点であった。

一八七二(明治五)年から、一八八五(同一八)年までの学校体系の大きな特徴は、ピラミッドの頂点がなかった、ということではあるまいか。確かに、この期間のほぼ真ん中に、官立東京大学は設けられていた。しかし、この時期の高等教育の水準がこの東京大学だけで保たれていたということはできない。

まだまだこの時期の東京大学は教官スタッフの点でも教育内容の水準の点でも、ずば抜けた頂点に立ってはいなかったと見るのが真実に近いであろう。工部省の工部大学校や司法省の法学校、農商務省の駒場農学校などの官省経営の専門教育機関が、東京大学に欠けていた専門分野において、高い水準の専門教育を行っていた。北海道開拓使の札幌農学校もこの中に入る。そういう点からしても、東京大学はいわば one of them の一高等教育機関だったのであり、全国の青年たちがそれを標的にして進学してゆく、というものではなかったと見られる。

官立学校の周辺(?)には、先にもふれたように、大小無数の私立学校があった。これらは、地域的な分布においても広範で、その水準や内容も多種多様であったが、たとえば仏学塾や東奥義塾の場合、関学明細書や届書、現在残されている教科書や備え付け図書などを見る限り、フランス政治思想、法律学等において東京大学の水準を大きく下回るものとは言えなかった。それが言い過ぎだとしても、適切な財政基盤や行政的条件に恵まれさえすれば、これらの私学もその後高い水準の専門教育機関として充分に発展してゆく可能性があったと言えそうに思う。本山幸彦氏(京都大学教授・当時)がかつて指摘されたように、この時期の少なくとも前半は、地方においても自生的(voluntary)な形で府県立・村立や私立の中学校群が簇生していたのであり、それらの中学校を「人民自営」のものとして育てようとする気運もあった。それらが中央政府からの水準向上＝画一化行政の中でつぶされていったのも、一八八一(明治一四)年以降である(本山幸彦『明治前期学校成立史』一九六五年)。

仮定を重ねることになるが、もし、これらの諸中学校が自主的な発達を遂げて、その中学生たちが、さらに都市部や地方の諸専門学校の中から多様な選択肢を持って進学機会を選びとるような進学構造が出現していたならば、その後の日本の私立高等教育、大学の様相は大きく異なっていただろう。

こうした想像が歴史研究にとっては邪道であることは知りつつも、思わずそのように考えたくなる材料は、個別学校の発生、展開、成熟、消滅の経過を掘り下げていくと、少なからず見つかるのである。

3 ピラミッドの前とあと

森有禮初代文部大臣は、総理伊藤博文とともに、いわゆる「諸学校令」と呼ばれる四つの勅令を発した。その頂点にあるのが帝国大学令であった。一八八六(明治一九)年、この大学が発足した前後にかけて、先にあげた諸官庁立の専門教育機関は、札幌農学校を除いて、この大学の分科大学の中に統合されてしまった。四つの学校令とは、帝国大学令、中学校令、小学校令、師範学校令であるが、これがそれ以前の教育法令と大きく異なっていたのは、師範学校令を除いて、帝国大学を頂点とする整序性の高い学校体系を示したことである。このとき私学は、「諸学校通則」という別の勅令のもとに位置づけられ、一九〇〇年代のはじめに実業学校令や私立学校令、専門学校令が出るまで、「正規」「正格」の学校体系の中から消える形となるのである。

同時に帝国大学は、東京市中の大きな私立法律学校を監督する立場に置かれる。帝国大学法科大学と官僚制度との結合も強まる。帝国大学自体が、法・医・工・文・理・農という各種の専門領域を揃えた一大デパートメントと化す。こうして、その後「正規正格の官公立学校 vs. 規格外の私学」という図式が定着することは、改めて言うまでもあるまい。

著者は、ゼミを進めていく過程で、いまさらのように、一八八六（明治一九）年前後に進んだ法制的整備の、私学にとっての重要さを認識させられた。それは、東京大学史にとっての画期だったばかりではない。その整合的な構成にもかかわらず、私学を直接に含みこまなかった、という点において、私立学校・大学史にとっての画期だったのである。

天野郁夫氏は、右の諸学校令の四〇年後、すなわち一九二〇〜三〇年ごろの私立専門学校における進学要因と制度的構造の関連を分析した文章の中で、次のように述べている。他の文章の中でも引用したことがあるが、まことに明晰な分析と考えるので、もう一度引用させてもらおう。

「専門学校を中心とする私学は、（一）知的能力については上下のスパンがきわめて大きく、事実上下限ないしミニマムをもたず、（二）進学欲求についても、官立校に比しておしなべて低い、したがって、浮動的で中途退学率の高い学生をかかえ、さらに、(三)教育費の負担能力についていえば、別科、夜間部などの簡易な就学形態を用意し、低い入学時・入学後の選抜度によって総体的なコストをおし下げることによって、ミニマムを官立校以下におき、進学者の社会的供給基盤をつねに下方に向かって拡大しながら、発展をとげてきたのである」(「高等教育の大衆化をめぐって」広島大学大学教育研究センター『研究員集会の記録』第一回、一九七二年一一月)

ここには、私学の経営の問題は明示的に指摘されてはいない。しかし、これに私学の逼迫した財政的条件を加えれば、いわゆる「安かろう、悪かろう」という私学像の指標はほぼ完成しよう。一八八六年に基礎づけられた学校体系の構造は、この「安かろう悪かろう」の私学の対極に、帝国大学と旧制高校を置いた。天野氏が指摘する高等教育の階層的構造は、こうして明治後半期から大正期にかけて成立したのであり、私学は、特定少数の例外を除いて、この階層的構造の中に、上下関係を軸として位置づけられることになったのである。

一八八五(明治一八)年以前の初期私学の持っていた原理を、学校設置における voluntary-ism (自発性)の尊重と教育内容・水準における differentiation (多様性)だったとすれば、八六年以降のそれは、conformism (画一性)の浸透と、内容、水準における stratification (多層化)の進行だったと言える。

著者はもっぱら一八八六年を境とする変化についてだけ述べたけれども、同様の視点、すなわち、学校体系全体の構造の中に私学を置いて分析してみる、という視点が、私学史研究においてきわめて重要なものであることは、現在の国公立・私学の問題を考えても強調しすぎることはないように思う。大正期以後の私学について、ここに詳述する余裕はないけれども、前述の観点から見る限り、日本の私学の位置づけは、ほぼ右の分水嶺後の二〇～三〇年間に決まったのであり、この見通しのもとに個別私学の歩みを内在的に分析してゆき、私学の各時期段階における「理念型」を構成してゆく、という仕事が不可欠になるであろう。

要するに、私学の歴史は、日本近代学校史、大学史の構造的な一部分なのであり、日本近代の国家・社会と教育の歴史的関係がそれを根本的に規定している、という観点がどうしても必要なのである。なお、これに尾形憲氏（法政大学教授・当時）がさまざまの機会に日本経済史とのかかわりで提出されている「私学の二重構造」の視点を加えれば、私学の歴史的特性はさらに明確なものになると考える（尾形『私立大学〝蟻地獄〟のなかから』、一九七七年）。

4　私学の「私」学性について

ゼミの中で、著者は他の二つのことにしばしば思いを致させられた。それは、これまでに述べた最後の点にかかわっている。

すなわち、国家が教育勅語のような形で教育理念を独占してきた近代日本社会の中で、私学の「私」学たるゆえんはどこにあったのか、という問題である。

次に、教育法令の「勅令主義」の原則に象徴されるように、教育を「国家ノ事務」と見なす公教育観が憲法的根拠をもって早く成立してきた日本で、教育を「私事」として掲げてきたはずの私学がなぜかくも大きな量的イニシアティブをもって発達することができたのか、という問題である。

前者は、私学の理念の問題であり、後者は、私学を支える国家・社会構造の問題である。これらは、日本の私学——とくに私立大学——の歴史的特性というテーマにとって、直接にかかわる問題であると言えよう。しかし、現在の著者の能力では、この二つの問題に、史料的な裏づけをもって答えることはとうていできない。覚書ふうの仮説を記しておくほかはない。

まず第一の問いについて言えば、再び時期区分論になるけれども、教育勅語に象徴される天皇制教学体制の確立前と確立後とで、この問いへの答は大きく異なってくる。

維新期から一八八〇年代の前半にかけて教育がいまだカオス的な状況にあったころ、中等教育や高等教育のかなりの部分について主導的な役割を果たしていたのは私学であった。前述した私立中学校や専門学校の数的比重の大きさについてだけではない。その理念・内容についても言えるのである。確かに官立の諸高等教育機関は、医学なら医学、外国語なら外国語などのそれぞれの教育については明確な目標を持ち、その教授の到達点を掲げていた。しかし、それらをつないでどのような普遍的な教育価値の実現を、またどのような人間像の育成を期して開設されていたのか、というと、はなはだ漠然としたものであった。

一八七二(明治五)年の学制の序文が掲げた主知主義的・功利主義的でかつ個人主義的な価値観以外

には、彼らをくる普遍的な価値観はほとんどなかった、と言っていいだろう。

これに対して、私学高等教育機関の中でも、たとえばとくに宗教系の私学などは、創設者たちの伝道の熱意や布教への使命感に支えられて、というより伝道や布教を通じての宗教的人間の育成を目指してつくられた。このことはとりわけキリスト教系の私学に強く当てはまる。

「独り普通の英学を教授するのみならず、其徳性を涵養し、其品行を高尚ならしめ、其精神を正大ならしめんことを勉め、独り技芸才能ある人物を教育するに止まらず、所謂《いわゆる》良心を手腕に運用するの人物を出さん事」という『同志社大学設立の趣意』の文章は、「普通の英学」「技芸才能」という知育的目標と「徳性」「品行」「良心」という徳育的目標とを鋭く対立させ、後者を前者より優位に置く、という価値の構造を明確に出している点で、初期の明治政府の教育理念と対立している。同志社は創立者が日本人・新島襄であり、しかも聖職者養成という職能を意識的に拒否していたという点で、むしろ異色のキリスト教系私学だったが、それだけにまた、右のような明確な理念を掲げて文明開化期の主知主義に対立することになったのであろう。暗黙の形ではあれ、事情は多くのキリスト教系私学に共通であった。その他の宗派、たとえば仏教系各派の大学林、学堂なども、それぞれの教育理念、教育目標を掲げていた。

明治後期になると、この事情は一変する。「国家」が、存在論的な認識の対象、あるいは統治の主体としてだけでなく、価値の源泉、新しい「信仰」の対象として登場する。歴史とそれにもとづく「国体」こそが「教育ノ淵源」なのだという教育勅語の発布によって、「国家」はマイネッケ流の「国家理性」の担い手であるばかりでなく、崇拝の対象として位置づく。

私学におけるキリスト教的訓育の息の根が止められたのは一九〇一(明治三四)年のいわゆる「宗教と教育の分離訓令」(=訓令十二号)によるのだ、ということが半ば定説化しているけれども、著者は、勝負はすでに一八九〇(明治二三)年の教育勅語の発布で付いていたのではないかという見解をとる。私学が「公《おおやけ》」の教育理念に対抗しつつ宣明していた独自の訓育目標の代わりに、倫理的規範としての「国家」と信仰対象としての「国体」が入りこんだ時点で、私学の「私」学たるゆえんはその存立基盤を奪われていた。そうなると、私学の「私」学たるゆえんで残るのは、「恣意性」と「利己性」のみ、ということになる。設立方式は恣意的であり経営方針は利己的と評価され、「公」の側の論理に対抗することはきわめて難しくなる。

事実また、その後の私学の実態はこの「公」の側の論理のとおりに展開した。恣意的に設立され利己的に運営されるような機関であるがゆえに公的な補助育成をしない、という明治政府の教育財政方針のために、公費の援助を受けることなく、したがってますます経営は苦しく、それを切り抜けようとすれば「公」が設定した制度の枠組みの中に組み込まれざるをえないという形で、私学は独自性と自主性を失わざるをえなかったのである。

今日、私学の「公共性」の承認――曖昧かつなしくずし的な承認――の上に私学国庫補助が進められている。しかし、依然として厳しく問われるのは、援助する「公」の側が、私学の「私」の部分をいかに認識するかであり、また援助を受ける側がみずからの「私」的な部分をいかに内実あるものとして理念的、実践的に主張しうるか、である。この問いは両者にとって深刻であり、その深刻さは、文字通り日本の私学と国家・社会の歴史に深く根ざしている。

最後に掲げた論点、すなわち学校教育全体を「国家ノ事務」と見なしてきた近代日本で、なぜ私学が量的イニシアティブを保ってきたか、という問題については、とてもここで論じる余裕はない。

答えは理念のレベルでは簡単であろう。それは、前述のように私学が「私」学でなくなるという過程を通じて、私学の研究と教育が無限に「国家ノ事務」に近づきえたからである。また、官公立の学校に対する代替機能を果たすことを政府自身も許容したからである。「日本の私学は官公立学校の補完物だった」ということがよく言われる。そしてそれは、小学校や師範学校を除いては歴史的事実にほかならないのであるが、私学自身が補完的地位に立つことを許される態のものになってしまっていた、という事情がその前提にあったのである。

ただ、この説明だけでは明らかに不充分であって、問題は、明治以降、いやもっと早くは近世以降、日本人が「教育」「学問」「学校」というものに対して持ってきた意識と行動の仕方、といったところに拡がる。

つまり、人材需要を先取りしつつ行われてきた官公立学校の拡大のスピードにも増して、就学者・進学希望者の数が増えつづけてきたこと、ほとんど全時代を通じて後者が前者の定員から溢れてきたことなども、私学の「補完作用」の一因である。それはなぜか、という問いに答えなければ、第二の問いに答えることにはならないが、いまはただ問題だけを提出しておこう。

（天城勲編『動き始めた大学改革—大学から高等教育へ』サイマル出版会、一九七九年）

第5章　建学理念の共有と付属校・系列校の在り方

1　改めて注目される「建学の理念」

「建学の理念」という言葉がこれほど重要視される時代も、滅多にないのではないだろうか。言うまでもなく、大学全入の時期が目前に迫っているからである。私学にとって大学の旗印を高く掲げることが魅力発揮の前提であり、旗印を確定するには「建学の理念」の確認が不可欠になる。そうしなければ志願者を引きつけることができない。

他方、入学者リクルート基盤の確保のために、付属校・系列校を設置する動きが最近とくに盛んであり、小学校を新設して一貫教育システムを整える動きも目立ってきた。その場合も、建学の理念を確認し共有する作業が求められる。

さらに、「特色ＧＰ」や「現代ＧＰ」のような資源配分のかかっている、文部科学省によるプロジェクト型評価が次々に出てきた。そこでは、大学独自の教育目標や建学精神と教育改革との関連が絶えず問われる。

魅力発揮にせよ、入学者リクルート基盤構築にせよ、また資源確保（外部資金獲得）にせよ、いずれも私学にとって学校自体の存続にかかわる事柄である。そして「建学の理念」はそれらをつなぐキーワードの一つである。

もちろん、私学にとって建学の理念を確認することは、外から言われるまでもなく当然の責務だったはずである。だが実は、それを確かめる作業は口で言うほど単純な仕事ではない。宗教系私学はその点で最も恵まれており、次に著名な思想家や実業人などを創設者に持つ伝統的私学も、比較的たやすく確認することができる。しかし、その他の大多数の私学にとって、「何がわが校の教育理念であり、そもそも建学の精神は何だったのか」という問いに明確に答えることのできる大学は、むしろ少ないのではあるまいか。だが諸状況のもとで、いまさらのように重視せざるを得なくなった、というのが、少なくとも本音の事情である。

２　あいまいな付属校・系列校

他方、「付属校・系列校」というものの構成は決して単純でない。

国立学校設置法施行規則に根拠を持つ国立大学法人附属学校には、「当該大学・学部への研究協力」「当該大学・学部の教育実習の実施」という目的が規定されている。だが、私学の付属校・系列校等は、法的にはこうした目的規定を持っていない。私立学校法に、学校法人は「学校のほかに、専修学校又は各種学校を設置することができる」（六四条）とあるだけである。同一法人の設立する高校や中学校が「付属校」ではないか、と思われる向きがあるかもしれないが、実情は必ずしもそうではない。

「うちは○○大学の付属校ではありません」と昂然と言われる高校や中学校がある。旧制中学校や高等女学校、女子専門学校等だった前身校のほうがもともと著名かつ有力で、大学のほうは戦後に新設されたり発展したりしたというような歴史がある場合である。そういうとき、大学のほうからはすれば、研究協力依頼も教育実習依頼も、まったく同等の学校同士のように取り運ばなければならない。「系列校」に至っては、大学へのアーティキュレーション（接続関係＝卒業生受け入れ）の実態をつかまなければ、いったいどこが何大学の系列校かを確認することも難しい。

私大連加盟大学のうち、いったいいくつの大学が付属校を持つかについて、調査の中途資料を一瞥させてもらった。

それによれば、付属校（短期大学、高等学校、中学校、小学校、幼稚園の五種あるいはその一部）を持つと表示されている大学は七九校に上る。ただし、このほかに専修学校、各種学校を付属校として措定している大学もある。もちろんこれは加盟大学に関してだけの数字であり、さらに多いその他の私学を加えればもっと増えよう。『全国学校総覧』を繰ると、みずから「○○大学付属」という校名を掲げている高校は全国に少なくない。だが、そのような冠を付けなくても事実上付属校的な形態である場合もあるし、付属と付けていても微妙に異なる場合もある。

要するに、私立の付属校・系列校の実数を直ちにつかむ方法はいまのところない、というのが実態である。学校基本調査にも、その統計を示すような項目はない。

3　付属校・系列校の置かれる条件

以上のように考えると、著者に与えられた「建学の理念と付属校・系列校」というテーマは、この二つの確認しがたいものをさらに「と」でつなぐという難問であることがわかる。いまのところ、理論や制度の問題としてではなく、教育改革実践上の取り組みの問題、すなわち解釈論よりも運動論的な問題として論じるしかないように思われる。

付属校や系列校が真に「大学とともにある」ものになるためにはどのような観点が必要か。そのさい、建学の理念の確認という作業は、どのように行ったらいいか。

ただしこのように見る場合も、大学の知名度や高校・中学・小学校・幼稚園等の歴史や伝統などによって、問題も課題も大きく異なるように思う。

第一の類型は、大学が長い歴史や確かな実績を持つ伝統校であり、大学ピラミッドの最上位を占めるような場合である。「有名大学進学保障型」と称しておこう。

この場合、高校卒業生たちが当該の超難関大学以外の大学を進学先に選ぶことは、ほとんどあり得ない。受験勉強を強制する必要はまったくない。したがって、高校およびそれ以下の教育問題は、受験型の教育を行うか否かではなく、高校までにどのような学習能力を身に付けさせるか、また将来の学生候補者としていかなる心性を育てておくかといった純粋な教育問題になる。ちなみに有名大学に行ける、ということで安心してしまい、怠学に陥ろうとする生徒たちをいかに勉強に引き戻すか、という「ぜいたくな」課題に出合う場合もある。

別の言い方をすると、この場合「一貫教育」は充分な実現可能性を持っているが、その「一貫」の質・中身をどう実現していくかということが課題になる。「建学の理念」とのかかわりで言えば、高校以下の学校教育の理念やカリキュラム、課外教育などに「建学の理念」をどのようにかかわらせていけるかが勝負になる。もちろん、人気の高い学部とそうでない学部との進学条件が違うことはあり得るので、高校生たちの間に評価平均点争いといった競争状態が起こり得る。だがそれも、致命的な問題になるとは思えない。要するに、純粋な意味での〝中等教育問題〟が起こり、それを克服することが課題となる。

第二の類型は、大学がいわゆる超難関校でなく、他方「付属校・系列校」の高校以下がそれなりに高水準にある場合である。「中・高位大学付設型」とでも言えばいいだろうか。

在校生は、当該大学への進学を必ずしも第一目標にしていない。保護者も、それを絶対に望んでいるわけではない。公立進学を避けて入学させただけという保護者もいる。そういう場合、多くの学校は、当該大学への進学を度外視し他の有名大学への進学実績を上げることに努力する。それが中・高校自身のサバイバル（生き残り）の条件になるからである。早くから少子化の圧力に悩んできた高等学校以下の学校にとって、これは魅惑的な選択肢である。この類型に入る高校を持つ大学教員は「成績の振るわない生徒しか先生の大学には行きませんよ」と言われてしまうことさえある。伝統的に著名な高校とその上に「付設」された大学・短期大学の間には、これまでもそうした関係が少なからず見られる。このような場合、放っておけば、大学と付属校・系列校の関係は、ただ隣接して建っているだけ、ということになりかねない。

第一の類型との最大の違いは、「一貫教育」ということが実体面で成り立たない点である。大学は大学、「付属校・系列校」は「付属校・系列校」というお互いに完結した教育体系があるだけ、ということになる。題名に即して言うと、「建学の理念」と「付属校・系列校」の間の「と」がそもそも設定不可能である。

極端な場合、大学設立と無関係に中・高一貫校が「付設」というカテゴリーでつくられ、はじめから進学有名校化を目指して運営される例もある。その場合は、そもそも「と」でつないで考える必要性すらないことになる。

第三の類型は、大学のレベルは中程度であっても、高校は進学実績が望めないような場合である。「恩恵型付属校」とでも言えばいいだろうか。

この場合、その高校にとって大学に少数ながら進学できるということは大きなメリットになる。付属校・系列校であるという事実そのものが高校にとってサバイバルのよりどころである。大学と付属校・系列校との関係は、第二の類型とかなり違って、大学からの選抜圧力がきわめて強く、したがって学校の自立が難しいという関係になることが多いと思われる。

4　ひとしなみにある問題二つ

以上は単純すぎる類型分けかもしれない。しかし、問題点を直視するために、あえて行ってみた。もちろん、現存する多様な付属校・系列校は、これらのどれかにきっちり当てはまるというわけではない。類型の中間に属するもの、ある類型に入ってもその中で変動を抱えているもの(とくに大学の位置の変化によって変わる第二類型校)など、多くの例がある。

このように見ると、先にあげた類型にかかわらず、付属校・系列校の側にひとしなみに横たわる問題は、生徒と保護者の側の進学志向、社会の側にある学歴主義(正確には学校歴主義)である。

中でも第二の類型「中・高位大学付設型」に入る学校は、その影響をもろに受けざるを得ない。「進学実績」という学歴主義適応行動が学校の在り方を決めるからである。この類型の場合、大学のランキングが関係の在り方を決めるが、それは基本的に学歴主義に規制されていることにほかならない。他方、「勝利者」と見える第一の「有名大学進学保障型」の場合も、その規制から決して自由ではない。いわゆる「お受験」、つまり小・中学校への入学選抜時までに、すでに規制は終わっているというだけのことで、やはり学校の基本は学歴主義によって規定されている。

「建学の理念」を大学と付属・系列校間で共有するという作業は、大学と付属校・系列校の出発の時点以来、実は大きな障壁を持っていることに気付く。障壁の最大のものは、繰り返すが、日本社会に根付いている学歴主義である。諸学校を付設している私立大学の側もまた、この障壁に直面しているのである。薄まったとはいえ、「国高私低」の観念、国公立大学合格優先主義等々のメタ意識として、一世紀前から日本社会の中に生き続け、保護者をも規制してやまないものである。そもそも私学の建学の精神の探究など何の価値を持つのかと言いたくなるほどの力を持っている。

付属校・系列校が直面するもう一つの障壁は、大学へ進学してくる卒業生たちの学力の問題である。多くの付属校・系列校を抱える大学でこの問題に悩まないところはむしろ稀なのではあるまいか。一般入試で入ってくる学生たちに比べ、付属校・系列校の出身者は学力が低い、きちんと勉強する習慣がついていない、等々。

これを生み出すシステムの一つは、「一貫制」である。付属校・系列校の卒業生の多くは、入学試験という関門を経ていない。それは、一般入試経験者に比べると、確かにある種の訓練不足を生み出す。なぜかと言えば、受験勉強の経験者が高校時代あるいは浪人時代に体験する「戦略的学習」というものを経験していないからである。ここに言う「戦略」とは、出題傾向を予想し、あるいは周りから示唆され、それに即応して、点数のとれる勉強を、限定された時間内に、効率的に遂行することである。

もちろん、それにはプラスとマイナスの両面がある。

プラスは、英語で言えば単語力、国語で言えば正確な文字知識や要約力、歴史で言えば史実の記憶力と通観力、数学では推理力・応用力・洞察力といった、将来にも武器となる「基礎能力」を正確に獲得しておくという側面である。他方マイナスは、数学の類題を二〇〇題以上繰り返し解かせて解法のパターンを身に付けさせ、挙げ句には「数学の力とは結局記憶力のことだ」といった誤った観念を持つように仕向けたり、センテンスパターンや文法事項だけに習熟して、英語で異文化を理解し想像することなど見向きもしない生徒を育てたり、といった「受験向けドリル」がまかり通ることである。このプラス・マイナスの両面の不在が「学力の低い付属出身者」として大学側に映り、大学への推薦や進学の問題に跳ね返る。

もちろん、大学側の批判自体にも再検討すべき点があるが、学力問題が大学と付属校・系列校の基底的関係に横たわっていることは否定できない。

5 問題を克服し理念を共有するために

このように考えると、表題に掲げた課題に迫るためには、虚心に第一歩から考え直していく作業が必要ではないだろうか。

以下三点を記しておこう。

(一) 第一類型の「有名大学進学保障型」に入る付属校・系列校の場合、第二類型校や第三類型校が直面する深刻な「受験志向型教育への配慮」という問題は、まず起こり得ない。

ここでは「建学の精神の共有」という課題が、純粋な形で迫ってくる。冒頭にも述べたように、それは当面大学自身の側の課題でもある。協同して、その確認と共有の作業を進めていくということになろう。建学の理念は何か。それを小・中・高の教育課程や指導方針の中にどう浸透させ、生かしていくか。こういう点を、「将来必ず上の大学に進学する生徒たち」を目前にして、大学との協同のもとに探究していくことが課題となる。大学側にも、そのようなことを考えるセンターや経営部局、あるいは教職員グループが現在生まれつつあるから、協同の舞台は整いつつある。

次に貴重なのは、進学圧力から解放された教育実践の舞台が現に目の前にあるという、稀有の恵まれた条件である。この条件を生かさない手はない。他校に類を見ない個性的で創造性豊かな高校教育、あるいは中学校教育を試みることも充分にできる。要するに、創造的な中等教育実践をつくり出す環境を、大学と連携しつつ生かすことができる。それは、教育改革を迫られている大学にとっても重要な「高大連携」の機会になろう。

（二）　第二類型の「中・高位大学付設型」に入る学校は、最も複雑な課題に直面する例である。当該大学からの学力向上要求にも応えなければならず、他方で他の公私立学校と対抗できる受験指導や進学指導も行わなければならず、さらにまた学園全体の建学の理念の共有という要請も、ひとごととして見過ごすわけにはいかない、というジレンマがかぶさってくる。

大学が中位ぐらいのランキングにある場合、この類型の付属校・系列校を有機的に「学園」の中に迎え入れることは、先に述べたように、大学側にとっても文字通り入学者リクルート基盤の確保と連動する死活の問題である。大学が上位にあって高卒者の大部分が進学を希望する場合も、もちろん同様の課題がある。いずれにせよ、大学と共通に持つべき課題は、学園総体としての教育力を保ち高めるという高次の目標である。

また他方、卒業生が大学に比較的たやすく進学できるということから、「一貫教育」の体制もほぼ保障されている。その上で、「一貫教育」の価値を学歴主義的な「上」へのルート設定としてではなく、学園総体の教育力の総合的な表現として捉えるという課題が求められよう。その有機的一部としての付属校・系列校は、何を準備すればよいか。価値ある高校教育・中等教育とは何か。それはどうすれば実現できるか。大学での学習と高校までの学習との連携をどう築いていくか。これらをジレンマの中で模索するという課題を、覚悟しなければならない。やはり大学との連携・協同が必要になる。

(三) 第三類型「恩恵型付属校」の場合、当面は、中等学校として一般に求められる努力が必要である、ということに尽きる。

これまで「建学の理念」という言葉を無限定的に使ってきた。しかし先にふれたように、それを確認する作業そのものもきわめて難しい。

著者は、「言葉によって観念された理念」だけではなく、言語化される以前の、無形のカリキュラムに表現される精神的環境というものの中に「理念」があらわれる、という事実を重視したいと考えている。また、大学史を専攻してきた者の一人として、建学の理念とは、実は創立後その大学が歴史の中で選択してきた「価値」の総体のことであり、失敗や誤りも含むその総体の価値が何かということも、現在あるいは将来にわたる再吟味と反省のもとで初めて確認できるのではないかと考えている。

この確認作業の第一次の責任主体は、もちろん大学である。顧みて他を謂うのでなく、学園の中で大学自身がまずこの作業を担わなければなるまい。

（日本私立大学連盟『大学時報』三〇七号、二〇〇六年三月刊）

【ワ行】

【ラ行】

【マ行】

【ヤ行】

【ハ行】

【ナ行】

【タ行】

【サ行】

【カ行】

事項索引

人名索引

【ア行】

【カ行】

【サ行】

【タ行】

【ナ行】

【ハ行】

【筆者略歴】

寺﨑 昌男（てらさき まさお）

立教学院本部調査役・同大学総長室調査役。

1932年福岡県に生まれる。1964年東京大学大学院教育学研究科修了。教育学博士。財団法人野間研究所所員、立教大学文学部・東京大学教育学部・立教大学学校社会教育講座、桜美林大学大学院の各教授、同大学大学教育研究所所長を経て、2003年4月から現職。東京大学・桜美林大学名誉教授。東京大学在職時に附属中・高校長、教育学部長を、立教大学在職時に全学共通カリキュラム運営センター部長を歴任。

前・日本教育学会会長、大学教育学会会長、日本学術会議連携会員。


〔主要著書〕『大学教育』（共著、東京大学出版会、1996年）、『日本における大学自治制度の成立』（評論社、1979年）、『プロムナード東京大学史』（東京大学出版会、1992年）、『大学の自己変革とオートノミー』（東信堂、1998年）、『大学教育の創造』（東信堂、1999年）、『大学教育の可能性』（東信堂、2002年）

UNIVERSITY REFORM; A HISTORICAL PERSPECTIVE

FD / EVALUATION / PRIVATE UNIVERSITIES

大学は歴史の思想で変わる——ＦＤ・評価・私学——　〔検印省略〕

2006年11月30日　初　版　第1刷発行　＊定価はカバーに表示してあります

発行者　下田勝司　印刷・製本／中央精版印刷

東京都文京区向丘1-20-6　郵便振替00110-6-37828　発行所
〒113-0023　TEL（03）3818-5521　FAX（03）3818-5514　株式会社 東信堂

Published by TOSHINDO PUBLISHING CO., LTD
1-20-6, Mukougaoka, Bunkyo-ku, Tokyo, 1130-0023, Japan
E-mail：tk203444@fsinet.or.jp

ISBN4-88713-723-0　C3037